LA BIBLIA
DE LOS ÁNGELES

LA BIBLIA DE LOS ÁNGELES

TODO LO QUE DESEAS SABER
SOBRE LOS ÁNGELES

Hazel Raven

Primera edición: agosto de 2011
Tercera reimpresión: julio de 2018
Cuarta reimpresión: enero de 2022

Título original: *The Angel Bible*

Publicado originalmente en el Reino Unido en 2006
por Godsfield Press,
un sello de Octopus Publishing Group Ltd.
Carmelite House, 50 Victoria Embankment Londres
EC4Y 0DZ, Reino Unido

© 2006, Octopus Publishing Group Ltd.
Texto: © 2006, Hazel Raven

Traducción: Miguel Iribarren

De la presente edición:
© Distribuciones Alfaomega S.L., Gaia Ediciones, 2006
Alquimia, 6 - 28933 Móstoles (Madrid)
e-mail: grupogaia@grupogaia.es
www.grupogaia.es

ISBN: 978-84-8445-365-9
Depósito legal: M. 7.838-2015

Cualquier forma de reproducción, distribución,
comunicación pública o transformación de esta obra
solo puede ser realizada con la autorización de sus
titulares, salvo excepción prevista por la ley.
Diríjase a CEDRO (Centro Español de Derechos
Reprográficos, www.cedro.org) si necesita fotocopiar
o escanear algún fragmento de esta obra.

Impreso en China

NOTA: Este libro pretende sólo dar información general.
Su adopción y aplicación se realizará bajo la discreción
del lector y su única responsabilidad.

Índice

Primera parte
Introducción 6

Segunda parte
El directorio angélico 44

Jerarquías angélicas 46
Ángeles y la Cábala 68
Colores de los ángeles 100
Mediación de los ángeles 148
Ángeles de muchos países 172
Visiones de ángeles 196
Curación angélica 212
Ángeles y cristales 278
Ángeles y aceites esenciales 334
Ángeles y astrología 356
Ángeles ayudantes 370

Glosario 380
Índice de materias 386
Agradecimientos 399

Primera parte

INTRODUCCIÓN

¿Qué son los ángeles?

Los ángeles son mensajeros alados: el vocablo *ángel* se deriva de la antigua palabra griega *angelos*, que significa «mensajero». Los ángeles actúan como un puente entre el cielo y la Tierra, sirviendo de canal entre Dios y el mundo físico. Los ángeles son seres inmortales de conciencia pura, y están libres de las limitaciones del tiempo y del espacio. Están eternamente ligados a la perpetua energía bienaventurada que irradia de lo divino. Cada ángel es un punto de enfoque del amor de Dios, que canaliza sin distorsión.

Muchos creen que todos los ángeles fueron creados por Dios en el mismo momento, el segundo día de la creación, cada uno de ellos perfecto, inteligente, inmortal y en posesión de libre albedrío. La mayoría de los ángeles eligieron conscientemente renunciar a su libre albedrío y alinearse eternamente con su creador. Pero unos cuantos ángeles quisieron su propio poder y gloria: éstos fueron los «ángeles caídos». Los ángeles que renunciaron a su libre albedrío sirven a Dios y protegen a la humanidad de los ángeles «caídos».

Las personas perciben a los ángeles de maneras muy diferentes; los encuentros más profundos son aquellos en que se producen manifestaciones físicas, en las que pueden asumir la forma de seres alados. Los ángeles son seres carentes de género, de una vibración que es puro espíritu; sus cualidades, tanto masculinas como femeninas, son tan perfectas y completas que son andróginos.

¿Tienen alas los ángeles? La mayoría nos hemos familiarizado con los ángeles por medio del arte religioso, y se les retrata como seres perfectos, con túnicas fluidas, pelo largo, halos alrededor de la cabeza y alas; pero éstos son puro espíritu y no tienen forma física densa. Entonces, ¿de dónde vino la idea de que los ángeles tienen alas?

Varios textos religiosos mencionan que ciertos ángeles tienen alas. Al arcángel Gabriel (Jibril, en árabe), que dictó el Corán a Mahoma, se le describe con 140 pares de alas. En los textos místicos judíos 1 Enoch y 2 Enoch también hay descripciones de ángeles alados. Muchas culturas han retratado seres alados, y siguen existiendo muchos mitos, leyendas, estatuas e incluso pinturas rupestres de estas milagrosas criaturas. Los relatos visionarios de mensajeros divinos suelen describirlos como seres alados o que aparecen bañados en una «luz divina».

La luz que rodea a los ángeles podría ser su aura, o cuerpo astral. Los místicos y sanadores acostumbran a describir un campo de energía sutil que rodea a los humanos. El aura humana suele retratarse con distintos niveles, pero cuando se examina más de cerca está compuesta por millones de líneas de energía separadas, cada una de las cuales irradia hacia fuera y hacia arriba desde la «columna espiritual» central, dando la apariencia de plumas. El campo energético del ángel aparece ante el místico humano como enorme, y la mente humana puede intentar revestir la visión divina con formas humanas.

Esta figura de cristal tintado representa al arcángel Gabriel en la anunciación a la Virgen María.

¿Cómo usar este libro? El libro está dividido en dos partes: la primera introduce el tema de los ángeles y cómo invitarlos a entrar en tu vida, mientras que la segunda parte presenta una amplia variedad de temas relacionados con la tradición angélica. Sus once capítulos tratan sobre jerarquías angélicas, colores, sanación, cristales, la Cábala y muchos otros. También contiene una serie de ejercicios prácticos, meditaciones y afirmaciones.

Fuentes de la tradición angélica

No podemos estar seguros de dónde empezó la tradición angélica, pero los primeros escritos de Sumeria, Egipto, Persia e India reconocen la existencia de seres alados que eran mensajeros de los dioses. En una estela (columna de piedra) sumeria, se retrata a un ser alado que habita los siete cielos vertiendo el «agua de la vida» sobre la copa del rey.

El estudio de los ángeles recibe el nombre de angelología. A lo largo de los siglos se han escrito muchos libros y se han compilado muchos tratados exhaustivos sobre jerarquías angélicas y tradiciones eruditas, a menudo copiados o traducidos de textos anteriores.

Al examinar las fuentes de la tradición angélica debemos entender que buena parte del material fue escrito por místicos, profetas, legisladores, poetas e historiadores. En los comienzos de la cristiandad, por ejemplo, había muchos textos de la tradición angélica que en aquel momento tenían el mismo peso y autoridad que los libros bíblicos aceptados; sin embargo, esta información cayó en el olvido cuando dichos textos fueron apartados del Antiguo Testamento.

La Biblia menciona frecuentemente a los ángeles, pero no ofrece detalles ni explicaciones sobre sus orígenes, excepto en dos o tres casos. Gabriel y Miguel son mencionados por su nombre en el Antiguo Testamento y Rafael aparece en el libro de Tobías. (El libro de Tobías forma parte del Antiguo Testamento de la Iglesia católica romana y de la Biblia ortodoxa, pero no de la Biblia hebrea, y en las versiones protestantes está situado con los apócrifos.) A algunos ángeles del Antiguo Testamento se les describe como «hombres de blanco», porque se les retrataba vestidos con atuendos de lino blanco. (Tradicionalmete, el lino blanco era un símbolo de inmortalidad).

Otras fuentes angélicas. Los tres *Libros de*

¹ *San Pedro recibe ayudas angélicas que le permiten escapar milagrosamente de prisión.*

Enoch son escritos no canónicos en los que abundan las menciones a los ángeles. Éstos hacen referencia a 1 Enoch, que sólo ha sobrevivido en versión completa en lengua etíope. También han sobrevivido dos libros más: 2 Enoch, o el testamento de Leví, que sólo ha sobrevivido en eslavo antiguo, mientras que 3 Enoch ha sobrevivido en hebreo. Los tres *Libros de Enoch* fueron omitidos de la Biblia pero siguieron siendo citados frecuentemente por las autoridades eclesiásticas durante siglos; también se les menciona en el Nuevo Testamento.

Se han descubierto nuevos fragmentos de 1 Enoch, principalmente entre los pergaminos del mar Muerto. Se cree que los fragmentos en arameo contienen la lista de nombres de ángeles más antigua que existe.

Fragmentos del Pergamino de Isaías, *encontrado en la cueva de Qumram. Este extracto muestra de Isaías 30:20 a 31:4.*

Una jerarquía angélica. Dionisio el Pseudoareopaguita es el teólogo y filósofo anónimo del siglo V que escribió el *Corpus areopagiticum*, atribuido equivocadamente a Dionisio en Hechos 17:34, en la Biblia. Uno de los libros del *Corpus areopagiticum* era la *Jerarquía celestial*, que rápidamente fue aceptado por la cultura occidental convencional convirtiéndose de esta manera en un clásico sobre el tema de los ángeles. Tomás de Aquino lo aceptó como fundamento de su propia sabiduría angélica en *Summa Theologica*, que sigue siendo una piedra angular de la fe católica.

La religión islámica siempre ha contado con una importante tradición angélica, que menciona una gran variedad de ángeles y parece inspirarse en los textos zoroastrianos, babilonios, asirios y caldeos. Una de las fuentes de sabiduría angélica más ricas es la Cábala, una tradición mística judía (véanse páginas 70-71). No hay un único libro que tenga por título la Cábala, sino que se trata, más bien, de un compendio de textos. En cualquier caso, dentro de la Cábala hay que destacar dos libros fundamentales: el *Zohar*, o *Libro del esplendor;* y el *Sepher Yetzirah,* el *Libro de formación*.

Amigos angélicos. Emanuel Swedenborg (1688-1772), un científico, filósofo y místico sueco, creía que los ángeles eran humanos perfeccionados, parecidos a los bodhisattvas budistas. También creía que los ángeles son amigos de nuestra alma, cuyo deber era ayudarnos a evolucionar espiritualmente. Swedenborg decía que se comunicaba con ellos diariamente, y conservó registros detallados de estos diálogos mentales en sus diarios. Sus libros sobre ángeles fueron publicados en latín, y contenían sus muchos años de investigaciones del maravilloso mundo celestial.

El movimiento Nueva Era ha traído consigo un renacimiento angélico. Muchos buscadores experimentan el contacto angélico diariamente. En el pasado, las autoridades cristianas han tenido algunos problemas con los ángeles; no se favorecía un exceso de curiosidad respecto a ellos por las complicadas cuestiones teológicas que plantearon los enfrentamientos entre las primeras sectas cristianas. Jesús no tuvo problemas con los ángeles, pero San Pablo advirtió contra el contacto angélico. A pesar de ello, la Iglesia católica romana siempre ha animado a los fieles a relacionarse con su ángel guardián.

¿Por qué invitar a los ángeles a tu vida?

Nuestra fascinación por los ángeles crece a diario. La gente común habla abiertamente de cómo los ángeles les han ayudado, abundan las historias de intervenciones angélicas y se publican trabajos inspirados por doquier. El interés por los ángeles trasciende los idiomas, las culturas y las fronteras.

Los ángeles se presentan bajo todo tipo de formas, contornos, tamaños y colores. Algunos son seres complejos y poderosos, relacionados con los misterios secretos subyacentes al fundamento mismo del universo. Nuestros cinco sentidos son inadecuados para experimentar y describir esos seres milagrosos surgidos del amor y la luz eternos de Dios.

Otros traen alivio en momentos de profunda desesperación. Estos ángeles «mensajeros» son capaces de aparecerse justo en el momento adecuado. Nuestro ángel guardián siempre está con nosotros y nunca se irá de nuestro lado. Algunos ángeles nos enseñan las virtudes cósmicas, como la honestidad, la bondad, la humildad, la pureza, la belleza y la alegría. Otros se parecen a las animadoras de los equipos deportivos: alegran nuestros corazones y nos guían en nuestras vidas.

¿Por qué son tantas las personas que invitan a los ángeles a formar parte de su vida? Tal vez la presencia de los ángeles sea más evidente ahora porque la gente está despertando del hechizo del materialismo, la avaricia y la separación de Dios producida por nuestro voraz sentido de autoimportancia. O tal vez Dios esté enviando más ángeles a la Tierra para favorecer la evolución espiritual del planeta a medida que nos acercamos al «final de los días», profetizado tanto por la Biblia como por muchas otras culturas. Incontables místicos y videntes han predicho la venida de esta «nueva era dorada», en la que los ángeles volverán a caminar, una vez más, junto a los humanos.

A María se le suele retratar como reina de los ángeles, como aquí, en la Coronación de la Virgen.

INTRODUCCIÓN

Cada uno de nosotros tiene un ángel guardián que nos ha sido otorgado antes del nacimiento.

La era de Acuario. En términos astrológicos, ahora estamos haciendo la transición desde la era de Piscis —un tiempo de influencia patriarcal en el que pusimos la responsabilidad por nuestros actos, evolución y crecimiento espiritual en manos de otros— a la era de Acuario, en la que asumimos esta responsabilidad personalmente.

El trabajo con los ángeles te ofrece la oportunidad de desarrollar tu sabiduría, de entenderte mejor a ti mismo y de superar obstáculos conectándote con tu luz interna, que es un camino directo hacia Dios. A medida que integras tu cuerpo, mente y espíritu en una entidad coherente no sólo elevas tu vibración, sino la vibración de toda la humanidad y de la Tierra misma. Los términos «vibración», «frecuencia vibratoria» o «estado de conciencia» indican la frecuencia

que caracteriza la actividad de nuestro córtex cerebral. Conforme elevamos nuestra frecuencia vibratoria, nuestro objetivo es alcanzar estados más sutiles, hasta experimentar en completo silencio la unidad con Dios.

La energía sutil opera bajo sus propias leyes espirituales, que se activan a medida que nuestra frecuencia vibratoria asciende. El córtex cerebral produce el pensamiento usado en forma de fotones; esta acción ocurre a nivel cuántico. Algunos investigadores proponen que, en los estados superiores de conciencia (frecuencia vibratoria), los hemisferios cerebrales izquierdo y derecho se equilibran completamente produciendo estados de dicha.

Reconciliar el cielo y la Tierra. Cuando invitamos a los ángeles a entrar en nuestras vidas, evolucionamos espiritualmente reuniendo en nuestro interior el cielo y la Tierra. Los ángeles esperan nuestra llamada; anhelan ayudarnos en todo lo que hacemos, tanto en esta vida y como en el más allá. No hay tarea en la que ellos no puedan echarnos una mano; de hecho, los ángeles están completamente dedicados a ayudar espiritualmente, y también de forma práctica, a la humanidad.

Los ángeles obedecen la ley cósmica, lo que significa que dan generosamente de sí mismos, y están abocados a la tarea de dirigir el amor de Dios hacia cada uno de nosotros, los humanos. Nos ayudan a elevar nuestra frecuencia vibratoria para recuperar nuestra conciencia divina, que, una vez experimentada, es tan transformadora que no tenemos vuelta atrás.

Elevar tu frecuencia vibratoria

El primer y más importante paso para establecer una sólida conexión con el reino angélico es purificarte y purificar tu entorno. La razón podría no ser evidente a primera vista, pues los ángeles viven en una frecuencia vibratoria superior, de la que la mayoría de los seres humanos son inconscientes. Esto se debe a que los ángeles viven en el mundo del espíritu (energía sutil) y los humanos existimos en el mundo físico de los cinco sentidos. Los ángeles se sienten atraídos de manera natural hacia las personas que viven en un estado armonioso de conciencia superior.

Elimina el desorden de tu vida. Para hacer sitio a los ángeles en tu vida tienes que limpiar y ordenar tu casa a fondo. Deshazte de las posesiones que ya no necesitas dándolas a la caridad o reciclándolas. Limpia y refresca tu casa a todos los niveles. Abre las ventanas diariamente para dejar que salga la energía estancada. La luz natural del día la limpiará y la volverá inofensiva. Usa el sonido para disipar la energía estancada: puedes usar cuencos de cristal, campanas, gongs, pequeños címbalos tibetanos, matracas o tambores. Dar palmadas también es una

El tambor limpia la energía estancada y eleva la frecuencia vibratoria de tu espacio.

manera eficaz de disolver la energía estancada, especialmente en las esquinas de las habitaciones. Pon música «angélica» para elevar la vibración. Recuerda que el modo más rápido de abrir tu chakra corazón (véanse páginas 122-123) es escuchar buena música.

Inspecciona toda tu casa para detectar objetos poco adecuados; limpiar la basura física ayuda a despejar la mente. Los muebles viejos, y sobre todo la joyería de segunda mano, necesitan una limpieza extra; quema incienso y deja que su humo se lleve las vibraciones no deseadas; recuerda que has de dejar una ventana abierta para que la energía estancada tenga una vía de salida.

Los monjes budistas han usado los cuencos tibetanos durante siglos en meditaciones y ceremonias religiosas, que ahora se han popularizado en todo el mundo.

Deshazte de la ropa que no te hayas puesto en los dos últimos dos años, especialmente la ropa vieja o que ya no te siente bien. Si compras ropa de segunda mano, recuerda que debes limpiarla antes de ponértela.

Evita a las personas y lugares que te resten energía. Cuando seas capaz de mantener la vibración angélica superior podrás ayudar a los demás y elevar su vibración con tu presencia.

Sentir la presencia de ángeles

A medida que nos hacemos conscientes de los ángeles, el velo entre nuestro mundo y el suyo se hace cada vez más fino. No tienes que ser clarividente ni psíquico para experimentar contactos angélicos. También es importante recordar que los ángeles quieren comunicarse contigo; ellos buscan una comunión diaria.

Los ángeles son seres divinos que obedecen la ley cósmica. Su obligación es entregarse libremente y verter su esencia divina de amor y de luz. La ayuda angélica siempre está a nuestra disposición; solamente tienes que pedirla.

La mayoría de las personas nunca llegan a ver un ángel, pero son conscientes de la presencia de su ángel. Los ángeles pueden ser percibidos a través de cualesquiera de los sentidos humanos. Éstos son algunos modos de tomar conciencia de la presencia de ángeles:

- El ambiente de la habitación cambia de repente; te sientes rodeado por un brillo cálido. El aire vibra a tu alrededor o sientes que un chorro de energía baja por tu columna.

- Una deliciosa fragancia llena repentinamente la habitación. Este dulce perfume suele describirse de distintas maneras: como el aroma de las flores veraniegas o como mirra dulce.

- Experimentas en ti mismo un sabor particular, a menudo dulce: es el sabor de la ambrosía celestial. Alternativamente, escuchas un sonido etéreo; la música angélica suele estar asociada con la sanación y la renovación.

- Sientes amor y una sobrecogedora sensación de paz profunda.

- Aparecen luces coloreadas de ninguna parte. Rayos de luz brillante, o incluso esferas de color, bailan ante tus ojos, especialmente cuando trabajas con ángeles sanadores o cuando te vas a dormir.

La meditación puede ayudarnos a alcanzar la quietud necesaria para tomar conciencia de los cambios de energía a nuestro alrededor.

- Durante las sesiones de meditación angélica percibes una luz brillante y deslumbrante delante de ti, aunque tengas los ojos cerrados.

- Sientes la presencia de las alas de un ángel presionando contra ti o envolviéndote, o incluso manos angélicas tocándote los hombros.

- En meditación, mucha gente experimenta la «brisa angélica», que es como un cálido viento veraniego que te acariciara suavemente el pelo. Algunos dicen que son los ángeles desplegando el loto de los mil pétalos (el símbolo del chakra corona, véanse páginas 102-103).

- Tal vez te des cuenta de que aumentan el número de coincidencias significativas que ocurren en tu vida. O tus problemas parecen resolverse por sí mismos, a veces de la manera más inesperada.

Signos angélicos y tarjetas de visita

A veces, los ángeles manifiestan su presencia de maneras que todos podemos ver. Puedes pedir que aparezca un ángel como prueba de tu contacto angélico. Éstas son algunas de las señales angélicas más comunes.

Nubes. Puedes ver ángeles en formaciones nubosas, especialmente sobre lugares sagrados o cuando has pedido ayuda angélica. Y en otras ocasiones verás nubes parecidas a plumas.

Flores. Mucha gente descubre que sus flores duran más tiempo frescas en su altar angélico. Una estudiante de sabiduría angé-

Los ángeles indican su presencia en formaciones nubosas y en nubes que parecen plumas.

lica descubrió que sus rosas duraban meses y, después de un encuentro especialmente profundo, una de las rosas cambió de color.

Plumas. Las plumas blancas pueden aparecer en los lugares más insospechados. Cuando encuentres una pluma blanca, llévala contigo para mantener a tu ángel cerca de ti. En una ocasión, mientras impartía un seminario sobre ángeles, mencioné que las plumas blancas son un signo angélico muy común. Después de la charla, una asistente al seminario dijo que no estaba convencida de la existencia de los ángeles. En ese mismo momento, otro de los alumnos le indicó que tenía una pluma blanca pegada a la manga de su chaqueta.

Palabras. Después de haber pedido ayuda angélica, muchas veces oirás que se menciona la palabra «ángel» en una canción en la radio o en la televisión, o alguien te dirá la palabra en un contexto inusual.

Cristales. Los ángeles pueden aparecer repentinamente en tus cristales. Suelen aparecer en cristales «angélicos» como la celestita, la serafinita o la danburita, pero muchas veces la forma angélica se manifiesta en tu cristal de

Una pluma blanca es la tarjeta de visita del reino angélico, y parecen estar por todas partes.

cuarzo claro después de haber comenzado a tender un puente con el reino angélico.

Regalos angélicos. Actualmente hay muchos regalos angélicos de bajo precio, como pequeñas insignias angélicas, ángeles de cristal, imanes angélicos para la puerta del frigorífico, rociadores angélicos (para rociar las tarjetas de visita), adhesivos angélicos y «piedras de la preocupación» angélicas. Si recibes alguno de ellos inesperadamente de alguien, puedes estar seguro de que los ángeles le han guiado a dártelo como «prueba de su presencia».

INTRODUCCIÓN

Invocar a los ángeles

Bebe infusiones de hierbas para que te ayuden a relajar el cuerpo y la mente, lo que a su vez te ayudará a alcanzar estados de conciencia elevados.

Los ángeles son los mensajeros celestiales de Dios. No son nuestros sirvientes, sino los de Dios, y no es apropiado adorarlos. Aunque inspiran en nosotros admiración y temor reverente, recuerda que ellos son un reflejo de la perfección de Dios, y es esta energía la que abre nuestros corazones a la adoración.

Los ángeles no tienen libre albedrío como los seres humanos, sino que responden a la «llamada» de Dios. Los ángeles no pueden alterar nuestro libre albedrío. Cuando pedimos ayuda angélica, debemos hacerlo desde un lugar interno de amor, humildad, confianza y claridad. Siempre que tu petición sea positiva y no interfiera con el libre albedrío de otra persona, ni con el plan de tu vida, los ángeles podrán responder a tu llamada.

Tradicionalmete, tanto los místicos como los santos pasaban muchos años meditando, orando y ayunando antes de acceder a experiencias espirituales importantes. Actualmente, como hay tantas personas que meditan y el velo que separa nuestro mundo del mundo espiritual se está haciendo cada vez más fino, podemos trasladarnos rápidamente a los reinos angélicos.

Resulta más fácil sintonizarse con la conciencia angélica si nos preparamos conectando con nuestro yo superior a través del chakra corazón. Usando nuestra conciencia superior como luz y guía, podemos comenzar el necesario proceso de purificación mental.

Conectar con el yo superior. La purificación física, que consiste en ayunar y limpiarse, mejora nuestra conexión con el yo superior. El ayuno debe practicarse durante al menos veinticuatro horas (abstente de alimento sólido pero no de líquidos). También se deben evitar los alimentos y sustancias adictivos. El ayuno relaja los sistemas energéticos sutiles, y calma y enfoca la mente.

Las infusiones de hierbas aliviantes, como la camomila, relajan el cuerpo y la mente, permitiendo que se manifiesten estados elevados de conciencia. Los baños perfumados y purificadores, a la luz de velas y

Los baños limpian y equilibran, y cuando preceden a una meditación ayudan a purificar el cuerpo y la mente.

que contengan sal marina, cristales, hierbas, pétalos de flores y aceites de aromaterapia, también abren profundamente nuestro corazón a la belleza espiritual.

Controlar nuestro ego (mente inferior) —que busca el autoengrandecimiento y está plagado de pensamientos egoístas— agradeciendo diariamente lo que se nos ha dado, nos abre el camino del reino angélico. La meditación hace de la mente inferior el sirviente obediente del yo superior.

Escribir a tus ángeles

Cuando tengas problemas, puedes escribir a tus ángeles. Abre el corazón, no retengas tus pensamientos y vierte tus sentimientos sobre el papel. Abandónate y pide a los ángeles que resuelvan los problemas para tu mayor bien y para el bien de todos. Déjalos en manos de los ángeles. No trates de manipular la situación. Puede que te sorprenda agradablemente la rapidez con que se resuelve la situación, a menudo de manera inesperada. Los ángeles trabajan de maneras que no puedes ni imaginar.

Una manera simple de purificar tus pensamientos es anotar todas tus preocupaciones, haciendo listas de todo lo que te enfada o te hace comportarte de manera poco afín a los ángeles. No te guardes nada, continúa escribiendo; cuenta a los ángeles qué te da miedo y qué te decepciona o desilusiona. Las emociones producen ciertos efectos sobre la salud. Cuando revivimos emociones negativas, se

Las velas resultan muy útiles cuando trabajamos con ángeles, pero ten mucho cuidado; nunca dejes una vela ardiendo sin estar pendiente de ella.

produce una reacción que los clarividentes perciben como una neblina de ciertas áreas del aura, que pueden transformarse en agujeros o lágrimas si revivimos muchas veces el suceso traumático. Cuando hayas acabado, no leas lo que has escrito; quema las hojas de papel. Al hacerlo, siente el efecto limpiador que esto tiene en tu mente.

Purgar la ira. También resulta eficaz escribir a alguien que te haya molestado o causado dolor. Como vas a quemar la carta después de haberla escrito, no tiene sentido guardarse nada. Al escribir a la persona, cuéntale exactamente cómo te sientes. Inicialmente la ira prepara el cuerpo para corregir la injusticia, pero debe ser liberada. Cuando no se descarga, se solidifica y endu-

Escribir a tus ángeles ayuda a limpiarte de tus emociones de ira.

cere, dando lugar al odio. Debemos honrar nuestras emociones, pero también tenemos que elevar nuestra conciencia, haciendo un acto deliberado de fortalecimiento personal.

A veces nos negamos a perdonar para castigar. Una manera simple de disolver la ira que sentimos hacia alguien es reconocer lo que realmente nos provoca la conducta de esa persona, y después elegir conscientemente no castigarse uno mismo acarreando esa emoción. Puedes decir en voz alta: «Ahora quiero abandonar todo mi sufrimiento en relación con esta situación». A continuación, visualiza a la persona que tienes que perdonar rodeada de luz angélica.

INTRODUCCIÓN

Afirmaciones angélicas

Podemos reforzar nuestra conexión angélica pidiendo a los ángeles que nos ayuden a conseguir nuestros objetivos, a convertir nuestros sueños en realidad. En cualquier caso, posiblemente te sorprenderá comprobar cómo cambian tus deseos cuando tu conciencia se funde con la corriente de amor y luz angélicos.

Antes de invocar a los ángeles examinaremos qué es una afirmación. Hacemos afirmaciones positivas y negativas durante todo el día. Nuestro cuerpo cree cada palabra que decimos. ¿Cuántas veces al día te descubres haciendo afirmaciones negativas respecto a ti mismo?

Desde nuestra más tierna infancia se nos enseña a usar lo que los lingüistas llaman nominalización, es decir, convertir un verbo (una palabra que expresa acción o proceso) en un nombre (una cosa fija y estática). Por ejemplo, si dices que no puedes gestionar una relación, estás hablando de la relación como si fuera una cosa física y estática, en lugar de hablar de un proceso de comunicación dinámico y activo. El problema surge porque, cuando nos referimos al arte de relacionarse como «relación», la percibimos

Invoca a los ángeles para que te ayuden a desprogramar tu conciencia.

como algo estático, sin asumir responsabilidad por el proceso activo y continuo de relacionarse con otra persona. Cuando alguien nominaliza sistemáticamente, limita las opciones de que dispone porque percibe el mundo de manera fija.

Nunca subestimes el poder y el profundo efecto de las palabras. Los publicitarios, los líderes religiosos, los políticos y los medios de comunicación lo saben perfectamente, y bombardean nuestra conciencia con todo tipo de mensajes.

Afirmaciones. Combate esta «programación» usando afirmaciones angélicas:

- Invoca a los ángeles y usa su poder para que te ayude a desprogramarte. Observarás cambios en tu salud, en tu conducta y en toda tu actitud hacia la vida.

- Escribe una afirmación positiva respecto a ti mismo. Hazla tan poderosa y apropiada a tu persona y situación como puedas.

- Enuncia todas las afirmaciones en positivo. Al hacer la afirmación, imagina o sientes que ya ha sucedido.

- Dos buenas afirmaciones angélicas son: «Permito que los estados superiores de conciencia angélica se manifiesten en mi vida» y «En jubilosa unificación, mis ángeles me guían diariamente».

Permite que los ángeles te guíen en la formulación de afirmaciones positivas.

Creación de un altar angélico

Un altar es un eslabón importante si quieres establecer una poderosa conexión con los reinos angélicos. Es un punto de enfoque tangible, un portal abierto a la serenidad, un lugar donde puedes aquietar la mente y abrir el corazón a los ángeles. Muy pronto se convertirá en tu espacio sagrado, un santuario para tu alma cargado de energía armoniosa, un lugar al que puedes acudir diariamente para renovarte.

La creación de un altar angélico genera un fundamento sólido para tu transformación espiritual, dándote la oportunidad de explorar tu creatividad y permitiendo tu expresión emocional, artística y espiritual. Los ángeles se sienten atraídos hacia lugares de alegría, armonía, amor y paz.

Elige para tu altar aquellos objetos que los ángeles te inspiren en meditación. Incluye únicamente los elementos que tengan significado para ti, los que te ayuden a ser más consciente de los problemas y retos del aspecto concreto de tu vida que actualmente tratas de armonizar.

Cuando hayas establecido una rutina diaria de atender el altar angélico —bien para limpiarlo, purificarlo o reorganizarlo, o bien para cambiar algunos de los objetos sagrados o encender las velas— será mucho más fácil determinar unos horarios para practicar la oración y la meditación reflexiva.

Déjate guiar por tus ángeles. Antes de empezar a construir el altar, podrías practicar un valioso ejercicio: medita sobre los objetos que podrías incluir en él, permitiendo que los ángeles te guíen. Lo más importante de tu altar es cómo afecta a tu ser interno. Debe hacer que te sientas centrado, amoroso y abierto a las cualidades angélicas de amor, belleza, armonía y paz.

Experimenta con la distribución; si hay

Un altar ofrece un valioso punto de enfoque para la meditación, la contemplación y las cualidades sagradas que queremos desarrollar en nuestras vidas.

un elemento que te irrita, te molesta o te resulta menos inspirador, retíralo. Sobre el altar podrías poner cristales, arte angélico, fotografías de tus seres queridos, conchas, campanas o campanillas, incienso, velas, flores, aceites esenciales, iconos religiosos, postales de ángeles, cartas con afirmaciones, plumas o un pequeño cuaderno y un bolígrafo.

Recuerda incluir una representación de cualquier cosa o cualidad que quieras traer a tu vida, como amor, sabiduría espiritual, compasión, paz o abundancia. Asegúrate de no dejar nunca sobre el altar velas encendidas, y de que la habitación esté bien ventilada porque las velas consumen oxígeno y pueden producir dolores de cabeza o somnolencia.

El uso de cartas angélicas

Las cartas angélicas son un excelente medio para comunicarse con los ángeles. Puedes comprar barajas en la mayoría de las tiendas Nueva Era. Fueron diseñadas originalmente para potenciar la creatividad individual y favorecer la interacción en las relaciones. Las cartas de ángeles te ofrecen una serie de palabras clave que te ayudan a enfocarte en aspectos particulares de tu vida interna.

Pero para fomentar la experiencia de comunicarse con los ángeles, es mucho más eficaz preparar tu propio juego de cartas. No es difícil, y no es necesario hacer grandes obras de arte. Lo único que necesitas es un bolígrafo y papel grueso o cartón, preferiblemente blanco por un lado y coloreado por el otro.

Puedes pegar pequeños ángeles brillantes en las cartas para «dedicarlas». En el lado blanco de la carta escribe una cualidad positiva que desees activar en tu vida. Se llama la *palabra clave*.

Como no hay una lista exclusiva de cualidades positivas asociadas con los ángeles, en tu juego de cartas puedes fabricar todas las que quieras. También puedes añadir nuevas cartas a medida que se desarrolle tu comprensión.

Cómo elegir una carta angélica

- Toma una carta al comienzo de cada día. Dedica unos momentos a enfocarte en el día que tienes por delante y observa qué carta atrae tu atención. Llévala contigo o ponla en un lugar donde puedas verla con claridad la mayor parte del día.

- Elige una carta justo antes de ir a dormir, ponla bajo tu almohada y deja que los ángeles inspiren tus sueños.

- Elige una carta al comienzo de cualquier nuevo proyecto, empresa o ciclo, así como en el día de tu cumpleaños o en el de tu aniversario.

- En Año Nuevo, elige doce cartas para el próximo año —una por mes— y anótalas en tu calendario.

- Elige una carta angélica para un amigo que necesite ayuda. Concéntrate en el problema de tu amigo —curación, entrevista de trabajo o examen— y rodéale con la cualidad angélica de la carta.

Pon la carta de un ángel bajo tu almohada para invitar a los ángeles a inspirar tus sueños.

Palabras clave para ponerte en marcha

Abundancia • Aceptación • Equilibrio • Belleza • Creencia • Bendición • Compromiso • Compasión • Confianza • Coraje • Creatividad • Deleite • Empatía • Entusiasmo • Fe • Perdón • Libertad • Amistad • Generosidad • Felicidad • Armonía • Curación • Honestidad • Esperanza • Humor • Inspiración • Alegría • Amor • Paciencia • Paz • Purificación • Sensibilidad • Simplicidad • Verdad • Sabiduría

Los ángeles en la vida de cada día

La primera regla para trabajar con los ángeles es entender que están aquí para ayudarnos en todas las esferas de nuestra vida; en cualquier caso, nunca podemos abusar de la ayuda angélica. Si deseas usar la ayuda angélica por motivos egoístas o si usas los ángeles como un artículo de consumo para potenciar tu ego, debes saber que no conseguirás nada, porque no pasará nada. Existen ángeles específicos para los diversos aspectos de la vida cotidiana.

Ángeles de amor. Estos ángeles están dirigidos por el arcángel Chamuel (véase página 246) y están especializados en hacer que tu vida sea más armoniosa. Para estos ángeles no hay tarea demasiado grande ni demasiado pequeña, y te ayudarán en cualquier situación que exija comunicación sincera.

Ángeles de sanación. Siendo uno de los principales ángeles de sanación, el arcángel Rafael (véase página 240) tiene la capacidad de guiar a todos los sanadores, ortodoxos y complementarios. Invoca su ayuda para que guíe las manos de los médicos, cirujanos y terapeutas de medicina complementaria. Invo-

Pide a los ángeles que formen parte de tus tareas creativas en la cocina.

ca su presencia en hospitales, hospicios y clínicas. Invoca su presencia para resolver desavenencias entre naciones, en el campo de batalla y en áreas donde se hayan producido desastres naturales o provocados por el hombre. Invoca su presencia para guiar a los científicos, que investigan nuevas fórmulas para curar enfermedades.

Ángeles viajeros. Estos ángeles, dirigidos por el arcángel Miguel (página 250), ofrecen protección de los peligros físicos. Visualiza al arcángel Miguel a tu alrededor cuando viajes.

El ángel de la plaza de aparcamiento. Cuando estés al volante de tu coche, pide al ángel de la plaza de aparcamiento que te encuentre un lugar seguro donde aparcar.

El ángel de la cocina. Si pides a los ángeles que te ayuden en las labores creativas, tal vez descubras que se presentan en los lugares más inesperados. Pide al ángel Isda que bendiga tus alimentos, haciéndolos más nutritivos y sabrosos.

El ángel de los objetos perdidos. Perder las llaves, joyas o documentos importantes

Pide al arcángel Rafael, uno de los ángeles sanadores, que te guíe en tu trabajo sanador.

produce estrés. Pide ayuda inmediatamente al ángel Rochel para que te ayude a encontrar el objeto perdido.

Ángeles del examen. Pide al arcángel Jophiel (véase página 108) y a los ángeles de iluminación que te ayuden a estudiar y aprobar tus exámenes. También pueden ayudarte a desarrollar nuevas habilidades y ofrecer iluminación y sabiduría para alimentar tu creatividad.

Tu diario angélico

Las experiencias personales y la sabiduría esencial pueden disiparse como un sueño a menos que se anoten. Llevar un diario angélico es una buena manera de registrar tu mágico recorrido por el mundo angélico. El diario es algo personal y puede convertirse en una fuerza tangible que atraiga todavía más energía angélica a tu vida.

Elige un cuaderno que te parezca hermoso, un cuaderno que puedas atesorar el resto de tu vida. También podrías decorar un cuaderno sencillo con imágenes de ángeles.

Llevar un diario de tus sueños abre tu mente subconsciente a la inspiración angélica. Registra sueños, pensamientos, visiones y meditaciones.

Puedes usar tu diario angélico para muchas tareas: registrar mensajes, poemas y dichos amorosos o inspirados; guardar imágenes de ángeles, seres queridos o personas que te inspiran. También podrías usarlo para registrar tus sueños, pensamientos, visiones y meditaciones.

Asimismo, no siempre es fácil encontrar el tiempo necesario para anotar cada experiencia de meditación, pero los encuentros angélicos en meditación, aunque inspiradores, pueden desorientarte. Después de cada meditación, permítete asimilar lo aprendido. Anota tus experiencias, por más fragmentadas, vagas o nebulosas que puedan parecerte. Entra plenamente en la experiencia con todos tus sentidos.

Los pasos siguientes te ayudarán a integrar las impresiones:

1 Pensar en tu experiencia la trae al cuerpo mental, el chakra plexo solar (véanse páginas 102-103).

2 Convertir tu experiencia en imágenes la trae al cuerpo emocional, el chakra corazón (véanse páginas 102-103).

3 Hablar sobre tu experiencia con otra persona la fija en el cuerpo físico a través del chakra de la garganta (véanse páginas 102-103).

4 Anotar tus experiencias para poder referirte a ellas posteriormente (incluye dibujar imágenes) las fija en el chakra sacro (véanse páginas 102-103).

Cada paso lleva tiempo y te aleja un paco más de la experiencia real, pero buena parte de la auténtica clarividencia acaba siendo una ilusión si no se enraíza plenamente en el mundo físico. Al registrar tus experiencias por escrito, las anclas en el aquí y ahora.

No te preocupes si no puedes entender la experiencia inmediatamente; a veces, llegará información adicional en meditaciones subsiguientes. Es posible que algunas experiencias no cobren sentido para ti durante semanas, meses o incluso años, por lo que tu diario se convertirá en una herramienta especial para asimilar y acumular entendimiento. Nunca te preocupes por la ortografía o por el estilo literario; permítete escribir libremente.

INTRODUCCIÓN

El libro de tu gratitud hacia los ángeles

Contar las bendiciones que disfrutas en tu vida es una excelente manera de elevar tu frecuencia vibratoria (véanse páginas 18-19). ¿Ofreces energía positiva que a otros les parece carismática y elevada, o te evita la gente porque te quejas de cada pequeño problema?

Los pensamientos, palabras y emociones positivos fortalecen nuestro campo energético, elevan nuestra frecuencia vibratoria y atraen luz angélica. Los pensamientos, palabras y emociones negativos debilitan nuestro campo energético, mientras que revivir experiencias negativas intensifican nuestras emociones y producen agujeros en nuestra aura que atraen energía parásita u oscura.

Muchas personas que trabajan con el reino angélico registran diariamente todo lo positivo que les pasa en la vida: estas notas se convierten en su libro de la gratitud. Fabrícate o compra un cuaderno y dedícalo exclusivamente a este propósito; puedes decorar un sencillo cuaderno con imágenes angélicas que te resulten edificantes.

En este libro confecciona una lista de todas las cosas por las que te sientes agradecido en tu vida, como tu familia, tus amigos y tus seres queridos. Registra cada momento de alegría, un hermoso atardecer, el perfume de las flores o incluso algo tan simple como el cumplido de un amigo.

La gratitud atrae energía positiva a tu vida y fortalece tu campo energético.

Talentos angélicos

Los ángeles nos dan magníficos regalos y han inspirado a múltiples compositores, poetas, artistas, músicos, escritores, profesores y sanadores. ¡A menudo, el receptor no deseaba el talento previamente! Lo único que los receptores de estos «regalos» tienen en común es que son conscientes de que sus habilidades proceden de una fuente celestial externa.

Existen muchos ejemplos de músicos que han sido inspirados por ángeles. Oyen la música celestial y captan los sonidos que deben ser tocados por instrumentos humanos y cantados por voces humanas.

El poeta religioso inglés Caedmon, que murió en algún momento entre las décadas 670 y 680, era un humilde trabajador de la abadía de Whitby cuando recibió la inspiración no sólo de cantar un himno que nunca había escuchado antes, sino también a recordar cada detalle del himno que había cantado en su sueño.

Pide a los ángeles que te ayuden a desarrollar nuevas habilidades y que te guíen.

El compositor J. Haydn (1732-1809) confiaba en la inspiración angélica. Afirmó que su gran oratorio, *La Creación,* vino de las alturas. El compositor George Frederick Handel (1685-1759) también recibió la inspiración celestial; su famoso *Mesías* —compuesto en tan sólo veinticuatro días, durante los que el compositor apenas comió o durmió— se debió a una visión de Dios.

Templos de luz

Los sueños son una excelente manera de trabajar con los ángeles. Durante el sueño, tu espíritu viaja a los reinos astrales superiores o inferiores. Si te atormentan las pesadillas, tu espíritu ha ido a las regiones astrales inferiores. Nuestros pensamientos, palabras y actos crean nuestro estado de conciencia. Cuando nos enfocamos en las virtudes humanas somos capaces de elevar nuestra frecuencia vibratoria (véanse páginas 18-19), lo que hace que desaparezcan las pesadillas y nos permite visitar los hogares espirituales de los arcángeles.

Cada arcángel tiene un templo «anclado» en el reino etérico (que es una parte de nuestro mundo físico donde nuestros cuerpos sirven de vehículos al alma) sometido a la influencia de la trama planetaria de la Tierra. Éste es el campo de energía sutil, muy parecido a un sistema de líneas magnéticas. Los templos angélicos suelen estar situados sobre los vórtices de «poder» de la Tierra —lugares donde se cruzan muchas líneas magnéticas—, o sobre remotos sistemas montañosos, o en pequeñas islas que son restos de islas o masas de tierra mayores. También pueden estar situados sobre lugares sagrados de la Tierra, como el templo egipcio de Luxor o Fátima (en Portugal), donde la Virgen María se apareció a tres niños durante la Primera Guerra Mundial.

Los místicos, iniciados y «maestros espirituales» han usado estos templos desde los albores de la civilización humana. Fueron fundados por la «jerarquía planetaria» (compuesta por las almas ascendidas, como los maestros ascendidos, los santos y los bodhisattvas, que supervisan la evolución de la humanidad) bajo la guía de los arcángeles.

El camino espiritual. Cada uno de estos templos angélicos tiene un enfoque, una función y un propósito diferentes que te

ayudarán en tu camino evolutivo. Este sendero también se conoce con los nombres de la escalera de Jacob, la escalera de luz, el árbol de la vida, la ascensión a la conciencia cósmica o el retorno al paraíso.

Cada templo se enfoca espiritualmente en la «virtud cósmica» que el arcángel representa. Cuando los buscadores espirituales visitan un templo en meditación o en sueños, esa virtud cósmica particular les «nutre» e inspira.

Cada «templo de luz» tiene una apariencia diferente. Algunos son como los templos griegos, con muchas gráciles columnas de piedra

Los templos angélicos pueden estar situados sobre lugares sagrados, como el templo de Hatshepsut, en Egipto.

tallada, mientras que otros templos recuerdan a pirámides de piedra u otros edificios sagrados que han existido a lo largo de la historia de la humanidad. Los templos de luz siempre son exquisitos: tienen suelos de mármol o de cristal y siempre albergan un altar central, donde arde una llama del color asociado con el arcángel (véase, en página 160, «Meditación del templo angélico»).

INTRODUCCIÓN

Canalizar mensajes de los ángeles

Los ángeles son el poder invisible de la creación, y nuestro ángel guardián es nuestro primer vínculo con este mundo invisible. La tarea de nuestro ángel guardián es enseñarnos y guiarnos, y acumular nuevos conocimientos sobre los que ya habíamos adquirido por otros medios. Asocian la información y nos ayudan a descubrir las pautas subyacentes y las comprensiones fundamentales sobre la creación de Dios. La revelación angélica puede venir en sueños o en el momento de despertar inmediatamente después del sueño, pero la canalización es una ruta más directa para recibir la inspiración angélica.

Es importante establecer una intensa y amorosa amistad personal con tu ángel guardián basada en la confianza y el respeto mutuo. Esto te ayuda a acumular tu propia conciencia angélica y a identificarte con ella. Cuando has elevado tu frecuencia vibratoria uniéndote a tu ángel guardián, resulta fácil canalizar otros seres angélicos.

La conexión con los ángeles mediante la canalización incrementa tu conciencia espiritual.

El tono de tu ángel guardián siempre es amoroso y positivo. Todos los ángeles, sin excepción, respetan nuestra dignidad y libre albedrío. Tus ángeles nunca se mostrarán mandones ni autoritarios, y nunca elegirán por ti. Si alguna vez el «tono» de lo que estás canalizando es poco respetuoso, o si en algún momento sientes que una fuerza externa se ha apropiado de ti o te está controlando, debes cortar inmediatamente tu conexión con esa energía.

Siempre hay una conexión directa entre tu ángel guardián y tú, y es posible que estés tan familiarizado con su energía que no te des cuenta de que ya has recibido su guía anteriormente. Ésta es la razón por la que tu ángel guardián es una buena conexión con el mundo de la canalización.

CANALIZAR

QUÉ NECESITAS

Bolígrafo y papel o un ordenador.

QUÉ TIENES QUE HACER

1 En primer lugar, ten el bolígrafo y el papel preparados o siéntate ante el ordenador. Para formular tus preguntas, anótalas.

2 Relájate y ponte cómodo. Céntrate, aposéntate y enfócate.

3 Aquieta tu mente, abre tu corazón e invoca a tu ángel guardián.

4 Pide a tu ángel guardián que abra un canal armonioso para ti.

5 Anota lo que se te dé (sin cambiarlo ni censurarlo de ningún modo).

6 Observa que al final de la sesión tienes más luz en tu campo energético personal: la información espiritual siempre está codificada en luz.

Segunda parte

EL DIRECTORIO ANGÉLICO

JERARQUÍAS ANGÉLICAS

Los siete cielos

Aunque hay ángeles en todas las dimensiones, tradicionalmente se piensa que habitan siete cielos; esta creencia forma parte de todas las tradiciones religiosas monoteístas: islamismo, cristianismo y judaísmo. Dios habita en el séptimo cielo. La tradición de los siete cielos se remonta, aproximadamente, siete mil años en el tiempo, hasta los días de Sumeria. En una antigua estela sumeria se retrata a un ser alado, habitante de los siete cielos, «vertiendo el agua de vida» sobre la copa del rey. La civilización sumeria de Mesopotamia dio lugar a las civilizaciones asiria, babilonia y caldea, que a su vez influyeron en todas las religiones y en la angelología del Próximo Oriente.

Los siete cielos son los reinos espirituales. Muchos de los nombres de los siete cielos se encuentran en el Antiguo Testamento y se derivan de la palabra «cielo».

El primer cielo. Llamado *Vilón* (del latín *velum*, que significa «velo»), el primer cielo también se conoce con los nombres de *Shamajim* o *Shamayim*, una palabra comúnmente empleada en la Biblia para designar el cielo. El primer cielo es el más bajo o inferior de los cielos, y está asociado con los ángeles planetarios y con los ángeles que gobiernan las estrellas y los fenómenos naturales, como el tiempo atmosférico, el viento y el agua. El primer cielo está regido por el arcángel Gabriel y se dice que es el paraíso donde Adán y Eva habitaron originalmente, y donde crecen el árbol de la vida y el árbol del conocimiento.

El segundo cielo. Para algunos, éste es el lugar que acoge a los pecadores que esperan el día del juicio. El nombre de este segundo cielo es *Raqia* (que sigifica «extensión»; véase Génesis 1:6, 1:14 y 1:17). Los ángeles del

Zodíaco rigen sobre esta esfera, que es donde se mantiene prisioneros a los ángeles caídos. Según la tradición islámica, Juan el Bautista vive en *Raqia*; este cielo está regido por los arcángeles Rafael y Zachariel.

El tercer cielo. *Shechakim* o *Shehaqim* (que significa los «cielos»; véase Salmos 18:11) es

Cuando Jesús fue bautizado, vio abrirse los cielos y el Espíritu Santo descendió sobre Él.

un cielo extraño, puesto que el infierno se halla en su región norteña. Un río de llamas recorre esta tierra helada, y es aquí donde los ángeles castigan a los malvados. El ángel Anahel gobierna sobre este dominio, junto

JERARQUÍAS ANGÉLICAS

con Jagniel, Rabacyle y Dalquiel, los tres *Sarim* («príncipes» en hebreo), una orden de «ángeles cantores». En la mitad sureña hay un paraíso; este jardín celestial tiene una puerta de oro (las famosas «puertas de perlas») por la que pasan todas las almas perfeccionadas cuando mueren. Por él fluyen dos ríos: el río de leche y miel, y el río de aceite y vino.

El cuarto cielo. *Zebhul* (la «excelsa morada»; véase Isaías 63:15) está gobernado por el arcángel Miguel. Es donde se sitúa la «Jerusalén celeste»: el altar y templo de Dios. La «ciudad de Cristo», según la visión apocalíptica de San Juan, es una ciudad de oro con doce muros que la rodean circularmente, y doce muros dentro de éstos, puntuados por doce puertas de gran belleza. La ciudad está rodeada por cuatro ríos: de miel, de leche, de vino y de aceite.

El quinto cielo. *Machón* (la «morada»; véase Deuteronomio 26:15), regido por el arcángel Sandalphon, es donde grandes coros de ángeles cantan alabanzas a Dios por la noche y los elegidos de Dios cantan sus alabanzas de día. Algunos de los ángeles caídos también están cautivos aquí.

El sexto cielo. *Makón* (el «lugar»; véase Salmos 89:14, 97:2), regido por Zachiel, es donde se almacenan los registros akáshicos. Éstos registran todo lo ocurrido en la Tierra, e incluyen tanto los actos de cada individuo que haya vivido alguna vez en el planeta como los castigos recibidos y las recompensas generadas (karma).

El séptimo cielo. *Araboth* (las «nubes»; véase Salmos 68:5) está regido por Cassiel, el ángel de soledad y lágrimas, y uno de los que rigen el planeta Saturno. Es la morada de Dios, el trono y el absoluto Santo de los Santos. Las órdenes más elevadas de ángeles, serafines, querubines y tronos habitan aquí, y también es la morada de los espíritus benditos y de las almas no nacidas.

Los ángeles declaran su presencia a través de la belleza manifestada de la luz.

Nueve rangos de seres angélicos

En el cielo hay muchos órdenes (o coros) de seres angélicos, y distintos autores han compilado sus jerarquías angélicas. El Antiguo Testamento hace referencia a príncipes, hijos de Dios, santos, vigilantes, ángeles, arcángeles, serafines y querubines. En el Nuevo Testamento, San Pablo habla de principados, tronos, poderes y dominaciones, mientras que el papa San Gregorio I (504-604 d.C.) dijo que en el cielo existen nueve rangos de ángeles: ángeles, arcángeles, querubines y serafines, además de los cinco de la lista de San Pablo.

El erudito del siglo V Dionisio el Pseudoareopagita (véase página 13) ya los había descrito con anterioridad. Entre el cielo y la Tierra hay tres niveles o esferas de influencia angélica. La primera y más cercana a Dios son los serafines, querubines y tronos; la segunda incluye las dominaciones, virtudes y poderes, y en el rango inferior están los principados, los arcángeles y los ángeles. Dionisio escribió la *Jerarquía celestial,* con sus tres rangos de tres, inspirándose en las obras del autor neoplatónico Plotino (205-270 después de Cristo.).

Según parece, nadie se pone de acuerdo respecto al orden de las jerarquías celestiales. Las autoridades de otras Iglesias cristianas y de otras religiones ofrecen listas distintas de las jerarquías celestiales, e incluso las mismas listas con otro orden. Los fariseos (que estuvieron activos entre los años 536 antes de Cristo y 70 después de Cristo), y en cuyo pensamiento se basa el judaísmo tradicional, creían en los ángeles, como también lo hacían los famosos filósofos griegos Sócrates y Aristóteles. Aristóteles los llamó inteligencias, mientras que Sócrates tenía su *daimon*, un espíritu asistente que le guió a lo largo de su vida.

El gran filósofo y teólogo católico Santo

JERARQUÍAS ANGÉLICAS

Tomás de Aquino (1255-1274) usó la *Jerarquía celestial* (véase página siguiente) como modelo para escribir su *Summa Theologica*, en la que habla de Dios, la creación, los ángeles y la naturaleza humana. Santo Tomás de Aquino creía que los ángeles son espíritus puros creados por Dios para sustentar el universo, y que, si ignoramos a los ángeles, estamos alterando el tejido mismo del universo. También creía que cada individuo tenía su ángel guardián, perteneciente al noveno orden angélico.

Este fresco italiano del siglo XIV, El Concierto de los ángeles, en Santa Maria delle Grazie, en Saronno (Italia), es un retrato maravilloso de un coro celestial.

Primera esfera

La primera esfera contiene los tres órdenes angélicos más elevados, los que están más cerca de Dios. Dentro de esta esfera están los serafines, los querubines y los tronos.

Serafines. Los serafines son el orden más alto de ángeles en la jerarquía de Dionisio (véase página 52) y también según la ley judía. *Serafín* significa «el inflamador», de la raíz hebrea *saraph* («quemar»), y ellos son los ángeles del fuego, del amor y de la luz «divinos». Los serafines tienen el poder de purificarnos con el rayo y la llama: contienen la luz de Dios desvelada y son los grandes iluminadores. Están junto a Dios, y son los seres más luminosos de toda la creación. Los serafines tienen seis alas, rodean el trono de Dios y cantan incesantemente el *Trisagion*, un himno de alabanza a Dios que se traduce como «Santo, santo, santo».

Regidos por: el arcángel Seraphiel, a veces llamado el «príncipe de Paz», y por el arcángel Metatrón, que preside la esfera de Kether (corona) en el árbol cabalístico de la vida (véase página 76). Aquí también habitaban Jehoel, Miguel y Lucifer antes de su caída de la gracia.

Querubines. A continuación de los serafines vienen los querubines, los seres más cercanos a Dios. El concepto querubín se cree que es de origen asirio o acadio; la palabra acadia *karibu* significa «el que ora» o «el que intercede». Los querubines aparecen en las pinturas, esculturas y en los escritos asirios, caldeos y babilonios, que es donde los profetas bíblicos Isaías y Ezequiel podrían haberlos encontrado. Esta influencia puede haber coloreado los relatos de querubines que se dan tanto en el Génesis como en otros libros del Antiguo Testamento.

Este mosaico de un serafín de seis alas decora la cúpula del Génesis de la gran basílica medieval de San Marcos, en Venecia.

JERARQUÍAS ANGÉLICAS

Los querubines contienen la energía del Sol, la Luna y las estrellas. Los poderosos querubines no son los seres «parecidos a Cupido» que retratan en las obras de arte, sino grandes serse cósmicos.

Regidos por: Zofiel, Ofaniel, Riquiel, Querubiel, Rafael y Gabriel.

Tronos. Después de los serafines y querubines vienen los tronos, que están siempre en presencia de Dios. En el Antiguo Testamento, Ezequiel los describe como remolinos, o grandes nubes de fuego, con sus alas unidas entre sí que forman grandes ruedas de fuego llenas de ojos. Los tronos son las ruedas de la mercaba, el carro de Dios. Son portadores de la energía de Dios en forma de justicia divina: dan a conocer la voluntad de Dios a los ángeles administradores. Se dice que la Virgen María es un trono.

Regidos por: Tzaphquiel, Zadkiel, Raziel, Jophiel y Orifiel.

Segunda esfera

Esta segunda esfera contiene los tres órdenes de ángeles siguientes, clasificados en función de su elevación: dominios, virtudes y poderes.

Dominios. Este orden de ángeles —a veces llamados dominaciones, señorías o señores— supervisan las jerarquías angélicas inferiores y actúan como canal del amor de Dios por medio de la energía misericordiosa, gestionando el poder sin oprimir. Los dominios manifiestan la majestad de Dios y rigen el nivel donde los reinos físicos y espirituales empiezan a fundirse. Sus emblemas de autoridad son el cetro, u orbe, que llevan en la mano izquierda y el bastón de oro que sostienen en la derecha.

Regidos por: Zadkiel, Muriel, Yahariel y Hashmal.

Virtudes. Las virtudes pueden suspender las leyes naturales para obrar milagros aquí, en nuestro planeta Tierra. Este orden otorga gracia y valor a los mortales que necesitan inspiración y coraje. En muchísimas ocasiones se les denomina los «resplandecientes» o los «brillantes», y se dice que inspiran a los santos. Jesús fue acompañado por dos virtudes cuando ascendió al cielo. Las virtudes del cielo, al ver elevarse a Jesús, le rodearon para escoltarle. Las virtudes también fueron las comadronas de Eva cuando dio a luz a Caín.

Regidos por: Uriel, Cassiel y Gabriel.

Poderes. Los poderes también son conocidos como autoridades y potentados: «señores kármicos» que protegen nuestras almas y custodian los registros akáshicos (véanse páginas 260-261). Tienen la tarea de mantener a los demonios bajo control, impidiendo que conquisten el mundo. Se les suele ver

como los ángeles de la muerte y el renacimiento, porque guardan el camino del cielo y guían a las almas perdidas de vuelta al camino celestial.

Regidos por: Chamuel, Sammael, Camael, Ertosi y Verchiel.

La inspiración divina otorgada por la luz de Dios ha sido un tema habitual en las obras pictóricas durante siglos, proveyéndonos de numerosas imágenes de ángeles.

Tercera esfera

La tercera esfera contiene estos tres órdenes: los principados, los arcángeles y los ángeles (se incluyen los ángeles guardianes).

Principados. Los principados son los guardianes de las naciones, y supervisan el trabajo de los ángeles que están por debajo de ellos. Los principados vigilan los países, las ciudades grandes y pequeñas, los pueblos y los lugares sagrados. Se dice que el arcángel Miguel es el principado de Israel, pero otros países, como España, también lo tienen como ángel guardián. Los principados también guían a las religiones y a los líderes religiosos por el camino de la verdad. Trabajan con los ángeles guardianes para inspirarnos.

Regidos por: Haniel, Anael, Cerviel y Requel.

Arcángeles. También se les conoce como ángeles regentes. En el Nuevo Testamento, el término «arcángel» sólo aparece en dos ocasiones: en 1 Tesalonicenses y en Judas. En el Apocalipsis 8:2, Juan se refiere a los «siete ángeles que están ante el trono de Dios», a los que se les ha llamado los siete arcángeles. El *Libro de Enoch* da los siguientes nombres: Uriel, Raguel, Gabriel, Miguel, Seraqael, Haniel y Rafael. Otras listas dan nombres diferentes.

Enoch vio los siete ángeles ante el trono de Dios como iguales (también eran seres compuestos en lugar de simples, y representaban a muchos otros). Eran todos de la misma altura, tenían rostros brillantes y túnicas idénticas. Eran siete y sin embargo uno: la unidad de los ángeles. Los arcángeles lo controlan y armonizan todo en la creación de Dios. Controlan el movimiento de las estrellas, las estaciones y el movimiento de las aguas de la Tierra, así como las plantas y la vida animal. Los arcángeles también llevan el registro de las encarnaciones de cada ser humano.

Una versión del siglo XVI del arcángel Gabriel en la Anunciación *a la Virgen María. A Gabriel se le retrata con un lirio (símbolo de pureza).*

San Juan vio siete antorchas (arcángeles) ante el trono de Dios ardiendo como una. Estas siete antorchas están representadas por los candelabros de siete brazos (*menorah,* en la tradición judía): siete lámparas que dan una única luz: la luz de Dios. La séptuple presencia es una antigua tradición adoptada posteriormente por la cristiandad, que sustituyó la luz central por una cruz con tres velas ardiendo a cada lado.

Los arcángeles operan a muchos niveles simultáneamente, puesto que son los mensajeros portadores de los decretos divinos. Ellos dirigen la voluntad de Dios; ignorar a uno de estos mensajeros divinos es peligroso.

Ángeles. Hay millones de ángeles que ayudan en muchas actividades. Guardan tanto a las personas como a los objetos físicos. Dentro de la creación, cada proyecto tiene su ángel guardián. Los ángeles aportan armonía cósmica y belleza a nuestras vidas. Hay ángeles de amor, de alegría, de coraje, de paz, de esperanza, de fe, de libertad y de armonía. Tanto en el Antiguo como en el Nuevo Testamento hay numerosas referencias a los ángeles, pero, como norma, no se les suele identificar por sus nombres.

Ángeles guardianes

La tarea de nuestro ángel guardián es protegernos, guiarnos y fortalecernos contra las fuerzas del mal. Aunque estos ángeles son los más humildes de los poderes divinos, están asociados con los inmensos ángeles «planetarios». Nuestro ángel guardián es, por tanto, nuestro primer camino hacia Dios.

Todos tenemos nuestro propio ángel guardián que nunca nos abandonará. Nuestro ángel guardián nos es adjudicado cuando encarnamos por primera vez. El ángel guardián nos acompaña, evolucionando como nosotros a través de nuestro destino compartido.

La tarea del ángel guardián es canalizar la luz angélica para inspirarnos a seguir los caminos de la rectitud y darnos apoyo contra las fuerzas de la negatividad. Ellos nos confortan en nuestra hora de necesidad y nos ayudan a lo largo de la vida. Algunos cristianos creen que todos nacemos con un ángel guardián, pero si nos bautizan, entonces la tarea del guardián es llevarle hacia Dios. El ángel guardián desempeña su tarea rezando a Dios por la iluminación del alma de su protegido. Por esto, a veces, se les llama «ángeles de oración».

La mayoría de la gente tiene su primer contacto consciente con el reino angélico por medio de su ángel guardián. Estas experiencias iniciales de la presencia angélica suelen producirse en momentos de gran peligro físico o espiritual, de pena, desesperación, enfermedad, o de inspiración y alegría.

Nuestro ángel guardián nunca puede pasar por alto nuestro libre albedrío ni ayudarnos si elegimos ignorar la ayuda ofrecida. El libre albedrío es el don más sagrado, puesto que nos permite elegir momento a momento si queremos alinear nuestra conciencia con el bien o con el mal. Algunas personas creen que, en realidad, su ángel guardián es su yo superior o, como dicen las

Este cuadro del siglo XVII, Agar e Ismael rescatados por el ángel, *muestra a un ángel de Dios guiando a la madre y a su hijo a encontrar agua en medio del desierto.*

JERARQUÍAS ANGÉLICAS

enseñanzas budistas, su naturaleza de Buda, la chispa divina dentro de cada individuo.

Ángeles guía. Todos tenemos un ángel guía que trabaja con nosotros, además de nuestro ángel guardián. Tu ángel guía cambiará a medida que evoluciones espiritualmente o cuando necesites aprender otras lecciones espirituales. Algunas personas trabajan con varios ángeles guías.

Reino elemental

Los hijos de los ángeles son los mágicos espíritus de la naturaleza, que crean equilibrio y abundancia en la Tierra cuando se les honra y aprecia. A menudo toman la forma de luces coloreadas o nieblas envolventes. Los espíritus de la naturaleza nos ayudan a entender los ritmos naturales y nuestro lugar en el mundo. Los elementales trabajan de cerca con los ángeles de los lugares sagra-

Tres espíritus nos conectan a la trama multidimensional de la vida.

dos para ayudarnos a entender lo que nuestros antepasados sabían instintivamente: la importancia de la interrelación entre las fases de la luna, las mareas y las estaciones.

Nuestro planeta Tierra es un ser vivo que también está evolucionando a través de las vidas de las criaturas que nutre. Los ángeles planetarios, devas y otros espíritus naturales ayudan a la Tierra a pasar por todas las etapas de su crecimiento desde el principio mismo.

Hadas. Hadas, elfos, gnomos y *goblins* son espíritus de la Tierra y gobiernan las flores, las plantas, los árboles, el suelo, la arena y los cristales. La tierra es el más estático y el menos dinámico de los cuatro elementos. Los espíritus de la Tierra nos enseñan a nutrirnos, y a vivir en abundancia, equilibrio y armonía, como cocreadores. Esto significa comportarse responsablemente hacia todas las criaturas del planeta. Al enfocarnos en la poderosa energía que fluye a nuestro alrededor, aportamos estabilidad y abundancia a todas las áreas de nuestra vida. Como sabían nuestros antepasados, los espíritus de los árboles y de las plantas son capaces de curar todas nuestras dolencias si elegimos trabajar con ellos. Simplemente encuentra un árbol que te resulte armónico y acogedor, y pídele trabajar con su esencia espiritual.

Sirenas. Las ondinas y sirenas son espíritus naturales que rigen el reino acuático y atienden a las criaturas que lo habitan. Los espíritus del agua nos ayudan a purificar y equilibrar nuestras emociones. Nos enseñan a fluir siguiendo la línea de menor resistencia. El agua puede asumir cualquier forma; a veces es difícil de contener y en ocasiones se muestra enormemente poderosa. Los espíritus del agua tienen mucho que enseñarnos respecto a la adaptación a distintas situaciones sin perder nuestra receptividad básica.

El agua es receptiva e incorpora mensajes de las zonas por las que pasa. El agua tiene muchos mensajes ocultos, y será un elemento cada vez más importante para la humanidad en los años venideros.

Salamandras. Las salamandras son espíritus de fuego y guardan los secretos de esta energía transformadora. Se encuentran en gran número cerca de los volcanes. Los espíritus del fuego nos enseñan sobre la energía dinámica de nuestra fuerza de vida, la chispa de fuego divino que reside en cada uno de nosotros.

Los transformadores espíritus del fuego encienden nuestro fuego divino para despertar el espíritu.

Esta fuerza nos llama diariamente hacia la luz y nos despierta del sueño. El fuego purifica, quema y destruye lo viejo para que pueda emerger lo nuevo. El fuego creativo nos enseña fortaleza espiritual. El rayo, el fuego último, aporta a nuestra alma iluminación y un crecimiento espiritual sin precedentes.

Sílfides. Las sílfides, o espíritus del aire, llevan nuestras plegarias a los ángeles. El aire es ligero, flexible y libre. También es invisible; sólo se nota su presencia por los efectos que produce. La mayoría de las formas de vida necesitan aire para vivir. Trabajar con las sílfides incrementa nuestra capacidad mental, intuición, comunicación, imaginación creativa y el relámpago repentino de inspiración. Los pájaros, que son criaturas del aire, alegran nuestro corazón con sus trinos, recordándonos las bellezas ocultas de la creación.

Devas. Los devas están más evolucionados que los elementales y frecuentemente trabajan con los humanos, especialmente como guardianes de los enclaves sagrados y antiguos bosques. También se les puede encontrar habitando en preciosos cristales de cuar-

zo. Si tienes la suerte de encontrar un cristal templo dévico, se convertirá en una gran fuente de información. Estos cristales tienen una característica vibratoria que nos permite acceder a información para unificar el cielo y la Tierra. Nos enseñan a elevar, además de nuestra propia frecuencia, la de los demás y la de la Tierra. Los devas que habitan en los cristales de cuarzo pueden enseñarte a curarte y a sanar al planeta.

El águila, una magnífica criatura que sobrevuela los cielos, en un símbolo de la iluminación de la Nueva Era.

Ángeles de Enoch

Existen una serie de escrituras no canónicas que hacen abundantes referencias a los ángeles: los tres *Libros de Enoch* (véase página 12), atribuidos al bisabuelo de Noé. El *Libro de Enoch,* o 1 Enoch, sólo ha sobrevivido en versión completa en lengua etíope; 2 Enoch ha sobrevivido en eslavo antiguo, mientras que 3 Enoch ha sobrevivido en hebreo. La última versión del libro está compuesta por «Las visiones oníricas», «El libro de las luminarias divinas» y «Las parábolas» o «Las similitudes», y fragmentos de «El libro de Noé». Los tres *Libros de Enoch* fueron escritos, entre los años 200 y 100 a.C., por varios autores con distintos puntos de vista religiosos. Estos textos fueron excluidos de la Biblia, pero han sido citados frecuentemente a lo largo de los siglos por las autoridades eclesiásticas.

Enoch fue una figura clave tanto en la tradición angélica cristiana como en la judía. Sus vívidas y detalladas descripciones del cielo y su intrincada teología angélica pueden haber inspirado a otros autores: la descripción que hace San Juan en el Apocalipsis es uno de los principales ejemplos.

El texto místico de Enoch, el *Libro de Enoch,* comienza con un sueño visionario en el que se le pide que interceda ante Dios en nombre de los ángeles caídos, los que abandonaron su hogar celestial. Enoch hace una lista de los nombres de todos los «ángeles caídos» y de su intervención en la «caída».

Él ve fogosos querubines (1 Enoch 17) «que eran como fuego llameante, y cuando querían se aparecían como hombres». A Enoch se le enseñó el lugar de las luminarias y fue llevado por el arcángel Miguel a un cielo superior, donde se le mostró cómo opera el universo y toda la creación. En otra sección describe el lugar del castigo final

para los ángeles caídos. También hay fragmentos de otros viajes que Enoch realiza con los ángeles al «árbol de sabiduría» y al «jardín de rectitud».

En 1 Enoch 70, «La traducción final de Enoch», vemos a Enoch transformado en el arcángel Metatrón. Metatrón es el ángel más importante en los textos mercaba; su nombre significa «compartidor del trono» o Yavhé menor (Dios).

Enoch fue transformado en el arcángel Metatrón mediante la purificación del fuego de Dios, convirtiéndose en el arcángel más importante.

ÁNGELES Y LA CÁBALA

Historia de la Cábala

Una de las fuentes más importantes de sabiduría angélica tiene su origen en la tradición mística judía conocida con el nombre de la Cábala. La sabiduría popular judía afirma que antes de que Dios creara el mundo en que vivimos, enseñó la Cábala a los ángeles. Adán fue el primer hombre que recibió estas enseñanzas, que le fueron dadas en forma de libro por el arcángel Raziel en el momento en que él y Eva fueron expulsados del jardín del Edén.

Supuestamente, las enseñanzas de la Cábala permitirían a Adán y Eva —o al menos a sus descendientes— volver al paraíso (el nombre paraíso viene de la palabra hebrea *pardes*, que significa «arboleda»). Se dice que el *Libro de Raziel*, o *Sepher Raziel*, fue, por lo tanto, el primer libro jamás escrito: un extenso compendio de la antigua sabiduría mágica hebrea.

Las enseñanzas de la Cábala se perdieron, pero más adelante fueron dadas al profeta Abraham, y el pueblo judío volvió a perderlas durante su estancia en Egipto. (Una de las tradiciones dice que Abraham escondió el libro en una cueva.) Tras el éxodo judío de Egipto, las enseñanzas volvieron a ser entregadas a Moisés cuando subió al monte Sinaí para hablar con Jehová.

Cábala es una palabra hebrea que significa «recibir sabiduría interna» y ha sido transmitida por tradición oral. No hay un único libro llamado Cábala; más bien se trata de un compendio que agrupa distintas informaciones. Dentro de la Cábala existen dos textos originales: el *Zohar*, o *Libro del esplendor*, y el *Sepher Yetzirah*, el *Libro de formación*; la leyenda atribuye este último a Melquisedec, un sacerdote-rey de Salem (después Jerusalén) que fue dado en revelación a Abraham, el padre de la nación judía.

La estructura de la existencia, tal como la describen los cabalistas, muestra las lógicas etapas descendentes mediante las cuales Dios desarrolló su plan divino original. En la Cábala se pueden encontrar diferentes ortografías correspondientes a distintos periodos históricos y tradiciones. La expresión «árbol de la vida» se popularizó en la Edad Media.

La mayoría de las tradiciones espirituales tienen una historia sobre la «creación» en la que un poder creativo de otro ámbito crea el universo. La tradición cabalística judía no es una excepción: Dios, la divina presencia, omnipotente, indefinible e informe, manifiesta el mundo de la nada. Cuando Dios creó el mundo e hizo que lo informe tomara forma, la primera idea creó la luz. Entonces Dios separó la luz de la oscuridad (masculino/femenino o yin/yang), definiendo así la polaridad.

En todo el mundo se han hallado versiones del «árbol de la vida» como expresión cosmológica. Ésta es de Gustav Klimt (1862-1948).

El poder creador del sonido

Las 22 letras del alfabeto hebreo son únicamente consonantes, y se las considera sagradas. Estas letras tienen una vibración o energía característica, lo que significa que están vivas y llenas del poder creativo del cosmos. Este poder cósmico está latente y sólo puede ser activado por la voz humana, que provee los sonidos vocales; los cabalistas insisten en que la oración no es eficaz a menos que se pronuncie en voz alta.

El sonido es generado por el movimiento vibratorio de partículas y objetos. Las vibraciones que producen sonido poseen una energía, una pauta vibratoria sónica que se puede encontrar en el mundo natural y no solamente dentro de nosotros y de nuestro mundo, sino mucho más allá de los reinos cósmicos. Las pautas vibratorias del sonido poseen la clave para comprender las estructuras de la existencia y la organización de la materia en el universo físico.

A escala cósmica, el sonido es un poder universal no visible y capaz de producir cambios profundos a muchos niveles: físicos, emocionales y espirituales. El sonido está entre las energías más transformadoras del planeta, pudiendo devolver el equilibrio y la armonía a nuestras vidas. Por otra parte, el sonido también es capaz de afectarnos desfavorablemente y llevar nuestras frecuencias vibratorias, ya estresadas (véanse también páginas 18-19), a niveles de desequilibrio todavía mayores.

Desde la antigüedad sabían lo que los físicos modernos han comprendido hace poco: que todo está en estado de vibración constante. Ellos compartían la creencia de que el mundo fue creado por el sonido. En el Génesis, el primer libro del Antiguo Testamento, una de las primeras afirmaciones es: «Y el Señor dijo: "Hágase la luz"». Juan escribió en el Nuevo Testamento: «Al principio era la

Palabra, y la Palabra estaba con Dios, y la Palabra era Dios.» Los Vedas, libros sagrados de la tradición hindú, tienen una afirmación casi idéntica: «Al principio era Brahmán, con quien era la Palabra. Y la Palabra era Brahmán.»

Tradicionalmente, los egipcios creían que el dios Thoth creó el mundo usando únicamente la voz. En el Popul Vah, el texto sagrado de la tradición maya, a los primeros seres humanos se les da la vida únicamente mediante el poder de la «palabra». La historia hopi de la creación cuenta que la mujer araña creó todos los animales cantando sobre ellos las canciones de creación.

Cada letra del alfabeto hebreo tiene un valor numérico: las tres primeras, Aleph, Beth y Gimel, tienen los valores 1, 2 y 3, respectivamente, y esta correspondencia se mantiene a lo largo del alfabeto de 22 letras.

Los cabalistas creen que calcular el valor numérico de una palabra define su esencia arquetípica eterna. Por tanto, cualesquiera dos palabras o frases que tengan el mismo valor numérico también tendrán la misma esencia. El arte de encontrar palabras con el mismo valor numérico se denomina gematría y suele aplicarse tanto a los nombres bíblicos como a los nombres de ángeles.

Aleph

Mem

Shin

Éstas son las denominadas letras «madre» en hebreo, y se corresponden con los elementos aire, agua y fuego. Los sonidos son comunes a todas las lenguas.

El Absoluto

La Cábala es una enseñanza mística esotérica que elabora los principios fundamentales, tanto de la creación mística como de la metafísica.

Los principios de la Cábala se usan para ilustrar ideas relacionadas con la naturaleza del Absoluto, las leyes cósmicas fundamentales y las jerarquías de la creación. La Cábala es una profunda enseñanza que aborda cuestiones relativas a las modernas teorías de la creación y a la comprensión de la naturaleza de la realidad de las dimensiones superiores que sustentan todas las cosas.

Más allá de las esferas y justo encima de Kether, en la copa del árbol de la vida, está lo divino, que algunos denominan la «mente de Dios».

Es incognoscible, perfecto, prístino y absoluto. Nada puede existir sin el poder de Dios; sin embargo, es una «no-cosa», y es «todas las cosas», conteniendo todas las posibilidades.

Los cabalistas emplean diversos términos y distinciones para describir lo que está más allá de la comprensión humana. Estas imágenes y términos son intentos sutiles de apuntar hacia lo incomprensible, que preexiste a la creación del universo.

Se le describe como de naturaleza trina, o como *Ain, Ain Soph* y *Ain Soph Aur* (véase ilustración, página siguiente).

Ain: vacío (nada o absoluta nada, inconcebible e inefable).

Ain Soph: todo ilimitado (interminable y sin fin, todas las posibilidades o Dios inmanente).

Ain Soph Aur: luz Infinita o luz Ilimitada (el tercer aspecto del Absoluto).

Se dice que lo divino genera una serie de velos de existencia negativa. Para ilustrar estos tres reinos de la existencia negativa, podríamos describir a *Ain* como en blanco o vacío, a *Ain Soph* como completamente negro y a *Ain Soph Aur* como blanco. Estos tres reinos de la existencia negativa o del no-ser son eternos, puesto que sustentan todas las cosas en todas las dimensiones (espacio) y durante todo el tiempo. Son el universo cuántico, que está más allá pero es responsable del espacio, del tiempo y de la realidad.

Éstas son las etapas por las que debe pasar lo divino para producir la manifestación o el punto de luz. Este punto de luz es omnipotente y omnipresente, ilimitado y sin dimensiones, y contiene todas las posibilidades.

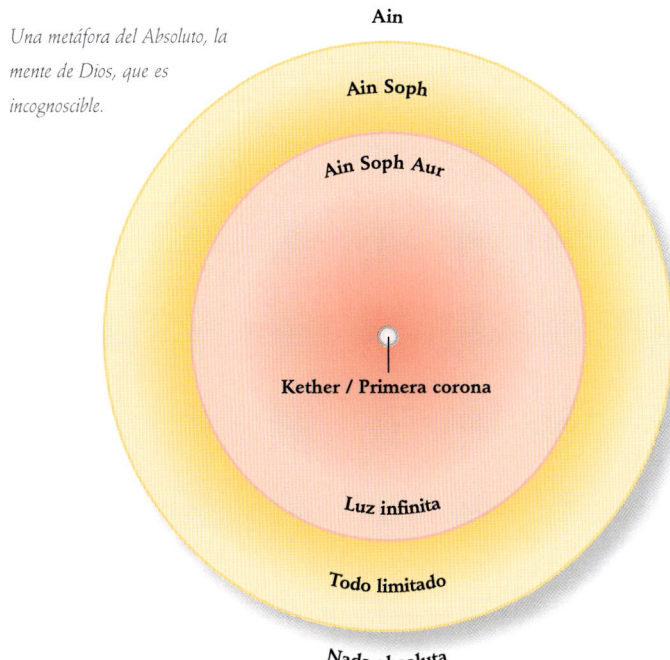

Una metáfora del Absoluto, la mente de Dios, que es incognoscible.

Los arcángeles y los diez sephiroth

La energía divina desciende desde lo alto y da a luz a los diez sephiroth. Puedes imaginarlos como emanaciones o esferas. Cada sephirah (el singular de *sephirot,* que significa «vasija») representa una característica o peculiaridad energética. El árbol de la vida es una representación visual o mapa del camino de retorno y ascensión hacia la conciencia divina. Ascendiendo de abajo hacia arriba en orden inverso (de vuelta al uno) a través de los sephiroth, podemos regresar a Dios. Con la ayuda de los sephiroth, la humanidad asciende hacia Dios comprendiendo sucesivamente el significado de cada sephirah, uno tras otro.

El árbol de la vida puede usarse como plantilla para una multitud de sistemas de

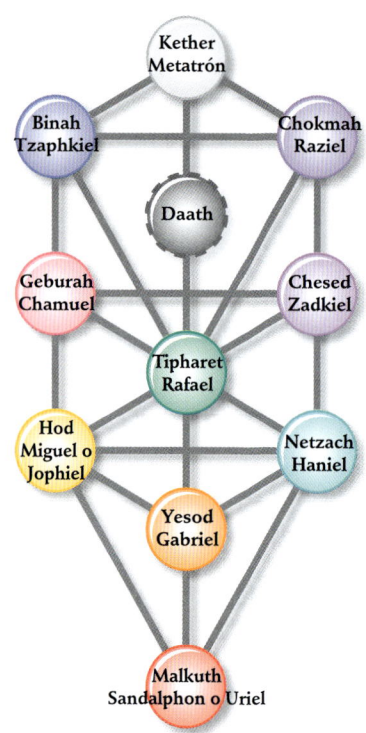

El árbol de la vida cabalístico es un mapa mágico que conduce a la iluminación o a la unión con Dios.

creencias. Nos permite orientar y ordenar nuestras vidas en sintonía con nuestra manera de ver y entender el mundo.

Es difícil abrirse camino entre los sephiroth porque se dice que cada uno de ellos está dividido en cuatro secciones, correspondientes a los cuatro mundos. Asimismo, dentro de los sephiroth está el sagrado, incognoscible e inexpresable nombre de Dios: YHVH (Yahvé), o el tetragrámaton. El tetragrámaton es tan sagrado que es sustituido en los textos por otros nombres de Dios, como Jehová, Elohim o Adonai. Las letras YHVH corresponden a los cuatro mundos.

Los sephiroth y sus arcángeles

Kether (Corona)	=	*Arcángel Metatrón (Divino)*
Chokmah (Sabiduría)	=	*Arcángel Raziel (Padre cósmico)*
Binah (Entendimiento)	=	*Arcángel Tzaphkiel (Madre cósmica)*
Chesed (Misericordia)	=	*Arcángel Zadkiel (Tzadkiel)*
Geburah (Severidad)	=	*Arcángel Chamuel (Khamael)*
Tipharet (Belleza)	=	*Arcángel Rafael*
Netzach (Victoria)	=	*Arcángel Haniel*
Hod (Gloria, Majestad)	=	*Arcángel Miguel o arcángel Jophiel*
Yesod (Fundamento)	=	*Arcángel Gabriel*
Malkuth (Reino)	=	*Arcángel Sandalphon o arcángel Uriel (Auriel)*
Daath* (Conocimiento)	=	*Espíritu Santo (Shekinah) o conocimiento*

* Algunos cabalistas consideran que Daath es un lugar de poderes misteriosos y milagrosos. Daath y Kether son el mismo sephirah desde dos aspectos distintos.

Las tres tríadas

En la estructura del árbol de la vida hay tres tríadas (triángulos) formadas por los nueve primeros sephiroth, y el décimo crea la base. Cada tríada tiene un principio masculino (positivo) y un principio femenino (negativo) —atributo de lo divino—, y entre ambos hay un tercer principio más sutil que establece el equilibrio.

Cada principio funciona de acuerdo con sus características o naturaleza. En general, los principios masculinos (a veces llamados fuerzas) tienen características positivas, son activos y dinámicos, y se dice que los principios femeninos son pasivos. El principio que media entre cada principio masculino y femenino armoniza los opuestos.

La primera tríada. En la primera tríada, Chokmah (el principio masculino) es el opuesto de Binah (el principio femenino). Estos principios se asocian, respectivamente, con el padre y con la madre. Chokmah, también llamado la «sabiduría activa de Dios», actúa sobre Binah, el «entendimiento pasivo de Dios». Kether es el principio armonizador que mantiene el equilibrio entre ambos.

La segunda tríada. En la segunda tríada (en la que están representados el padre, la madre y el hijo), los sephiroth son Chesed, Geburah y Tiphareth. Chesed (masculino) es el padre bondadoso y misericordioso que protege y guía al hijo, mientras que Geburah (femenino) es la madre estricta y autoritaria. El principio equilibrador es Tiphareth, a menudo comparado con el Sol.

Las funciones de Tipharet (que combina las características de Chesed y Geburah) suelen compararse con las de la naturaleza. Tiphareth es tanto el cálido sol de brillo suave como el fiero calor que mata.

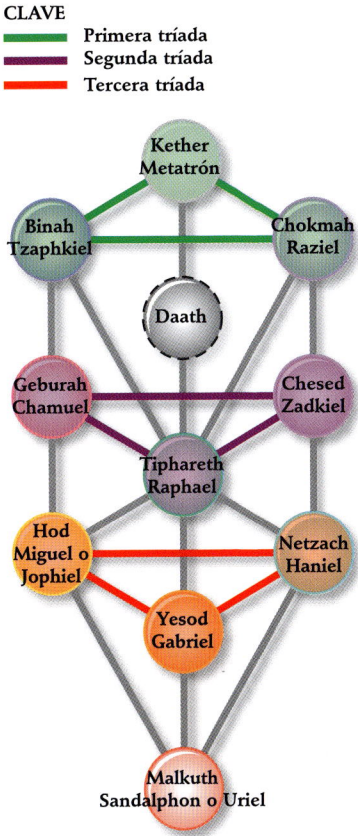

CLAVE
— Primera tríada
— Segunda tríada
— Tercera tríada

Se muestran las tres tríadas que estructuran el árbol de la vida, superpuestas sobre el mismo en colores verde, púrpura y naranja.

La tercera tríada. La tercera tríada representa el emerger del niño a la edad adulta. Sus sephiroth (Netzach, Hod y Yesod) simbolizan la lucha entre el instinto y el intelecto, las fuerzas dualistas de la naturaleza. Netzach (masculino) simboliza la persistencia y la victoria de Dios. Representa el impulso de la naturaleza que permanece ante todo, permitiendo que la humanidad actúe con naturalidad en lugar de falsamente.

El sephirah opuesto, Hod (femenino), contiene las cualidades de intuición, imaginación e inspiración. Yesod (el niño) ahora está plenamente desarrollado y es el sephirah armonizador entre Netzach y Hod. Es la esfera de la Luna. Yesod es el mágico poder potencial que reside dentro de uno. Se cree que Yesod es el vínculo entre Tiphareth (el Sol) y Malkuth (la Tierra). Malkuth, como sephirah base, representa la Tierra.

Los tres pilares

En el árbol de la vida se pueden distinguir muchas estructuras diferentes. Los tres pilares, o columnas, forman una de las más importantes (véase ilustración, derecha). Lo divino desciende desde lo alto usando como estructura los tres pilares: así es como lo informe toma forma. Los cabalistas usan el pilar medio como ruta directa hacia Dios.

El pilar de la Severidad. La columna de la izquierda es *Boaz*, o el pilar de la Severidad, y es agua, pasiva y femenina. Boaz está compuesto por Binah en la parte alta, Geburah en el centro y Hod en la base. Éste es el pilar de la forma, y los tres sephiroth de este lado están relacionados con la restricción o constricción.

El pilar de la Misericordia. La columna de la derecha es *Jachin*, o el pilar de la Misericordia, y es fuego, activo y masculino. Ja-

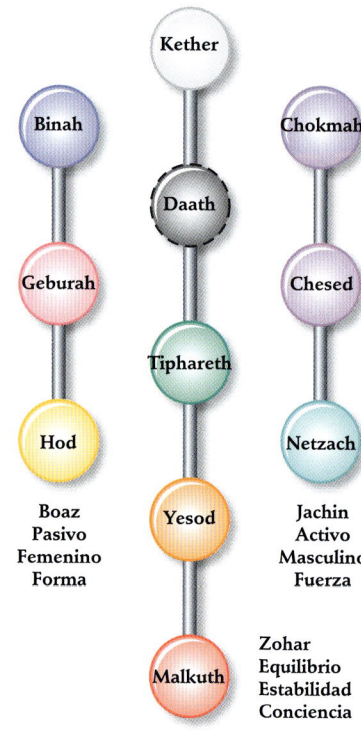

chin está compuesto por Chokmah en la parte superior, Chesed en el centro y Netzach en la base. Éste es el pilar de fuerza, y los tres sephiroth de este lado están relacionados con el movimiento y la expansión.

El pilar del Equilibrio. La columna del medio es *Zohar,* o el pilar del Equilibrio, y es aire y equilibrio. Zohar está compuesto por Kether en la parte superior, Tiphareth y Yesod en el centro, y Malkuth en la base. Éste también se conoce como el pilar de la Conciencia, y contiene el sephirah oculto Daath (para más información, véanse páginas 86-87).

VISUALIZACIÓN DE EQUILIBRIO

Esta visualización ayuda a equilibrar tu columna espiritual. Siéntate cómodamente en un lugar tranquilo.

QUÉ TIENES QUE HACER

1 Comienza por tomar conciencia de tu respiración y relájate. Enfoca la conciencia en el chakra corona. Visualiza una esfera de luz blanca brillante.

2 Visualiza un rayo de luz que desciende desde la esfera que está sobre tu cabeza. Ve cómo llena tu chakra garganta como una esfera azul lavanda.

3 Visualiza un rayo de luz descendiendo desde la esfera de luz que hay en el chakra garganta hasta tu chakra plexo solar. Visualiza que llena tu plexo solar de una luz dorada.

4 Visualiza un rayo de luz que desciende a tu chakra sacro. Visualiza que llena tu chakra sacro de una luz plateada violeta.

5 Visualiza un rayo de luz descendiendo hasta tus pies, donde forma una esfera negra. A medida que vas visualizando sucesivamente cada esfera de luz, visualiza el tubo de luz conector.

6 Para acabar la sesión, vuelve a la realidad cotidiana de vigilia.

Las tres partes del alma

Los cabalistas creen que el alma tiene tres partes, cada una procedente de un sephirah diferente. Sin embargo, las tres partes no tienen por qué estar activas en cada persona. El *Zohar* llama a estos tres elementos *nefesh, ruach* y *neshamah*.

El nefesh se encuentra en todos los seres humanos y entra en el cuerpo físico en el momento del nacimiento. Es el origen de nuestra naturaleza física y psicológica. Las dos partes siguientes del alma no se implantan en el momento del nacimiento, sino que se van creando y desarrollando lentamente con el tiempo; su despliegue depende de las acciones y creencias del individuo. Se dice que sólo están completamente desarrolladas en personas despiertas espiritualmente.

Nefesh viene de Malkuth y sustenta el cuerpo, dándole vida y permitiéndole participar en el mundo material. Ruach tiene su origen en Tiphareth y es el espíritu. Es el aspecto que nos permite trascender nuestra humilde condición humana desarrollando el intelecto y la razón. Es el aspecto del alma

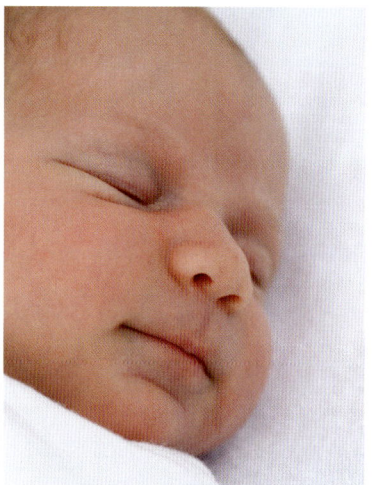

Al nacer, nefesh entra en el cuerpo físico para poder participar en el mundo material.

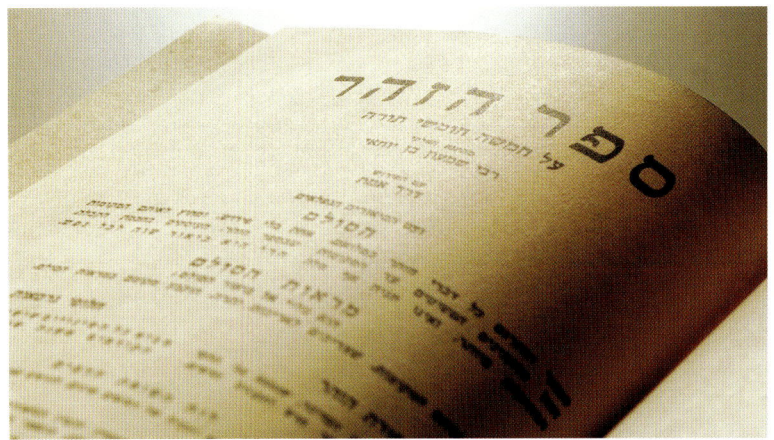

El Zohar, *o el* Libro del esplendor, *es uno de los textos centrales de la Cábala.*

que provoca en ti una profunda contemplación de Dios y te ayuda a distinguir entre las buenas y las malas acciones.

Neshamah es una emanación de Binah, la madre cósmica. Es la superalma, el puro espíritu que nunca muere ni se corrompe: es el aspecto eterno de Dios. Esta parte del alma es otorgada, tanto a los judíos como a los gentiles, en el momento del nacimiento. Le permite a uno tener conciencia de la existencia y de la presencia de Dios, y nos permite tener vida después de la vida.

Otros aspectos del alma. Un texto posterior añadido al *Zohar,* o *Libro del esplendor,* y titulado *Raaya Maheimna*, de un autor desconocido, sugiere que el alma humana tiene dos partes más, el *chayyah* y *yehidah*. Chayyah otorga conciencia de la fuerza de vida divina, mientras que yehidah es la parte más elevada del alma, que permite la plena unión con Dios.

Algunas obras cabalísticas sugieren que también podría haber algunos estados y partes del alma adicionales, y no permanentes, que las personas desarrollan ocasionalmente. Una de ellas es *ruach ha kodesh*, una parte del alma usada para profetizar.

El resplandor luminoso

El resplandor luminoso es una meditación o visualización en la que se siguen las rutas energéticas ascendentes y descendentes, visualizando que cada sefiroth o esfera se va «encendiendo».

Esto ayuda a concentrar la intención, puesto que la energía siempre sigue al pensamiento (intención). La concentración de energía espiritual en cada sephirah y las rutas luminosas potencian nuestra comunicación con Dios.

Como cada sephirah representa un estado de conciencia diferente, trasladándonos por las rutas podemos ver los cambios que se producen en nuestra conciencia. El resplandor luminoso es otra herramienta cabalística que nos ayuda a entender a Dios. Los cabalistas tratan de describir lo indescriptible empleando ejemplos y aproximaciones. Lo que sigue a continuación es una guía para pronunciar los nombres de los sephiroth, que puede ser especialmente útil cuando medites en el árbol de la vida usando el resplandor luminoso.

- Kether (pronunciado «ketta»).
- Chokmah (pronunciado «jochma»).
- Binah (pronunciado «bina»).
- Daath (pronunciado «daarz»).
- Chesed (pronunciado «chesed»).
- Geburah (pronunciado «gebur»).
- Tipharet (pronunciado «tifaret»).
- Netzach (pronunciado con «ch» suave).
- Hod.
- Yesod.
- Malkuth (pronunciado «malkut»).

Entre los sephiroth del árbol de la vida se crean muchas rutas. El resplandor luminoso es una ruta importante para el descenso de la energía (emanación) de Dios. Éste es el camino descendente o de involución.

La luz divina va de Kether a Malkuth en forma de resplandor luminoso que fluye constantemente de izquierda a derecha, y viceversa. La energía desciende de Kether a Chokmah y Binah, y de allí al «no-sephirah» Daath. Debidamente cargada de poder cósmico, seguidamente se mueve a Chesed y después a Geburah, descendiendo finalmente a través de Tiphareth, Netzach, Hod y Yesod, para acabar tomando tierra en Malkuth.

El inverso del resplandor luminoso es la ruta evolutiva o camino serpentino, similar al despertar y a la ascensión de la energía *kundalini*, situada en el chakra raíz o base. El movimiento evolutivo de la energía comienza en Malkuth y va pasando por Yesod, Hod, Netzach, Tiphareth, Geburah, Chesed, Daath, Binah y Chokmah, para terminar en Kether.

A medida que visualizas el resplandor luminoso y vas trasladando tu conciencia por cada uno de los sephiroth, puedes pronunciar cada nombre como si fuera un mantra.

La pronunciación del sonido atrae energía espiritual, que limpia y refina cada esfera de conciencia y abre el camino a Dios.

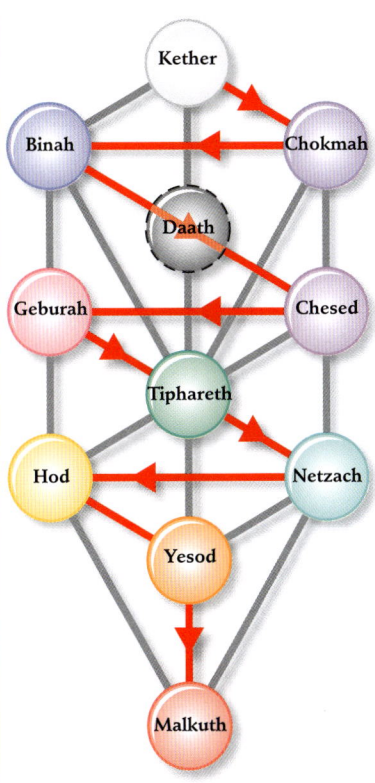

Este camino descendente que atraviesa el árbol de la vida recibe el nombre de resplandor luminoso o involución. Suele usarse como herramienta de meditación.

Daath

Los siete sephiroth inferiores están separados de los tres superiores, la «trinidad divina», por el «no-sefirah» Daath, el lugar del conocimiento —conocido como el vacío—, el abismo, el velo o la habitación vacía. Es un no-lugar, puesto que es transpersonal e informe.

La existencia de un vacío entre los tres sephiroth superiores, Kether, Chokmah y Binah, y los siete inferiores es una idea bien desarrollada dentro de la Cábala. Cuando examinas el progreso del resplandor luminoso al descender por el árbol de la vida, ves que sigue una ruta que conecta los sephiroth, excepto cuando efectúa el salto de Binah a Chesed, reforzando así esta idea de la existencia de un vacío o de una brecha que debe ser salvada. No hay un camino lateral fácil que conduzca a esta esfera: sólo se puede acceder a ella, desde arriba o desde abajo, por el pilar medio del equilibrio.

El símbolo de Daath es una habitación vacía. Esconde un gran secreto; enciende una vela en tu mente para ayudarte a pasar por Daath de manera segura.

Daath significa conocimiento, y el mejor modo de aproximarse al vacío, el gran desconocido, es adquiriendo conocimiento. Pero, como descubrirás, el conocimiento no es suficiente; tienes que equilibrar el conocimiento adquirido con Binah (entendimiento) y Chokmah (sabiduría).

Este no-sephirah contiene el conocimiento del pasado, presente y futuro. Es el útero del silencio, y tradicionalmente se le considera el hogar del Espíritu Santo *(ruah ha kodesh)*. Para acceder al sanctasantórum tendrás que pasar por Tiphareth, esfera regida por el arcángel Rafael. Él te ayudará a desarrollar el equilibrio y la compasión en tu vida para que puedas adquirir el conocimiento del yo.

VISUALIZACIÓN DE DAATH

Esta visualización de Daath nos permite llevar luz a nuestra oscuridad. Frecuentemente, cuando estamos en la «oscuridad» (ignorancia), nuestro «pequeño ego» la percibe como lo desconocido. Siéntate o túmbate cómodamente en un lugar tranquilo, donde puedas estar libre de distracciones y que no te puedan molestar. Es posible que antes de empezar quieras estudiar la sección sobre alineamiento angélico (véanse páginas 218-219).

QUÉ HACER

1 Siéntate cómodamente.

2 Cierra los ojos, relájate y toma unas respiraciones lentas, prestando atención a la respiración.

3 A continuación, imagínate en una habitación oscura.

4 Deja tiempo para que tus ojos puedan adaptarse a la oscuridad y tu mente al silencio. Cuando estés preparado y te sientas cómodo en la oscuridad, enciende una vela en tu mente. Usa tu mente como chispa de luz para encender su llama.

5 Registra por escrito en tu diario todas tus experiencias, sueños, visualizaciones y meditaciones cabalísticas.

El caduceo

El caduceo, o vara de Hermes (mensajero y escriba de los dioses griegos), es un símbolo de sabiduría, sanación y fertilidad. En realidad era una rama de olivo con dos brotes decorados con guirnaldas de flores, o lazos, y que posteriormente pasaron a ser dos serpientes. Según la antigua leyenda, el dios Apolo dio el caduceo a Hermes.

A Esculapio, el dios griego de la sanación, también se le retrata portando una vara con dos serpientes entrelazadas. Zeus le mató lanzándole un rayo porque temía que un médico tan brillante hiciera inmortales a los hombres. Thoth, el dios egipcio, es asimismo portador de un caduceo, que también aparece en la cultura babilonia.

La serpiente verde comienza en Malkuth y se enrosca hacia la izquierda, toca Yesod, se enrosca a la derecha tocando Netzach, después vuelve hacia el centro a Tipharet y acaba en Geburah. La serpiente verde representa el éxtasis y la naturaleza, donde hallamos a Dios en la acción y en el mundo natural de los árboles, plantas y flores.

La serpiente naranja también comienza en Malkuth y gira hacia la derecha, toca Yesod, se enrosca hacia la izquierda tocando Hod, después vuelve hacia el centro a Tipharet y acaba en Chesed. La serpiente naranja representa el análisis y la comprensión, que es el camino de la gnosis hermética hacia la conciencia divina a través del intelecto.

El círculo entre las dos alas está sobre Kether. El ala izquierda cubre Binah y el ala derecha cubre Chokmah. Cuando extendemos el caduceo sobre el árbol de la vida, vemos un nuevo y sofisticado movimiento, más representativo del equilibrio entre el yin y el yang, que está en sintonía con nuestra actual era de Acuario, donde los opuestos complementarios existen uno en el otro.

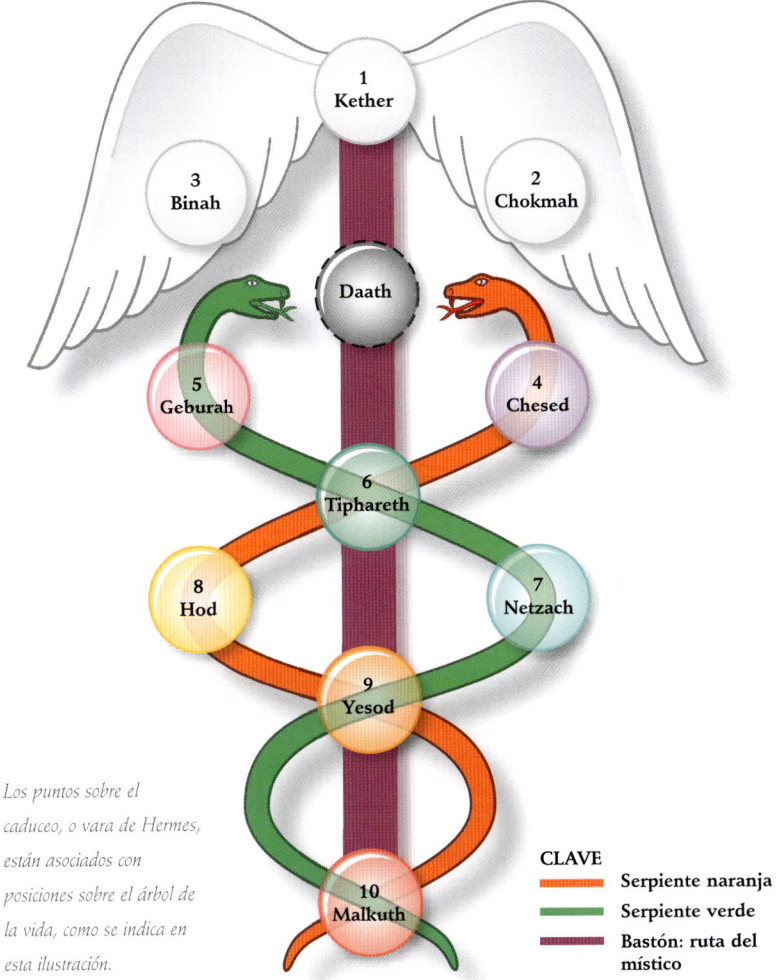

Los puntos sobre el caduceo, o vara de Hermes, están asociados con posiciones sobre el árbol de la vida, como se indica en esta ilustración.

CLAVE
— Serpiente naranja
— Serpiente verde
— Bastón: ruta del místico

ÁNGELES Y LA CÁBALA

La escalera de luz

En el Antiguo Testamento (Génesis 28:10-22), el patriarca Jacob soñó que los ángeles ascendían y descendían a la Tierra por una escalera de fuego. En la visión, Dios estaba junto a Jacob y le prometió que siempre estaría con él. La escalera de los ángeles simbolizaba el vínculo entre el cielo y la Tierra.

En la Cábala, la escalera de luz plasma en una única imagen las enseñanzas de la cábala luriánica. El rabino Isaac Luria (1534-1572) fue uno de los mayores cabalistas, y su obra se basó exclusivamente en el Antiguo Testamento y en el *Zohar* (véase página 70). El rabino Luria unificó las hebras sueltas para formar una cosmología más completa y comprensible. Su comprensión más profunda le reveló la naturaleza de Dios creador. Según su visión, Dios era como el «big bang» (teoría científica de la creación del siglo XX), y lo que es más importante, aún sigue evolucionando a través del proceso de creación. En el momento de la creación, «chispas santas» saltaron en todas las direcciones: algunas cayeron en este mundo y otras volvieron a su fuente. Este cataclismo dio comienzo a la evolución. Sus enseñanzas, la *Rotura de las vasijas*, formaron el núcleo del sistema de creencias de los cabalistas subsiguientes y dieron lugar a la teosofía cabalística.

La parte de Dios que es el aspecto creador recibe el nombre de Adam Kadmon, el hombre arquetípico. Según creen los cabalistas, las «chispas santas» anhelan retornar a su estado de unidad con Dios. Los ladrillos fundamentales del árbol de la vida son los diez sephiroth: la escalera de luz es una extensión del árbol de la vida, que ofrece comprensiones no solamente del mundo que nos rodea (otras dimensiones), sino también de nuestro mundo interior (dimensiones internas).

Este cuadro francés del siglo XV, titulado La escalera de Jacob, *ilustra con claridad el sueño que tuvo Jacob de ángeles subiendo al cielo.*

ÁNGELES Y LA CÁBALA

Los cuatro mundos

La escalera de luz nos lleva hacia arriba a través de cuatro mundos imperfectos. Para el cabalista, estos cuatro mundos son una exploración de las complejas interpretaciones de la Cábala. Esta indagación puede ofrecernos profundas comprensiones de nuestra estructura psicológica, y cada persona interpreta la Cábala a su manera.

Las letras YHVH corresponden a los cuatro mundos. En la Cábala clásica, los cuatro mundos describen la estructura del cosmos, desde la esencia de Dios, y descienden por los reinos angélicos hasta el mundo físico.

Juntos, estos cuatro mundos pueden considerarse como una jerarquía lineal: cada mundo tiene su propio árbol completo y el Malkuth de un mundo se convierte en el Kether del mundo inferior, y el Kether de un mundo se convierte en el Malkuth del mundo superior. Se considera que Malkuth es la realización complementaria de Kether: el primero es inmanencia divina y el segundo trascendencia divina.

Atziluth, que significa «emanación o cercanía de Dios», es el mundo espiritual de arquetipos del que proceden todas las formas. Éste es el mundo más cercano al creador, Adam Kadmon. Es la absoluta realidad divina, la deidad perfecta e inmutable representada por las polaridades masculina y femenina de Dios.

Briah es el mundo de la creación mental, donde las ideas arquetípicas se convierten en estructuras. También se le llama el trono. Este mundo está habitado por el arcángel Metatrón, que es puro espíritu y se encarga de una miríada de ángeles. Los demás arcángeles que gobiernan los diez sephiroth restantes también viven en este mundo, pues llevan la conciencia imaginativa de Dios a la forma en los mundos inferiores.

Yetzirah es el mundo psicológico de la forma, donde se expresan las estructuras. Este mundo de formación está lleno de ángeles, que siguen siendo puro espíritu envuelto en atuendos luminosos. Los ángeles, a su vez, están divididos en diez rangos, de acuerdo con los diez sephiroth, y cada ángel gobierna una parte del universo y toma su nombre de dicho elemento o cuerpo celestial.

Assiah significa «el mundo del hacer» y es el mundo físico donde se manifiesta el materialismo. Aunque los detalles cambian de una escuela cabalística a otra, el consenso básico es que el universo de Assiah constituye el mundo inferior o subespiritual. Cada uno de estos cuatro mundos se relaciona con un tipo de conciencia particular.

CLAVE

- Dios
- Atziluth
- Briah
- Yetzirah
- Assiah

Esta escalera de luz plasma las enseñanzas de la Cábala luriánica en un solo símbolo. En lugar de un único árbol, hay cinco árboles superpuestos.

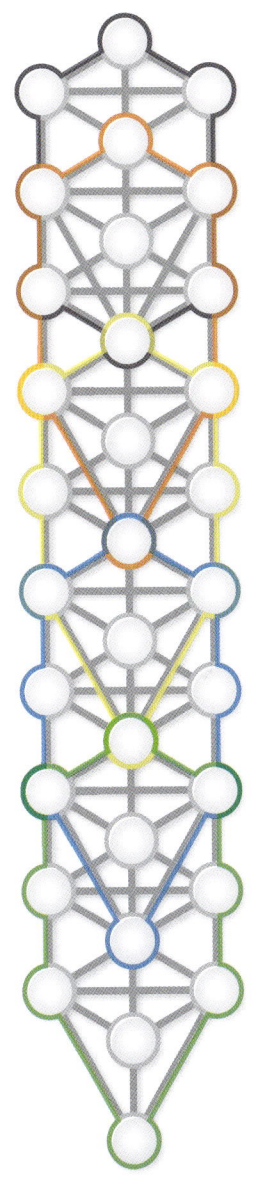

ÁNGELES Y LA CÁBALA

Trabajar las rutas con los ángeles

La técnica conocida como «trabajar las rutas» es un aspecto importante de la tradición de los misterios de la Cábala occidental. La estructura del árbol de la vida nos permite trabajar las rutas y crear ricas imágenes que cambian nuestra conciencia y nos permiten pasar de una frecuencia a otra a medida que nos movemos por los sephiroth. Esto, a su vez, nos lleva a tener experiencia personal directa, conocimiento, entendimiento, sabiduría, unidad y, en último término, conciencia de Dios o iluminación.

A medida que la energía divina fluye desde arriba y desciende por los sephiroth, genera muchas correspondencias. Cuando los diez sephiroth están en su lugar, hay 22 rutas entrelazadas que los unen. Cada una de estas 22 rutas entrelazadas tiene asignada una letra del alfabeto hebreo, así como uno de los 22 arcanos mayores del tarot.

A los sephiroth también se les asigna un arcángel, un planeta, un color, hierbas, árboles, plantas, flores, cristales y ángeles especialistas.

Los diez sephiroth más las 22 rutas que los conectan forman un total de 32 caminos de sabiduría en el mundo arquetípico. Entre

Trabajar las rutas o la visualización nos ayuda a vernos desde distintas perspectivas.

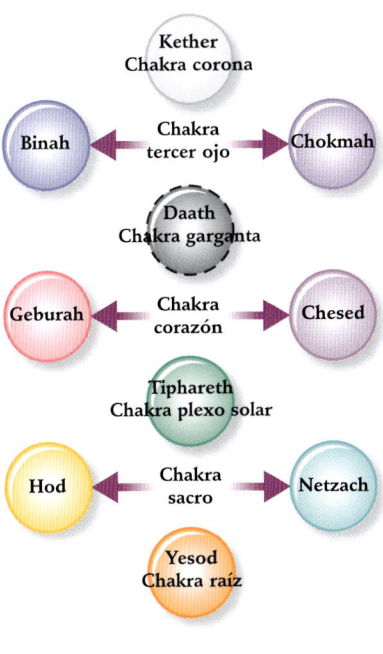

El diagrama de arriba representa los diez sephiroth (incluyendo el no-sephiroth Daath) y su relación con los siete chakras principales.

las 10 esferas y las 32 rutas están las 50 puertas de la luz interna. Las esferas, las rutas y las puertas de luz forman la estructura del árbol de la vida, que puede aplicarse a muchos sistemas de creencias, entre los que se incluye el sistema de chakras (véase página 102).

Cuando los diez sephiroth, el no-sephirah (Daath) y las rutas entrelazadas se sitúan sobre los chakras principales, las equivalencias son las siguientes:

Kether = chakra corona
Binah y Chokmah = chakra tercer ojo
Daath = chakra garganta
Geburah y Chesed = chakra corazón
Tiphareth = chakra plexo solar
Hod y Netzach = chakra sacro
Yesod = chakra raíz
Malkuth = chakra estrella terrenal

Las correspondencias entre los sephirah y los chakras funcionan muy bien. Combinando dos sephiroth (los tres pares de opuestos) en los chakras de polaridad femenina —el tercer ojo, el corazón y el sacro— tenemos un mayor entendimiento de la energía femenina (yin), que también contiene el elemento niño de la trinidad, el elemento equilibrante.

El ritual de la cruz de luz

Propósito: *producir purificación, bendiciones y equilibrio*

Este ritual crea una poderosa cruz interna de luz. La meditación se realiza de pie, tal como la mayoría de los sacerdotes y rabinos ejecutan todos sus rituales y plegarias. Podrías desear estudiar las meditaciones de los ángeles (véanse páginas 148-171) antes de empezar a realizar este ritual.

Ponte de pie, con los pies firmemente plantados en el suelo, para asentar la energía y permitir que se establezca un mayor flujo de luz celestial, que primero absorbes y después envías hacia el exterior para purificar, bendecir y proteger el mundo.

El ritual de la cruz de luz crea una cruz interna de luz y poder.

Traducción de las palabras

Atoh	=	*tú Eres*
Malkuth	=	*el Reino*
Ve Geburah	=	*el Poder*
Ve Gedulah	=	*la Gloria*
Le Olahm	=	*Eternamente*

CÓMO REALIZAR EL RITUAL

QUÉ TIENES QUE HACER

1. Ponte de pie mirando al este, relajado pero en una buena postura, con las manos a los lados y los ojos cerrados.
2. Visualízate haciéndote más y más grande y poderoso, hasta que la Tierra sea un pequeño punto bajo tus pies y tengas la cabeza en el más alto cielo.
3. Percibe una esfera de pura luz blanca y brillante por encima de ti. Eleva tu mano derecha para tratar de alcanzar la luz.
4. Mientras cantas «Atoh», guía esta luz hacia abajo, hacia ese centro energético que está entre los ojos y un poco por encima de ellos (el chakra tercer ojo).
5. Mientras cantas «Malkuth», dirige la luz hacia abajo, a través de tu cuerpo, hasta por debajo de tus pies (chakra estrella terrenal), llenándote de pura luz blanca y brillante.
6. Imagina el mismo punto de pura luz blanca y brillante a lo lejos, a tu derecha. Mientras cantas «Ve Geburah», extiende tu mano derecha para guiar la luz hacia tu hombro derecho.
7. Prosigue llevando la luz a través de tu cuerpo hacia tu hombro izquierdo, tocándolo, y después extiéndela hacia la izquierda con tu mano izquierda mientras cantas «Ve Gedulah».
8. A continuación, abre los brazos hacia fuera para formar una cruz; contémplate como una cruz de brillante luz blanca.
9. Junta ambas manos a la altura del corazón (posición de oración) mientras cantas «Le Olahm».
10. Entrelaza las manos en la posición de oración, y respira profundamente para absorber toda esta luz y energía.
11. Canta «Amén». Mientras espiras, irradia la luz y la energía hacia fuera, bañando el mundo de amor divino.
12. Puedes sustituir las palabras hebreas por los términos en tu idioma natal y el ritual seguirá siendo igualmente eficaz.

El ritual menor de la desaparición del pentagrama

Propósito: *purificar y atraer protección angélica de manera inmediata*

Este ritual es una continuación del ritual de la cruz de luz (véanse páginas 96-97) para atraer protección angélica y favorecer la meditación. También aporta claridad de pensamiento y aquieta la mente, liberándola de influencias externas no deseadas.

CÓMO REALIZAR EL RITUAL

LO QUE NECESITARÁS

Un cristal de cuarzo claro con una única terminación (véase, en la imagen de la página siguiente, un ejemplo de un cristal de punta única).

QUÉ HACER

1 Ponte de pie mirando hacia el este; realiza el ritual de la cruz de luz (véanse páginas 96-97).

2 Aún mirando hacia el este, y usando un cristal de cuarzo claro de una única terminación, dibuja un gran pentagrama en el aire, delante de tu cuerpo, con la punta orientada hacia arriba. Comienza en tu cadera izquierda y sube justo hasta encima de tu frente, centrado en tu cuerpo; después, baja hasta tu cadera derecha, sube hasta tu hombro izquierdo, cruza hasta el dere-

cho y baja hasta el punto de partida, frente a tu cadera izquierda.

3 Visualiza el pentagrama como si fuese una luz verde con un aura dorada. Apunta con tu cristal hacia el centro y di «YHVH» (Yod-heh-vahv-heh; el tetragrámaton traducido al latín como Jehová).

4 Date la vuelta para mirar al sur. Repite el segundo paso mirando hacia el sur: visualiza un pentagrama de luz amarilla con un aura azul índigo y pronuncia «Adonai» (otro de los nombres de Dios, que se traduce como «Señor»).

5 Gira tu cuerpo para mirar hacia el oeste. Repite el segundo paso; visualiza un pentagrama de luz naranja con un aura blanca y di «Eheieh» (otro de los nombres de Dios que se traduce como «Yo soy el que soy»).

6 Gira para mirar hacia el norte. Repite el paso 2; visualiza un pentagrama de luz roja con un aura violeta y pronuncia la palabra «Agla» (una composición de Atoh, Geburah, Le Olahm y Amén).

7 Vuelve a mirar hacia el este apuntando con el cristal hacia el mismo punto que en el paso 2. Visualiza

Mira hacia el este sosteniendo un cristal de cuarzo claro de punta única.

los cuatro pentagramas llameantes a tu alrededor, conectados por una línea de fuego azul.

8 Extiende los brazos hacia los lados formando una cruz. Di: «Delante de mí Rafael, detrás de mí Gabriel, a mi derecha Miguel, a mi izquierda Uriel, porque a mi alrededor arden los pentagramas, y en la columna se alza la estrella de seis puntas».

9 Repite el primer paso del ritual de la cruz de luz mirando hacia el este, relajado pero con postura erguida, con las manos a los lados y los ojos cerrados.

10 Para acabar la sesión, vuelve a la realidad cotidiana de vigilia.

COLORES DE LOS ÁNGELES

Ángeles de los rayos

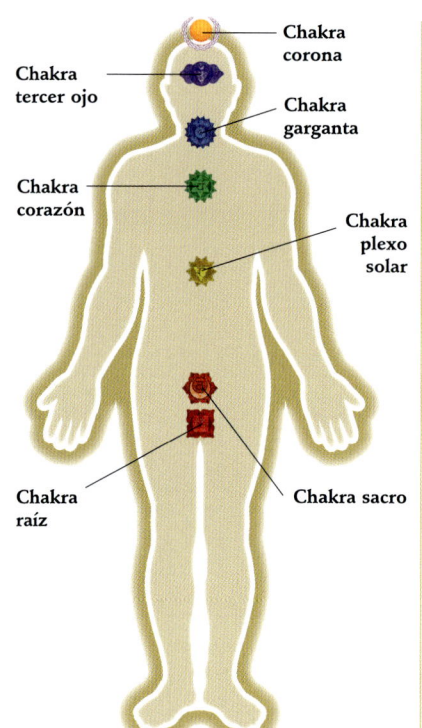

En algunos escritos de la sagrada tradición angélica los siete arcángeles se asocian con los siete rayos de la iluminación espiritual y los siete colores del arco iris. Los siete rayos también guardan relación con los siete chakras principales. Cuando te sintonices con los «ángeles de los rayos» y desarrolles sensibilidad hacia los chakras, habrás equilibrado tus niveles de energía, obtenido comprensión espiritual y serás capaz de sanar a otros.

Chakras. Los centros de energía sutil, o chakras, tienen una importancia vital para tu bienestar físico y emocional, así como para tu crecimiento espiritual. Cada chakra está asociado con ciertos órganos y glándulas endocrinas específicas. Los chakras procesan energía sutil, produciendo cambios químicos, hormonales y celulares en el cuerpo. Cada chakra vibra con una frecuencia, color y nota musical diferentes, y tiene una polaridad masculina o femenina. Los chakras corona, garganta, plexo solar y chakra raíz son masculinos (positivos); los chakras tercer ojo, corazón y sacro son femeninos (negativos).

Los siete chakras principales están situados sobre la línea media del cuerpo, y los cinco primeros encajan en la columna vertebral. El chakra raíz se abre hacia abajo y el chakra corona se abre hacia arriba. Los otros cinco chakras se abren de la parte anterior del cuerpo a la posterior.

La luz blanca está compuesta por todos los colores. Cuando hacemos pasar un rayo de luz blanca por un prisma, obtenemos los siete colores del espectro arco iris.

Luz y color. El color es un lenguaje universal que pasa por alto la mente lógica y habla directamente al alma. Cada uno de los siete colores principales tiene cualidades terapéuticas por resonar con los siete grandes chakras.

Conocimiento antiguo. La terapia de luz, la cromoterapia (terapia del color) y la terapia hidrocromática (tinturas de color) son antiguas herramientas de sanación natural. Los rayos de color afectan a nuestro cuerpo físico, emociones, estados de ánimo, facultades mentales y naturaleza espiritual. Todos tenemos una relación íntima con el color. A veces, nos damos inconscientemente un tratamiento de color eligiendo joyas o vestidos de cierto color, o rodeándonos de vibraciones de color específicas en nuestros hogares, oficinas y jardines.

En gran medida nuestras reacciones son inconscientes, y solamente cuando empezamos a usar las características mágicas de los colores de manera consciente e iluminada podemos dirigir esta maravillosa fuerza vital para mejorar nuestra calidad de vida y nuestro estado general de armonía, equilibrio y bienestar.

Rayo rubí

Arcángel Uriel

Color: rubí rojo • **Ámbito:** *devoción espiritual a través del servicio desinteresado a los demás* • **Chakra:** *raíz* (muladhara). *Elemento tierra. Expresa equilibrio mostrándose estable, fiable y aterrizado*

El rayo rubí es el sexto rayo de luz espiritual y el primero del espectro visible del arco iris. Influye en el chakra raíz (tercera dimensión) a nivel físico y es el rayo transmutador (transformador) del chakra plexo solar (cuarta dimensión). El rayo rubí se percibe como de un rojo profundo, moviéndose hacia el violeta oscuro con flecos de oro, como los rubíes de alta calidad.

El nombre Uriel significa «fuego de Dios» o «luz de Dios». Uriel es uno de los arcángeles más poderosos, el «ángel de la presencia», y es capaz de reflejar la luz inimaginable que es Dios. Está asociado con la electricidad, el rayo, el trueno y la acción repentina, y se le suele retratar sosteniendo un pergamino (que contiene información sobre tu camino de vida) o portando un bastón.

La luz de Dios, transmitida por Uriel, nos da iluminación. Esta iluminación es vital para aquellos que sienten que han perdido su camino, por lo que debes usar el rayo rubí cuando te sientas perdido, abandonado, temeroso, rechazado, descentrado y cuando estés pensando en suicidarte.

Asociaciones físicas. Partes del cuerpo: genitales y órganos reproductores; regula la liberación de adrenalina a la corriente sanguínea; sangre, circulación; músculos; pies, piernas; rodillas y caderas. Desintoxica el cuerpo eliminando la inercia. Calentamiento. Incrementa la energía física y detiene la debilidad. Fortalece la capacidad de escuchar la sabiduría del cuerpo. No debe usarse para enfermedades relacionadas con el color rojo y con la ira, como presión sanguínea alta, hinchazón, inflamación, agitación, hiperactividad, fiebre, úlceras...

Asociaciones emocionales y mentales. Activa, vitaliza, indica y provoca la lujuria, el deseo y el amor. Libera bloqueos energéticos profundamente enraizados en el sistema. Aporta acción, fuerza de vida, coraje, vigor y resistencia. Da un nuevo impulso a los procesos ralentizados o estancados. Alivia los problemas relacionados con la supervivencia y devuelve la voluntad de vivir. Es dinámico y elimina el miedo. Libera de las conductas obsesivas.

El rojo, el primer rayo del espectro, puede usarse para invocar a Uriel, que ayuda a deshacer bloqueos energéticos profundamente enraizados.

Asociaciones espirituales. Enseña maestría del mundo material; ayuda a los seres humanos a conectar con el orden divino para traer armonía y paz mundial. Lleva la espiritualidad a nuestras vidas cotidianas.

Rayo naranja

Arcángel Gabriel

Color: *naranja* • **Ámbito:** *creatividad; también usado para disolver el miedo* • **Chakra:** *sacro* (svadishtana). *Elemento agua. Expresa el equilibrio como vitalidad, creatividad y originalidad*

El segundo rayo del espectro visible, el rayo naranja, influye en el chakra sacro a nivel físico (tercera dimensión). El rayo naranja se percibe como bermellón y va del naranja al naranja dorado, como los granates esonita de la mejor calidad.

El arcángel Gabriel, el mensajero, es uno de los cuatro grandes arcángeles. También es uno de los dos únicos ángeles (junto con el arcángel Miguel) cuyo nombre se menciona en el Nuevo Testamento. El ángel de la Anunciación, Gabriel, anunció el futuro nacimiento de Jesús a María, su madre, y también estuvo presente en la muerte de Jesús, siendo el ángel que vigiló la tumba y dio la buena nueva de su resurrección a los discípulos (aunque en el Evangelio no se menciona su nombre de manera específica). En el islam, el arcángel Gabriel (Jibril) produjo el despertar de Mahoma, el profeta de Dios, y le dictó el Corán. Se dice que el arcángel Gabriel inspiró a Juana de Arco. El color de Gabriel es el blanco cuando se le emplea como rayo cuadridimensional transmutador (transformador) del chakra raíz.

Asociaciones físicas. Partes del cuerpo: parte baja de la espalda, los intestinos, el abdomen y los riñones. Gobierna las glándulas adrenales. Ayuda a hacer la digestión.

Mejora la bronquitis y el asma. Resulta beneficioso durante la menopausia. Equili-

COLORES DE LOS ÁNGELES

El naranja puede usarse para invocar al arcángel Gabriel, que libera del estrés y potencia la creatividad.

bra las hormonas y favorece la fertilidad. Muy motivador, equilibra los niveles de energía corporales, incrementa la vitalidad e interviene más delicadamente que el rojo, acumulando la energía paulatinamente. Desenreda los procesos trabados. Resuelve el estreñimiento.

Asociaciones emocionales y mentales. Alivia la pena y facilita el duelo. Potencia la creatividad, el optimismo y una visión positiva de la vida. Ayuda a liberar miedos y fobias. Libera del miedo a experimentar placer.

Asociaciones espirituales. Estimula la alegría y eleva espiritualmente.

Rayo amarillo

Arcángel Jophiel

Color: *amarillo* • Ámbito: *sabiduría* • Chakra: *plexo solar* (manipura).
*Elemento fuego. Expresa el equilibrio como procesos de pensamiento lógicos,
confianza en uno mismo y consecución de objetivos*

El tercer rayo del espectro visible, el rayo amarillo, influye en el chakra plexo solar a nivel físico (tercera dimensión) y es el rayo transmutador del chakra corona (cuarta dimensión). Es el segundo rayo espiritual, y se percibe como naranja amarillo yendo hacia el oro pálido, como los mejores cristales de citrino.

Jophiel es el arcángel de sabiduría y trabaja con los ángeles de las aulas de sabiduría. A su rayo se le suele denominar el rayo de sol. Su nombre significa «belleza de Dios».

El rayo del arcángel Jophiel te ayuda a plantearte la vida de manera fresca, recuperando el encanto y el placer. Jophiel construye conexiones para alinearte con tu yo superior a través de multitud de dimensiones; puedes pensar en él como una escalera cósmica. Te ayuda a recuperar instantáneamente fragmentos del alma que pueden haber quedado desparramados por una conmoción, por el miedo o por una enfermedad grave.

Entre los dones de Jophiel se incluyen la llama de sabiduría, la intuición, la percepción, la alegría, la dicha y la iluminación del alma. Invoca a Jophiel cuando tu creatividad necesite un nuevo impulso, y para prevenir estados de baja autoestima, inercia o confusión mental. Él te ayuda a absorber nueva información. Puedes invocar su llama de sabiduría para que te ayude en cualquier situación que requiera claridad mental, discriminación o inspiración.

Asociaciones físicas. Partes del cuerpo: páncreas, plexo solar, hígado, vesícula biliar, bazo, estómago medio, sistema nervioso, sistema digestivo y piel.

Fortalece, abrillanta, entona, estimula y refuerza la energía. Fortalece los procesos corporales que han quedado debilitados. Deshace la celulitis y limpia las toxinas. Renueva la alegría de vivir. Los terapeutas de color lo usan para curar la artritis, la rigidez de las articulaciones y la inmovilidad.

Asociaciones emocionales y mentales. Agilidad mental; potencia el aprendizaje. Estimula el intelecto y la sabiduría. Favorece la concentración. Fomenta la libertad, la risa y la alegría. Incrementa el autocontrol. Eleva la autoestima y produce sentimientos de bienestar total. Estimula la conversación y también puede potenciar la comunicación. Previene la timidez, da coraje. Impide la confusión mental.

Asociaciones espirituales. Aporta iluminación al alma; fortalece la conexión con el yo superior, y con guías y ángeles. Ayuda a recuperar los fragmentos del alma que han quedado desvinculados por enfermedad o depresión.

El amarillo se usa para invocar al arcángel Jophiel, que aporta claridad y sabiduría.

Rayo verde

Arcángel Rafael

Color: *verde esmeralda* • Ámbitos: *curación y armonía* •
Chakra: *corazón* (anahata). *Elemento aire. Expresa el equilibrio
como amor incondicional por nosotros mismos y por otros*

El cuarto de los rayos visibles del espectro, el rayo verde, influye en el chakra corazón a nivel físico (tercera dimensión), y es el rayo transmutador del chakra tercer ojo (cuarta dimensión). Es el quinto rayo espiritual, y es de un verde esmeralda brillante, como las mejores esmeraldas facetadas.

El arcángel Rafael es el aspecto sanador del Señor. Se le conoce como el médico del reino angélico, el divino sanador para curarnos a nosotros mismos y ayudarnos a encontrar la guía interna, el amor, la compasión, el equilibrio y la inspiración que nos lleven a curar a otros.

Rafael es uno de los siete príncipes o ángeles regentes. Es uno de los tres únicos ángeles reconocidos por la Iglesia católica, junto con Miguel y Gabriel. También se le considera el jefe de los ángeles guardianes y el patrón de los viajeros. Se le suele retratar portando un caduceo, o como peregrino llevando un bastón en una mano y un cuenco de bálsamo curativo en la otra. Como ángel que ilumina la sanación, el arcángel Rafael es capaz de guiar nuestro trabajo curativo, sea ortodoxo o complementario.

Asociaciones físicas. El verde es el color de la naturaleza y está situado exactamente en el centro del espectro de colores. El color verde iguala, calma y relaja. Fomenta el crecimiento personal y aporta armonía. Man-

El verde puede usarse para invocar al arcángel Rafael y aportar curación y equilibrio.

tiene la energía física y mental dinámicamente equilibradas. Alivia los procesos tensos y dolorosos. Está sintonizado con la naturaleza y los reinos dévicos, y es el rayo de los grandes sanadores y de la curación. El rayo verde se usa para curar dolores de cabeza y migrañas, úlceras gástricas, molestias digestivas y todo tipo de tensiones, incluyendo la agitación emocional extrema. Ayuda a resolver problemas de corazón, pulmones y timo.

Asociaciones emocionales y mentales
Alivia la claustrofobia y los sentimientos de constreñimiento. Estabiliza el sistema nervioso, alivia las emociones y reduce la confusión mental. Alivia todos los sentidos. Ayuda a desarrollar relaciones sanas con los demás.

Asociaciones espirituales. Desarrolla la visión divina, la intuición y la comprensión mediante el equilibrio y la armonía. Potencia la visualización creativa y las técnicas de manifestación.

Rayo azul

Arcángel Miguel

Color: *azul zafiro* • Ámbito: *comunicación* • Chakra: *garganta* (visuddha). *Elemento éter. Expresa su equilibrio como comunicación fácil a todos los niveles, con nosotros mismos y con los demás*

El quinto rayo del espectro visible, el rayo azul, influye en el chakra garganta a nivel físico (tercera dimensión) y es el rayo transmutador para el chakra garganta (cuarta dimensión). Es el primer rayo espiritual.

El poderoso arcángel Miguel es el protector de la humanidad, el supremo e incorruptible comandante en jefe de todos los arcángeles; él dirige las fuerzas celestiales —sus «legiones de luz»— contra el mal. Su color principal es el amarillo solar; de hecho, su dominio es el fogoso poder del chakra plexo solar, pero como lleva una espada de zafiro la llama azul suele asociarse con el fortalecimiento y el desarrollo de los chakras de la garganta y tercer ojo. El rayo azul representa el poder y la voluntad de Dios, así como los poderes de la fe, la protección y la verdad. Como guerrero de Dios, se le suele retratar matando a un dragón.

Asociaciones físicas. Partes del cuerpo: garganta, tiroides y paratiroides, parte alta de los pulmones, mandíbula, base del cráneo y peso corporal.

Alivia, restringe, inhibe y calma las enfermedades relacionadas con el calor. Reduce las fiebres, regula la hiperactividad y los procesos inflamatorios; aporta claridad y serenidad. Alivia las infecciones de oídos y garganta. Reduce la rigidez del cuello y las actitudes con ella relacionadas. Es un analgésico natural. Rebaja la presión sanguínea y el pulso cardíaco. Calma el sistema nervioso central, reduciendo el estrés. Es un color indicado para la habitación del enfermo y para los enfermos terminales.

Asociaciones emocionales y mentales. Combate el miedo a decir la verdad. Calma la mente y ayuda a pensar con más claridad. Aporta paz y distancia de las preocupaciones mundanas.

Asociaciones espirituales. Te inspira a convertirte en un buscador de la verdad superior y del conocimiento oculto. El rayo azul representa el poder y la voluntad de Dios, y es portador del poder de la fe y de la protección. Nos ayuda a rendir nuestra pequeña voluntad (ego) a la voluntad superior de Dios, de modo que puede emplearse para desarrollar la devoción.

El azul puede usarse para invocar al arcángel Miguel, que puede proteger y potenciar nuestra capacidad de comunicación.

Rayo índigo

Arcángel Raziel

Color: *índigo* • **Ámbitos:** *intuición y comprensión* •
Chakra: *tercer ojo* (ajna). *Elemento de* avyakta *(nube primordial de luz indiferenciada).*
Se expresa equilibradamente como intuición, clarividencia, clariaudiencia

El índigo es el sexto rayo del espectro de luz visible y el rayo transmutador a la cuarta dimensión del chakra garganta. Es clave para el desarrollo de las habilidades psíquicas latentes y fomenta la conexión consciente con el «espíritu».

Raziel es el arcángel de los misterios secretos, y su nombre significa «el secreto de Dios». Nos da información divina, permitiéndonos vislumbrar el enigma que es Dios. Esta experiencia lleva nuestra conciencia más allá de los confines del tiempo, de modo que cualquier vislumbre de este nivel de la existencia mostrará el pasado, el presente y el futuro como un eterno ahora. Según la tradición sagrada, el arcángel Raziel se alza diariamente sobre el monte Horeb proclamando sus secretos a toda la humanidad.

El conocimiento de Raziel es total, absoluto, inequívoco y perfecto. Cuando recibimos estas sorprendentes «comprensiones», no necesitamos que nadie nos las confirme. Nuestro chakra corona está abierto, las llamas de la iluminación descienden, y podemos trascender nuestra realidad habitual. Estos encuentros con Raziel pueden parecer extremos a nuestros amigos, familiares, compañeros de trabajo e incluso a la sociedad en general, pero una vez que conozcas con certeza el funcionamiento divino, nada volverá a ser igual.

El color índigo se emplea para invocar al arcángel Raziel a fin de potenciar la intuición.

fermedades de riñón, controla la diarrea. Reduce la presión sanguínea. Mejora los problemas de espalda, especialmente la ciática, el lumbago y cualquier dolor espinal. El índigo puede ser adictivo, puesto que ofrece alivio para los problemas cotidianos y las experiencias difíciles.

Asociaciones emocionales y mentales. Alivia la mente consciente, tranquilizando las emociones. Genera comunicación interna. Ayuda a enfocar los problemas personales: autoconciencia, autocomprensión y autoconocimiento. Se emplea para tratar la obsesión y todo tipo de inestabilidad emocional.

Asociaciones físicas. Partes del cuerpo: glándula pituitaria, esqueleto, parte inferior del cerebro, ojos y senos.

Es el analgésico más poderoso del espectro arco iris. Elimina la negatividad de la estructura esquelética. Mata las bacterias del alimento, del agua y del aire. Limpia la polución a todos los niveles. Mejora las dolencias crónicas de senos. Alivia el insomnio, la bronquitis, el asma y las enfermedades del pulmón. Alivia las migrañas y los dolores de cabeza provocados por la tensión. Mejora las enfermedades causadas por hipertiroidismo. Deshace los tumores y quistes. Alivia las en-

Asociaciones espirituales. Antiséptico astral, limpia las formas mentales negativas. Permite que se registren las impresiones sutiles; favorece la telepatía, la intuición, la clarividencia y la clariaudiencia. Incrementa el conocimiento espiritual. El índigo es el dominio del misterio y de la comprensión psíquica; es el rayo de los artistas en general, y específicamente de los actores.

Rayo violeta

Arcángel Zadkiel

Color: *violeta* • Ámbitos: *autotransformación, desarrollo espiritual, alquimia cósmica* •
Chakra: *corona* (sahasrara). *Elemento de energía cósmica. Se expresa equilibradamente
como conciencia cósmica, discernimiento y entendimiento*

El rayo violeta es la vibración más alta del arco iris y tiene la longitud de onda más corta. También es el más rápido; como tal, simboliza un punto de transición entre lo que es visible e invisible para el ojo humano. Siempre ha representado la alquimia divina y la transmutación energética que lleva de la densidad física hacia lo divino.

El arcángel Zadkiel es un ángel de misericordia y benevolencia. También se le conoce como «el santo», que nos enseña a confiar en Dios y en su divina benevolencia. Él nos reconforta en nuestra hora de necesidad. Es el regente de Júpiter y del día jueves. Se le suele retratar sosteniendo una daga, puesto que fue el ángel que detuvo a Abraham cuando iba a sacrificar a su hijo Isaac en el monte Morya. Es el líder del orden angélico de las dominaciones y uno de los siete grandes seres angélicos situados ante el trono de Dios. En el libro *Ozar Midrashim* 11,316, de J. D. Eisenstein, recibe el nombre de *Kaddisha* y se le considera uno de los guardianes de las puertas del viento del este.

Asociaciones físicas. Partes del cuerpo: glándula pineal, parte alta de la cabeza, corona, cerebro, cuero cabelludo.

Mejora las inflamaciones internas. Alivia las palpitaciones del corazón. Ayuda al correcto funcionamiento del sistema inmunitario. Cura los moratones, las hinchazones y los ojos morados. Alivia los problemas y tensiones oculares. Calma las irritaciones, el dolor y acelera el proceso de curación.

Asociaciones emocionales y mentales. Calma la turbulencia y favorece la recuperación emocional. Mejora las adicciones y los rasgos adictivos de la personalidad. Retira los obstáculos emocionales.

Asociaciones espirituales. Inspira, libera la imaginación, favorece la meditación, potencia las capacidades psíquicas y desarrolla la intuición. Aporta dedicación espiritual y sueños significativos. Se emplea para hacer regresiones a vidas pasadas. Ayuda a desarrollar el chakra corona, fomenta la conexión con el alma y su desarrollo, y abre la puerta a la mente superior. Ofrece protección psíquica. Capacita para «ver» visiones. Limpia y purifica cualquier cosa que toca, lo que hace de él un sanador tanto del cuerpo como de la mente.

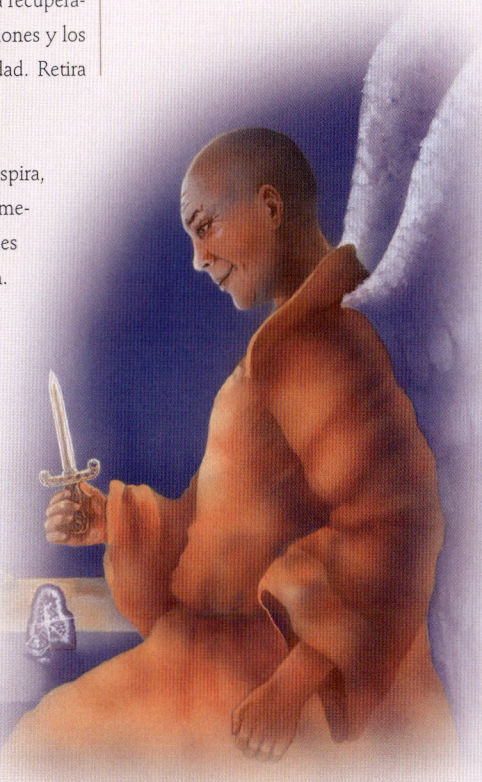

El rayo violeta puede invocar al arcángel Zadkiel para llevar a cabo la transformación espiritual.

COLORES DE LOS ÁNGELES

Meditación del color con los ángeles de los siete rayos

Propósito: *se trata de un ejercicio para determinar cuál es el color del rayo que más necesitas para que te aporte equilibrio*

Si necesitas un color particular, trabaja con el arcángel que dirija ese rayo. Puedes usar la respiración coloreada para llenar la totalidad del cuerpo o sólo una parte de él. Esto es aplicable a las zonas doloridas o a cualquier área del cuerpo que necesite curación de manera especial. También puedes invocar al ángel del rayo del color hacia el que te sientes atraído intuitivamente.

Los arco iris son símbolos de esperanza, fortuna y de la presencia de la alegría angélica.

CÓMO PRACTICAR LA MEDITACIÓN

QUÉ HACER

1 Siéntate en una silla y ponte en una posición cómoda. Cierra los ojos.

2 Empieza a respirar profundamente, relajando conscientemente cada parte de tu cuerpo.

3 Una vez relajado, invoca al arcángel Zadkiel para que llene el aire que te rodea de color violeta.

4 Inspira, contando hasta tres, visualizando que inhalas el color violeta. Visualízalo intensamente. Tienes que verte inhalando el color del aire por la nariz y observando cómo entra en tu cuerpo.

5 Aguanta la respiración coloreada mientras cuentas hasta tres y, a continuación, espira contando también hasta tres. Repítelo dos veces más. Esto completará el primer ciclo de tres respiraciones.

6 Ahora invoca al arcángel Raziel para que llene el aire que te rodea de color índigo.

7 Inspira, contando hasta tres, y al hacerlo visualízate inhalando el color índigo. Una vez más, visualiza que tomas por la nariz el color del aire inspirado y observa cómo se extiende por tu cuerpo.

8 Aguanta la respiración, contando hasta tres, y después espira, contando también hasta tres. Repítelo dos veces más. Esto completará el segundo ciclo de tres respiraciones coloreadas.

9 Continúa con este proceso de las tres respiraciones coloreadas, invocando al ángel de cada rayo y visualizando el color apropiado.

10 Cuando hayas acabado el proceso, puedes concentrarte en inspirar luz blanca, o simplemente relájate, y permite que tu cuerpo regrese lentamente.

Rayo blanco

Arcángel Metatrón

Color: *luz blanca (brillante)* • **Ámbitos:** *evolución espiritual, iluminación, activación y ascensión del cuerpo de luz* • **Chakra:** *estrella del alma*

Al chakra estrella del alma se le conoce como el «asiento del alma» y está situado como un palmo por encima de la cabeza. A veces se le denomina octavo chakra, siendo el primero de los chakras no físicos o trascendentales que tenemos por encima de la cabeza. El chakra estrella del alma contiene información relacionada con tu alma; cuando el arcángel Metatrón activa este chakra trascendental, se descarga información fundamental en tu sistema de chakras inferiores, iniciándose un proceso conocido como «activación del cuerpo de luz», «ascensión a la conciencia cósmica» o iluminación.

La luz blanca es el rayo supremo. Contiene y refleja todos los colores, incluso los que nuestra vista humana no puede percibir.

Invocar al arcángel Metatrón y usar su brillante rayo blanco aporta un crecimiento espiritual sin precedentes. Su vórtice de luz es tan luminoso y vasto que solemos percibirlo como un pilar de fuego más resplandeciente que el Sol. Él es la luz que Moisés vio en la ardiente zarza antes de que se le entregaran los Diez Mandamientos. Él es la luz con la que San Pablo se encontró en el camino de Damasco. De hecho, él es la luz que suelen ver quienes viven experiencias «cercanas a la muerte».

Asociaciones físicas. Partes del cuerpo: todas. Restaura la vitalidad y puede usarse como un «curalotodo». Es el más versátil y armonizador de los rayos.

Asociaciones emocionales y mentales. Limpia y equilibra todas las emociones. Aporta paz interna y tranquilidad, y nos permite poner «la pizarra a cero». Disuelve o diluye los residuos emocionales y refina las emociones.

Asociaciones espirituales. Multidimensional. Aporta crecimiento espiritual a quienes lo usan. Prepara los chakras «físicos» tridimensionales con los estados de conciencia adecuados para que se produzca la iluminación espiritual.

COLORES DE LOS ÁNGELES

La brillante luz blanca es el rayo supremo del arcángel Metratrón.

Rayo rosa

Arcángel Chamuel

Color: *rosa* • Ámbito: *relaciones* • Chakra: *corazón* (anahata).
Elemento aire. El desarrollo de las emociones superiores

El equilibrado rayo rosa representa la unión del cielo y la Tierra que se manifiesta en el corazón humano.

Es el producto del matrimonio del rayo rojo físico con el rayo blanco del despertar espiritual y la plenitud.

El arcángel Chamuel ayuda a renovar y a mejorar tus relaciones amorosas con los demás, favoreciendo el desarrollo del chakra corazón.

Esto se consigue mediante el precioso rayo rosa que representa nuestra capacidad de amar y de cuidar a los demás, nuestra capacidad de dar y de recibir amor de manera totalmente libre y desinteresada. Es un amor que trasciende y transforma el yo, y nos hace ser compasivos y avanzar hacia el estado divino de madurez emocional. Muchas personas tienen miedo de abrir su chakra corazón. Quienes han sido capaces de superar este miedo tienen una calidez carismática que ofrece elevación, seguridad y alivio a los demás.

El arcángel Chamuel nos ayuda en todo tipo de relaciones, y especialmente en aquellas situaciones que cambian nuestra vida relacional, como conflictos, divorcios, fallecimientos e incluso pérdidas de empleo. El arcángel Chamuel nos ayuda a apreciar las relaciones amorosas que ya tenemos en nuestras vidas. Su mensaje es: «Dentro de cualquier propósito dado, sólo la energía del amor da valor duradero y beneficia a toda la creación».

Asociaciones físicas. Partes del cuerpo: corazón, hombros, pulmones, brazos, manos y piel.

Cura cualquier parte del cuerpo que hayas rechazado o juzgado indigna de amor. Calma la tensión física y las enfermedades psicosomáticas. También resulta útil cuando se ha diagnosticado la enfermedad y el temor impide la recuperación.

Asociaciones emocionales y mentales. El rayo rosa está relacionado con la confianza y la autoestima. Disuelve rápidamente las emociones negativas de autocondena, falta de valía, autodesprecio y egoísmo. Activa la felicidad «interna» mostrándote tus habilidades y talentos únicos, y te ayuda a fomentar esos atributos y a valorarte. Detiene la depresión, la conducta compulsiva y las tendencias destructivas.

Asociaciones espirituales. Abre el chakra corazón para desarrollar los dones sanadores. Atrae las parejas del alma, esas personas con las que puedes compartir tus pensamientos y sentimientos más íntimos. Te prepara para recibir la conciencia crística, el Espíritu Santo.

El delicado rayo rosa del arcángel Chamuel produce felicidad y te prepara para recibir la conciencia crística.

COLORES DE LOS ÁNGELES

Rayo turquesa

Arcángel Haniel

Color: *turquesa* • Ámbitos: *autoexpresión a través de los sentimientos y emociones superiores; expresión del alma* • Chakra: *timo; también conocido como el punto del testigo o chakra cardíaco superior*

El color turquesa es una combinación equilibrada de verde y azul. Nos ayuda a desarrollar nuestra individualidad única. Es el color de la nueva era de Acuario que nos anima a buscar el conocimiento espiritual.

Haniel es el arcángel de la comunicación divina a través de la percepción clara. Es un ángel guerrero; su autoridad te ayuda a cumplir la misión de tu alma, que es alabar, honrar, amar y reunirte con Dios usando y confiando en tu propia conexión directa con Él; esto también inspirará a los demás. Invoca el rayo turquesa del arcángel Haniel para que te dé fuerza y perseverancia cuando te sientas débil. Él te guiará a través de visiones, revelaciones personales y coincidencias angélicas. Haniel es el protector de tu alma. Él te otorga la virtud de la determinación y te ofrece la energía necesaria para que cumplas tu dharma (lo que significa adquirir iluminación deshaciéndose de la ilusión).

El rayo turquesa invoca la esencia de *shunyata*, el infinito vacío azul que irradia en todas las direcciones, absolutamente claro, prístino y glorioso. A través de este cielo azul que se extiende hacia la infinitud podemos llegar a entender la expansión y la verdadera libertad del alma, que hacemos nuestra al no permitir que nuestros horizontes queden estrechos y limitados.

Asociaciones físicas Partes del cuerpo:

timo y garganta. Actúa sobre los problemas respiratorios y reactiva el sistema nervioso perezoso. Alivia la fatiga, los problemas de peso, las alergias, la diabetes, las enfermedades del corazón, la hipertensión sanguínea, los dolores de garganta, la rigidez del cuello, el asma, los dolores de cabeza por tensión, las dolencias nerviosas y el mareo.

Asociaciones emocionales y mentales. Aporta libertad emocional, confianza y fuerza interna. Calma los nervios y es un tranquilizador natural. Mejora los torbellinos emocionales equilibrando las emociones. Ayuda a centrarse y calma los ataques de pánico. Promueve la comunicación sincera.

A lo largo de la historia de la humanidad, las piedras turquesa se han usado como amuletos protectores.

Asociaciones espirituales. Amplía nuestros horizontes espirituales y nos permite superar los obstáculos de la vida (incluso las fuerzas oscuras de la negatividad). Provee la coraza espiritual necesaria para la salvación y la libertad del alma. Purifica el chakra garganta. Fomenta la canalización y la comunicación con los espíritus guía y los ángeles. Potencia la intuición y ofrece solaz espiritual.

Rayo lila

Arcángel Tzaphkiel

Color: *lila* • **Ámbito:** *activación del chakra angélico.*
Acceso a la guía angélica • **Chakra:** *angélico; también conocido
como el chakra del quinto ojo*

Hay dos chakras muy importantes situados por encima del chakra tercer ojo. Uno de ellos es el chakra cuarto ojo. Su nombre sánscrito es *soma*, que significa agua. Equilibra el fuego del chakra plexo solar y su activación aporta equilibrio y armonía (véase página 140, «Meditación del Sol y la Luna en armonía»). El chakra del quinto ojo, que está situado en la parte superior de la frente, recibe el nombre sánscrito de *lalata*. En el movimiento Nueva Era se le suele llamar chakra angélico. Cuando está despierto y plenamente activado te permite ser el maestro de tu propio destino y mantener diariamente un profundo contacto angélico.

El chakra angélico resuena de manera natural con una sombra muy pálida de lila. Es el rayo violeta de la transformación espiritual, perfectamente imbuido del rayo blanco, de pureza espiritual.

El arcángel Tzaphkiel es el ángel de la profunda contemplación de Dios y representa el divino aspecto femenino y acuoso de la creación. Tzaphkiel nutre todas las cosas y otorga vislumbres de otras realidades. Concede bendiciones destinadas a incrementar el entendimiento, impartiendo una sabiduría que potencia el crecimiento espiritual. El arcángel Tzaphkiel elimina todo lo que es superficial y accesorio para el desarrollo espiritual. Potencia la intuición, el misticismo y el discernimiento, ayudando a desarrollar plenamente el aspecto femenino de nuestra naturaleza. Pero sólo lo hará si le

El delicado rayo lila del arcángel Tzaphkiel nos permite acceder a la guía angélica.

COLORES DE LOS ÁNGELES

pides renacer en un nuevo nivel de conciencia que te permita abrir tu corazón completamente y manifestar la pureza de tu alma.

Asociaciones físicas. Equilibra y armoniza cualquier área del cuerpo físico. Limpia los bloqueos y alivia los dolores de cabeza producidos por la tensión.

Asociaciones emocionales y mentales. Reduce la inquietud, la irritación y la preocupación. Se le usa para producir una profunda sanación emocional, aportando paz a la mente alterada. El rayo lila elimina los pensamientos, impresiones e improntas de otros. Fomenta la objetividad y la concentración. Da apoyo y ayuda a liberarse de las adicciones y de los rasgos adictivos de la personalidad.

Asociaciones espirituales. Ayuda durante los viajes internos y externos, en estados alterados de realidad y en la meditación profunda. Es una puerta a lo desconocido. Vincula con el reino angélico. Disuelve la enfermedad espiritual y las viejas pautas kármicas.

Los rayos transformadores de la cuarta dimensión

El arcángel Melquisedec te ayuda a desarrollar tu «cuerpo de luz» o «cuerpo de luz merkaba», lo que forma parte del camino hacia la iluminación. Se dice que las personas de la Tierra que tratan de elevar su vibración mediante prácticas espirituales se embarcan en el «proceso de ascensión».

Los ángeles de los rayos, los siete arcángeles, dirigen la fuerza vital de Dios para desarrollar el sistema de chakras físico o tridimensional.

En esta sección empezamos a desarrollar nuestros chakras y a cambiar nuestra conciencia para hacernos conscientes espiritualmente (lo que es la cuarta dimensión). En lugar de existir como seres físicos que tienen experiencias espirituales ocasionales, este proceso nos ayuda a identificarnos con nuestra verdadera naturaleza. A medida que evolucionamos espiritualmente, nuestro cuerpo físico, nuestra frecuencia y nuestro sistema de chakras tridimensionales también evolucionan, por lo que llegamos a convertirnos en «trabajadores de la luz».

Un trabajador de la luz es alguien que es consciente de que tiene un propósito espiritual superior. No es materialis-

El arcángel Melquisedec nos ayuda en nuestro camino de desarrollo espiritual.

ta; es consciente de la existencia de los reinos espirituales de los ángeles y trata de curarse a sí mismo, a los demás y a su entorno mediante el uso de energía sutil. Los trabajadores de la luz son conscientes de la interconexión de toda vida, y de que la autocuración y la autoconciencia son el camino hacia la liberación espiritual no sólo para sí mismos, sino para todos los seres sensibles.

Esta evolución espiritual que nos lleva a ser trabajadores de la luz produce una reducción del «velo» entre dimensiones. Pero para ser plenamente conscientes de las dimensiones superiores y activar nuestro «cuerpo de luz mercaba», usamos los rayos transmutadores del sistema de chakras cuadridimensionales. Esta sección explica la meditación que invocan los rayos transmutadores de la cuarta dimensión para anclarlos en nuestro cuerpo físico tridimensional.

Melquisedec es el ángel que te ayuda y supervisa el proceso. Los colores son diferentes porque son los rayos transmutadores de los chakras usados para el desarrollo espiritual.

Rayos transmutadores, colores y propiedades

Chakra	Tercera (3.ª)	Rayo transmutador (4.ª)	Propiedades del rayo
Raíz	Rojo	Blanco	Purificación, resurrección
Sacro	Naranja	Violeta	Libertad, perdón
Plexo solar	Amarillo	Rubí	Devoción, paz
Corazón	Verde	Rosa	Adoración, amor divino
Garganta	Azul	Índigo	Misterio, milagros
Tercer ojo	Índigo	Verde esmeralda	Visión divina
Corona	Violeta	Blanco dorado	Iluminación, sabiduría

Meditación para fijar los rayos cuadridimensionales en el sistema de chakras

Propósito: *atrae los rayos transmutadores de la cuarta dimensión y los fija en el cuerpo físico tridimensional y en el sistema de chakras*

El arcángel Melquisedec transmite a la humanidad la «llave del Reino» codificada en frecuencias de luz que penetran en el cuerpo humano. Para tomar conciencia de las dimensiones superiores, puedes usar esta meditación para invocar los rayos transmutadores del sistema de chakras cuadridimensionales.

CÓMO PRACTICAR LA MEDITACIÓN

QUÉ HACER

1 Siéntate cómodamente en una silla y colócate en una posición relajada. A continuación, deja que paulatinamente se cierren tus ojos. Empieza a respirar profundamente, relajando conscientemente cada parte de tu cuerpo.

2 Una vez relajado, invoca al arcángel Melquisedec, el guardián del rayo blanco dorado, para que te guíe, proteja y supervise el proceso de meditación. Pídele que te envíe los rayos transmutadores cuadridimensionales en orden, empezando por el chakra base o raíz y ascendiendo paulatinamente hacia el chakra corona.

3 Empezando con el rayo blanco, deja que llene el chakra raíz. Permite que la energía fluya a su propio ritmo; no intentes controlarla, deja que encuentre su propio equilibrio. Cuando haya cesado todo movimiento, estás preparado para recibir el rayo siguiente.

4 Seguidamente, deja que el rayo violeta del chakra sacro descienda y llene este centro energético. Como antes, permite que el proceso se desarrolle y encuentre su propio equilibrio. Cuando todo el movimiento energético haya cesado, estás preparado para recibir el rayo siguiente.

5 Continúa de esta manera: el rayo rubí del chakra plexo solar; el rayo rosa del chakra corazón; el rayo índigo del chakra garganta; el rayo verde esmeralda del chakra tercer ojo; y, finalmente, el rayo blanco dorado del chakra corona. A medida que descienda cada rayo sentirás que desarrolla el chakra correspondiente.

6 Cuando hayas terminado el proceso, concéntrate en inspirar la luz blanca dorada de Melquisedec para limpiar, armonizar e integrar todos los canales de energía sutil, tu propio laberinto personal. Esta práctica de hacer circular la luz blanca dorada de Melquisedec incrementa nuestra luz interna o iluminación espiritual, dotándonos de una mayor sensibilidad y conciencia de todo lo que es místico en la naturaleza.

Los rayos transmutadores de la meditación de la quinta dimensión

Propósitos: *desarrollar mayores talentos espirituales y entender las vibraciones refinadas de la energía sutil que están a disposición de los buscadores espirituales*

Cuando hayas fijado y desarrollado tu sistema de chakras cuadridimensionales, estarás preparado para esta meditación, que atrae los rayos transmutadores de la quinta dimensión y los fija en nuestro cuerpo y sistema de chakras tridimensionales.

La quinta dimensión está a continuación de la cuarta y tiene vibraciones aún más refinadas que ésta. La frecuencia energética de cada dimensión se va haciendo progresivamente más sutil y refinada. A medida que tomamos conciencia de estas dimensiones superiores, adquirimos un mayor entendimiento de la naturaleza del universo, desarrollamos nuestros dones espirituales y, tal vez, nos acerquemos un paso más al camino de la ascensión, que nos lleva más cerca de Dios.

CÓMO PRACTICAR LA MEDITACIÓN

QUÉ HACER

1 Siéntate en una silla y colócate en una posición cómoda. A continuación, cierra los ojos.
2 Invoca al arcángel Metatrón, guardián del rayo blanco resplandeciente, para que te guíe y proteja. Pídele que te envíe los rayos transmutadores de la quinta dimensión por orden, comenzando por el chakra raíz y ascendiendo progresivamente hasta el chakra corona. A medida que descienda cada rayo sentirás que crece en el chakra correspondiente.
3 Cuando hayas acabado el proceso, enfócate en inspirar la luz blanca diamantina del arcángel Metatrón para limpiar, armonizar e integrar todos tus canales de energía sutil. Siéntete rodeado por una legión de ángeles a medida que la información se integra plenamente en tus chakras.

Rayos transmutadores de la quinta dimensión

Chakra	Tercera (3.ª)	Rayo transmutador (5.ª)	Propiedades del rayo
Raíz	Rojo	Platino	Alineamiento divino
Sacro	Naranja	Magenta	Creatividad
Plexo solar	Amarillo	Oro	Conexión
Corazón	Verde	Blanco	Conciencia crística
Garganta	Azul	Violeta	Canal de energía
Tercer ojo	Índigo	Blanco dorado	Equilibrio cerebral
Corona	Violeta	Claro	Iluminación, sabiduría

Colores del entorno natural

Arcángel Sandalphon

Color: *colores de la naturaleza* • **Ámbitos:** *conciencia medioambiental, responsabilidad personal y global* • **Chakra:** *estrella terrestre, situado debajo de los pies; la profundidad varía de una persona a otra, dependiendo de lo enraizada que esté tu práctica espiritual*

La naturaleza nos provee de todos los colores que se despliegan en la multitud de árboles, plantas, flores y cristales. Cuando usamos los colores naturales para curarnos y sanar el entorno, nos sintonizamos de manera natural con la energía del arcángel Sandalphon, porque él es el guardián de la Tierra y el responsable del bienestar de la humanidad. Sandalphon se encarga de la sanación de la Tierra y de la curación a distancia.

Según nos dice S. L. Mathers, en su libro *Greater Keys of Solomon*, Sandalphon es el «querubín femenino que está en la parte izquierda del arca». Se le considera un ángel muy «elevado» y un reflejo de lo divino, gemelo del arcángel Metatrón. Siendo gemelos, ellos son el alfa y el omega, el principio y el fin: su presencia también nos recuerda la expresión esotérica «como es arriba, así es abajo».

Asociaciones físicas. Incrementa la fuerza de vida pránica y fomenta la vitalidad física. Ayuda a integrar la energía sanadora dentro del cuerpo físico, que es vital para mantener el equilibrio y la estabilidad. Frecuentemente, no aceptamos ni asimilamos plenamente la energía sanadora, lo que significa que se

El arcángel Sandalphon usa los colores de la madre naturaleza para curarnos y sanar nuestro mundo.

disipa y no produce beneficios duraderos. Fortalece el sistema inmunitario. Ayuda a los niños a expresar su creatividad e imaginación.

Asociaciones emocionales y mentales. Incrementa el prana, lo que fomenta la claridad y la agudeza mental. Instaura y nutre la madurez emocional. Nos permite «ver» el núcleo del problema y asumir responsabilidad personal por nuestras propias acciones y emociones. También alivia el estrés y la dependencia psicológica de la gente, el alimento, el alcohol, el tabaco y otras sustancias adictivas.

Asociaciones espirituales. Formula los fundamentos de la práctica espiritual. Los chamanes y quienes trabajan con la magia natural hacen uso de esta energía. Es valiosa para unificar el yo y dejar atrás la energía alienada y fragmentada.

Meditación sobre el uso que hace la naturaleza del color

Propósitos: *conectarte con la tierra por medio del arcángel Sandalphon; esto limpia tu conexión con la Tierra y renueva tu cuerpo físico, incrementando la energía pránica; también ayuda a desarrollar una espiritualidad bien enraizada, la conciencia medioambiental y un sentido de responsabilidad personal y global*

Trabajar con el arcángel Sandalphon exige mostrar respeto hacia e involucrarse con toda la vida sobre la Tierra. Es el camino chamánico a la iluminación. El arcángel Sandalphon te despierta del estado de trance en el que podrías haber estado viviendo. La mayoría de la gente vive una vida coloreada por la ilusión, la memoria, el condicionamiento, la experiencia y la mente consciente.

El chakra estrella terrenal, cuando está plenamente activado, aparece ante el clarividente como un hematites negro con arco iris.

CÓMO PRACTICAR LA MEDITACIÓN

QUÉ HACER

1 Limpia y dedica un espacio para esta meditación (páginas 18-19).

2 Siéntate cómodamente en una postura firme; si no puedes sentarte en el suelo con las piernas cruzadas, siéntate en una silla con respaldo recto, apoyando los pies firmemente en el suelo.

3 Invoca al arcángel Sandalphon para que te bendiga, proteja y supervise la meditación.

4 Visualiza o siente que crecen unas raíces del chakra raíz, en la base de la columna, si estás sentado en el suelo, o desde las plantas de los pies si estás sentado en una silla.

5 Deja que tus raíces te conecten con el chakra estrella terrenal; obsérvalo brillar y pulsar irradiando fuerza de vida.

6 Deja que tus raíces se ahonden más en la Tierra. Continúa enviándolas hacia abajo, cada vez más profundas, hasta que alcancen el cristal situado en el centro mismo de la Tierra. Este cristal etérico está compuesto de carbono, y es un diamante deslumbrante que contiene todos los colores que puedas imaginar.

7 Absorbe esta energía diamantina hacia arriba, a través de tu sistema de raíces, sintiendo que se eleva más y más hasta tocar el chakra estrella terrenal. Allí hace que el chakra estrella terrenal resplandezca con todos los colores que te puedas imaginar.

8 Permite que la energía fluya hacia tu cuerpo físico; siente que nutre cada célula, cada molécula, hasta que todo tu ser se llena de una luz arco iris.

9 Concédete el tiempo necesario para volver lentamente al estado de conciencia habitual.

Stonehenge es un lugar mágico donde nuestros antepasados celebraban los cambios de estación.

Rayos metálicos

Rayo plateado. Este rayo es de naturaleza femenina (yin), que alivia y reconforta. Se relaciona con las energías lunares del arcángel Auriel y los ángeles de la Luna. El rayo plateado nos permite vernos bajo una nueva luz. Ilumina y refleja la energía: es fluido, suave y complaciente; un tranquilizante natural. El rayo plateado ayuda a equilibrar los flujos corporales y las hormonas femeninas. Este rayo también gobierna el hemisferio derecho femenino del cerebro. Te ayuda a usar tu intuición y capacidad de analizar tus instintos y sentimientos.

Rayo dorado. De naturaleza poderosa y masculina (yang), el rayo dorado se relaciona con la energía del sol y de los ángeles solares. El Sol tiene algunos efectos fisiológicos positivos en los seres humanos, haciendo que nos sintamos felices y energizados cuando nos exponemos a él. Este rayo limpia las energías parásitas e impide que la energía externa no deseada influya en nosotros, permaneciendo más allá de la corrupción. También ayuda en las situaciones mas-

El ámbar insertado en un engarce de plata sirve para atraer los efectos del rayo plateado, que equilibra, ilumina y refleja la energía.

culinas del hemisferio izquierdo del cerebro, donde se necesitan procesos lógicos y pensamiento sistemático, y nos ayuda a emprender la acción adecuada.

Rayo cobre. El rayo cobre es de naturaleza muy femenina, pero de manera diferente que la plata, siendo el aspecto dinámico, vigoroso y primal de la psique femenina. Es portador de energías de renovación, creatividad, nacimiento y relacionadas con el útero femenino. El rayo cobre nos permite traer nuestros sueños y deseos a la realidad, especialmente si sintonizamos con la energía de la gran madre Tierra o con la energía de la abuela. Contiene memorias antiguas y un poder creativo que está más allá de nuestro limitado entendimiento humano. Nos ayuda a tomar decisiones que cambiarán nuestra vida y harán nuestros sueños realidad.

Cristales engarzados en plata y oro: la plata refleja el principio femenino y el oro refleja el aspecto masculino de la naturaleza.

Rayo platino. De naturaleza masculina, pero en un sentido diferente del dorado, el rayo platino aporta sanación al aspecto masculino de nuestra personalidad. Ayuda a superar la ira y la agresión, y a liberar las emociones fogosas que podemos tener contenidas. Transmuta la agresión competitiva en cooperación pacífica. El rayo platino es muy punzante, penetrante, enfocado y prístino. Puede reflejar la energía agresiva y negativa de vuelta a su fuente y expone la mentira. Es muy limpiador para el sistema energético humano y para el entorno, ofreciéndonos capacidades necesarias para florecer en medio del caos.

Meditación del Sol y la Luna en armonía

Propósitos: *armonizar los aspectos masculino y femenino; equilibrar los hemisferios izquierdo y derecho del cerebro para activar el chakra cuarto ojo*

Esta meditación puede parece complicada, puesto que tienes que empezar por enfocarte en el chakra sacro y después movilizar la energía que has creado (fuerza de vida) para que ascienda por la columna espiritual (canal de energía sutil que va desde el perineo hasta la parte alta de la cabeza) hasta el chakra cuarto ojo, situado sobre la frente, justo por encima del tercer ojo. Aquí visualizas un disco plateado con forma de luna llena sobre el ojo izquierdo y un disco dorado solar sobre tu ojo derecho.

El rayo plateado se relaciona con las energías lunares del arcángel Auriel y los ángeles de la Luna, mientras que el rayo dorado se relaciona con la energía del arcángel Camael y otros ángeles solares.

La Luna es nuestro vecino celestial más cercano e influye en las mareas de los océanos terrestres.

CÓMO PRACTICAR LA MEDITACIÓN

QUÉ HACER

1 Invoca a los arcángeles Camael y Auriel para recibir sus bendiciones y protección. Siéntate en una postura meditativa firme y cómoda.

2 Enfoca la atención en tu chakra sacro (pelvis) y siente o imagina con cada inspiración que este chakra se llena de energía y fuerza de vida. Al inspirar, lleva el aire hacia el vientre, empujando los músculos abdominales hacia fuera; al espirar, mete la parte baja del abdomen.

3 Cuando acumules esta energía (debería parecer/sentirse como un globo naranja hinchado), usa el poder de tu intención (voluntad) para permitir que ésta ascienda en espiral hacia el chakra tercer ojo.

4 Mantén la intención enfocada en el chakra tercer ojo y toma conciencia del chakra cuarto ojo. Visualiza o ve un disco lunar plateado sobre tu ojo izquierdo (físico) y un disco dorado solar sobre tu ojo derecho (físico).

5 Permite que estos dos discos se armonicen y equilibren. Al hacerlo, se transforman en un disco central de color blanco dorado posicionado sobre tu chakra cuarto ojo.

6 Quédate con esta energía armoniosa todo el tiempo que quieras.

7 Para acabar la meditación, permite que la energía armoniosa que has creado fluya por todos los canales de energía sutil y por tu aura (para limpiar y purificar). Concédete tiempo para regresar a la conciencia cotidiana.

Meditación sobre la creatividad y la armonía del alma

Propósito: *armonizar la creatividad con el propósito del alma para esta encarnación*

A menudo no encontramos nuestro verdadero camino en la vida porque cuando éramos niños nos influyeron y acabamos eligiendo una profesión equivocada. Cuando encuentras tu verdadero talento creativo, tu vida fluye suavemente y con facilidad. En momentos de estrés, depresión o desesperación, la gente pide ayuda a sus ángeles. La ayuda recibida de los ángeles puede sugerir un cambio de vida radical. Tal vez tengas alma de artista, diseñador, escritor o poeta. Tal vez quieras viajar o vivir en otro país. O tal vez necesites vivir más cerca de la tierra y cultivar tus propios alimentos. Todo es posible; no dejes que el miedo mate tu alma. Deja que tus sueños se manifiesten y observa los milagros que se producen en tu vida.

CÓMO PRACTICAR LA MEDITACIÓN

LO QUE VAS A NECESITAR

Bolígrafo o lápiz y papel.

QUÉ HACER

1 Invoca al arcángel Uriel para recibir bendiciones, protección y para que supervise el proceso. Pide iluminación en tu camino de vida y dile que buscas la misión de tu alma para esta encarnación.

2 Siéntate cómodamente en una postura de meditación firme, con el bolígrafo y el papel a mano para poder anotar la información que recibas. Céntrate en la respiración y relájate.

3 Masajéate el chakra plexo solar, tanto por delante como por detrás, usando movimientos circulares en el sentido de las agujas del reloj, hasta que sientas una sensación de cosquilleo.

4 Traslada tu conciencia al chakra corona, en la parte alta de la cabeza, y visualiza o siente una hermosa esfera de luz dorada entrando en tu coronilla. Esta esfera de luz dorada te es enviada por el arcángel Uriel.

5 Mueve la esfera dorada a tu chakra plexo solar. Permítete absorber la esfera dorada.

6 Cuando te sientas preparado, anota exactamente lo que se te transmita respecto a tu verdadero camino de vida. Es importante no cambiar ni modificar lo que se te da; simplemente permite que las palabras fluyan sobre el papel.

7 Da las gracias al arcángel Uriel por tu nueva vida celestial. Concédete algún tiempo para regresar a la conciencia de cada día.

Ciertos árboles tienen asociaciones planetarias específicas y han sido usados para curar. El roble se usa para fortalecer.

Meditación sobre la llama violeta de transformación

Propósito: *transformar las energías inferiores en energía positiva y afirmativa de la vida*

Esta meditación atrae la ayuda angélica del arcángel Zadkiel, guardián de la llama violeta de transformación. La llama violeta de Zadkiel tiene la frecuencia vibratoria más alta y, cuando se invoca, aporta al alma libertad y alegría, liberándonos de nuestra conducta limitadora, conceptos y miasmas kármicas (véase página 270), incluyendo recuerdos de vidas pasadas que podemos haber traído a esta encarnación.

Esta llama purifica los chakras, eliminando adicciones y rasgos adictivos. Opera como amplificador de las energías sanadoras y espirituales. Cuando es dirigida por el arcángel Zadkiel, deshace las energías estancadas o bloqueadas producidas por la ira, el odio, el resentimiento, la amargura, los celos, la intolerancia, el miedo y la culpabilidad. Protege de la autoindulgencia, es decir, de las miasmas alojadas en el cuerpo emocional.

El color violeta es la puerta a los reinos no-vistos y el purificador de los chakras.

CÓMO PRACTICAR LA MEDITACIÓN

QUÉ HACER

1 Siéntate en postura de meditación. Enfócate en la respiración y deja que tu cuerpo se relaje.

2 Una vez relajado, invoca al arcángel Zadkiel, diciendo: «Arcángel Zadkiel, dirige la energía de la llama violeta de transformación a todas las áreas de mi cuerpo y aura hasta que esté purificado de toda negatividad y me halle en la poderosa presencia del Yo Soy».

3 Relájate y déjate envolver en la poderosa energía de la llama violeta. Disfruta la magnífica experiencia sintiendo que tu cuerpo y aura son bañados suavemente y purificados por la llama violeta que transmuta toda negatividad y limpia todas las áreas de tu mente, cuerpo y aura. Siente que purifica instantáneamente todos los chakras, que alivia de adicciones y de los rasgos adictivos de la personalidad.

4 Siente cómo se disuelven y transforman los bloqueos, las energías atascadas o estancadas. Deja que calmen tu mente y active la chispa divina dentro de ti, favoreciendo así el crecimiento espiritual y transmutando el karma negativo.

5 Cuando veas que la llama violeta disminuye, la meditación acaba. Concédete tiempo para regresar a la conciencia de cada día.

Las velas violeta favorecen el desarrollo espiritual y protegen de las entidades del bajo astral.

Meditación de la llama rosada corazón-estrella

Propósito: *invocar al arcángel Chamuel y a los ángeles de amor para desarrollar el chakra corazón*

Esta meditación para desarrollar el chakra corazón es vital a la hora de establecer un contacto sólido y verdadero con tus ángeles, y te permite comunicar con ellos a un nivel de conciencia superior. El arcángel Chamuel rige las relaciones amorosas. La meditación crea de manera natural un canal para que fluyan las fuerzas angélicas, permitiendo que nuestra conciencia se funda sin esfuerzo con la suya. Tanto la música suave como una vela rosa potenciarán esta meditación.

El símbolo tradicional del chakra corazón es una flor de loto de doce pétalos, cuyo centro contiene la intersección de dos triángulos (llamados, en sánscrito, *trikonas*); forman una estrella de seis puntas perfecta. El corazón-estrella simboliza el descenso del espíritu hacia la materia y el ascenso de la materia hacia el espíritu.

Ésta es la «estrella» que vas a activar dentro de tu corazón durante la meditación. El sonido tradicional hindú para el chakra corazón es el *bija* mantra «YAM» (pronunciado «iam»). Empléalo para activar el corazón-estrella durante la meditación.

El corazón de cuarzo rosa, un símbolo de amor eterno.

CÓMO PRACTICAR LA MEDITACIÓN

LO QUE NECESITARÁS
Una vela rosa.
Música angélica que tranquiliza.

QUÉ HACER

1 Enciende la vela y pon la música.

2 Siéntate en una posición de meditación firme. Céntrate en tu respiración y permite que el cuerpo se relaje. Deja que la espiración sea un más larga y lenta que la inspiración.

3 Permite que la apertura pacífica y la aceptación fluyan a través de ti.

4 Permite que tu conciencia trascienda el nivel terrenal.

5 Invoca al arcángel Chamuel y a los ángeles de amor para que te rodeen con su bendita luz rosa. Siente que la atmósfera que te rodea se vuelve cálida e íntima.

6 Tócate delicadamente el chakra corazón con la mano izquierda. Visualiza los doce pétalos de tu chakra corazón abriéndose y, mientras lo hacen, ve tu altar interior (tu punto de conciencia).

7 En el centro de tu altar, ve la llama de tu corazón rosa. Empieza a pronunciar el *bija* mantra «YAM».

8 Invita a los ángeles del amor a habitar en tu corazón; ve la llama transformarse en una hermosa estrella rosa dorada de seis puntas. Permite que esta maravillosa energía fluya por tu cuerpo y tu aura, y después que vaya hacia el mundo, enviando amor a todos los que estén dispuestos a recibirlo.

9 Concédete suficiente tiempo para regresar a la conciencia de vigilia cuando hayas terminado la meditación.

MEDIACIÓN DE LOS ÁNGELES

Postura de meditación

Siéntate con las piernas cruzadas, con la espalda y el cuello rectos pero no tensos, especialmente si meditas largos periodos de tiempo. Ponte un pequeño cojín firme debajo de la base de la columna para que la corriente psíquica pueda fluir sin impedimentos desde la base de la columna hasta la parte alta de la cabeza.

También puedes tumbarte de espaldas en el suelo. Mantén los brazos y las piernas rectos pero relajados, y cúbrete con una manta ligera si tienes frío.

Si estás sentado en una silla, elige una que tenga el respaldo recto, apoya los pies firmemente en el suelo y deja las manos que descansen sobre las rodillas. No dejes que tu cabeza se incline hacia delante porque eso restringiría tu respiración.

Asentamiento. A algunas personas les gusta asentarse antes y después de meditar porque eso les da una clara percepción de la experiencia y les permite un mayor autocontrol. Si estás sentado en una silla, colócate poniendo los pies apoyados firmemente sobre el suelo; después, visualiza vigorosas raíces creciendo de las plantas de tus pies y anclándose firmemente en la tierra. Cuando te sientes en la postura clásica de meditación, imagina unas recias raíces que crecen desde la base de tu columna y profundizan en la madre Tierra.

Siéntate con los pies planos en el suelo, las manos sobre las rodillas y la columna erguida.

Espacio de meditación

Todos necesitamos un espacio en el que todo el mundo no tenga acceso. Tu habitación o espacio de meditación debe tener una temperatura que sea cálida y estar bien aireado, especialmente si usas velas o incienso. Mantenlo limpio y austero; esto aumentará tu concentración. El color es muy importante para el ambiente de la habitación en la que meditas; muchas personas prefieren la simplicidad clásica del blanco, pero tú podrías preferir un azul pálido, por ejemplo. Crea un simple altar angélico como punto de enfoque, o ten a mano un producto natural, como un hermoso cristal.

Practica la meditación siempre en el mismo lugar y con un horario regular; los momentos más propicios son el amanecer y el atardecer. Ponte cómodo usando almohadas, cojines, alfombras o incluso una silla confortable. Asegúrate de que el ambiente esté suficientemente cálido; si tienes frío, cúbrete con una manta. Asegúrate de no ser molestado durante la meditación; concédete al menos una hora.

Un círculo sagrado. Algunas personas trazan un círculo sagrado protector mientras meditan para impedir la injerencia de energías externas e indeseadas por el meditador. Pon cuatro velas, en candelabros seguros, y oriéntalas según las cuatro direcciones del espacio, asegurándote que no hay peligro de que se prenda fuego. Puedes usar más velas para definir el círculo, o usar velas del color que corresponde al ángel con el que estás trabajando.

También puedes usar cristales en lugar de, o además de, velas. A algunas personas les gusta ponerse en el centro del círculo y usar su dedo o un cristal de cuarzo claro para dibujar un círculo de luz; sigue la dirección de las agujas del reloj para crear el círculo y la dirección contraria para cerrarlo.

Preparación

Cuando hayas dedicado una habitación o un rincón de una habitación como espacio sagrado, puedes empezar a hacer los preparativos para la meditación. A continuación ofrecemos una serie de sugerencias que podrían resultarte útiles:

- Puede que quieras encender velas de los colores apropiados.

- Purifica el espacio energético con incienso, rociadores de ángeles o un difusor de aceite.

- Ponte una gota de aceite esencial en una de tus palmas; a continuación, frótate las manos. Inspira la fragancia para transportarte rápidamente a un estado alterado de conciencia.

- Te puedes poner música angélica melodiosa si no te distrae mucho.

- Las flores son muy aceptables como ofrendas energéticas a los ángeles, a los que también les gustan las campanas; hacer sonar una pequeña campana al principio y al final de una meditación es una manera útil de reconocer el tiempo que dedicas a lo sagrado.

- Aguanta un cristal angélico, como serafinita, angelita, celestita, verde serifos o cuarzo ángel aura.

- Purifica tu cuerpo físico dándote una ducha o baño y poniéndote ropa limpia; esto puede hacer que estés más receptivo y sintonizado con los ángeles.

- Ponte ropa holgada de algodón, que es cómoda y te permite libertad de movimientos. Póntela especialmente para meditar, porque cada vez que te la pongas

Purifica tu espacio de meditación rociando aura (esencia ángel de luz), o enciende una vela del color apropiado.

indicarás a tu mente subconsciente que vas a realizar una práctica meditativa.

- Procura evitar siempre ponerte tejidos sintéticos, puesto que interrumpen el flujo energético por los meridianos, pudiendo mantener la negatividad dentro del sistema. La ropa negra, oscura o de colores pardos interfieren en la sesión de meditación haciendo descender tu frecuencia vibratoria.

- Practica la claridad mental limpiando la «basura psicológica» y clarificando tu propósito.

Te comento que cuanto más te prepares para tus sesiones de meditación, más rápidamente sintonizarás con el reino angélico. Cuando te acostumbres a comunicar con los ángeles, podrás ir instantáneamente a tu centro corazón y consultar con ellos muchas veces al día.

Alineamiento angélico

Esta meditación puede ponerte en contacto con tu ángel guardián. Se trata de una sintonización que te permitirá abrirte a tu guardián angélico. Esta relación te establecerá firmemente en el camino de la iluminación.

CÓMO PRACTICAR LA MEDITACIÓN

QUÉ HACER

1 Siéntate cómodamente en una postura de meditación. Relaja el cuerpo concentrándote en tu respiración.

2 Una vez relajado, imagina que puedes respirar haciendo subir y bajar la energía por la columna.

3 En la inspiración, lleva la energía de la tierra desde el chakra raíz hasta el chakra corona, y en la espiración lleva la energía espiritual desde el chakra corona hasta el chakra raíz. Este técnica limpia y retira los bloqueos energéticos.

4 Cuando hayas dominado esta técnica y tu columna «espiritual» esté limpia, eleva la energía por la columna con la inspiración y envíala al cielo. Envía con ella tu gratitud por todas las cosas buenas de la vida. Al hacerlo, imagina un día nublado. Mira cómo se separan las nubes cuando un rayo de brillante luz blanca las atraviesa y se asienta directamente sobre tu cabeza.

5 Absorbe esa luz brillante en tu ser por encima de la cabeza. Éste es tu vínculo con los ángeles.

6 Deja que la luz celestial se extienda por tu cuerpo; siente cómo nutre cada una de tus células.

7 Recibe las bendiciones angélicas que te son enviadas. Siente esta energía positiva recorriendo tu cuerpo. Deja que te bañe tanto interna como externamente.

8 Ahora enfoca tu conciencia en el chakra corazón, donde los ángeles conectan contigo con más fuerza; visualízala de color rosa.

9 Permite que tu conciencia trascienda los sentidos ordinarios y entra en un estado de conciencia elevada. Éste es tu vínculo con el reino ilimitado de la sabiduría angélica.

10 Ahora es el momento de establecer pleno contacto con tu guía angélica. Desde el centro más profundo de tu corazón, donde habita tu chispa divina, emite el deseo de que un ángel sea tu guía.

11 Siente que tu ángel se acerca. Nota el cambio cuando conectas con la conciencia superior de los reinos angélicos.

12 Imagina a tu ángel de pie, a tu lado, envolviéndote con sus alas. Experimenta el amor incondicional que tu ángel te dirige.

13 Es posible que desees pedirle guía o preguntarle cuál es su nombre; aquiétate y espera pacientemente una respuesta.

14 Para acabar la sesión, regresa a la conciencia de cada día.

Meditación de las alas del ángel

A quienes sintonizan frecuentemente con el reino angélico se les desarrolla un aura espiritual. Ésta suele aparecer a los ojos del clarividente como unas alas de luz. Una vez desplegadas, nuestras alas angélicas tienen una serie de usos. Nos sintonizan instantáneamente con el reino angélico y aligeran nuestra frecuencia vibratoria, lo que nos ayuda a elevarnos por encima de nuestros problemas. Podemos envolvernos en nuestras alas para sentirnos cómodos y protegernos de las energías desagradables.

Las alas de cada uno son diferentes, siendo una irradiación directa de la divina chispa de luz que habita en el chakra corazón. Algunas alas parecen tener plumas, y otras están hechas de fibras etéreas, como los destellos de la luz estelar. Algunas alas son enormes, extendiéndose a lo largo de la columna (esto suele ser un signo de que los chakras de la columna están en equilibrio). Estas alas espinales pueden extenderse por debajo de los pies y por encima de la cabeza.

Algunos experimentan sus etéricas alas angélicas como formadas por plumas blancas, mientras que otros tienen alas de una luz estelar.

CÓMO PRACTICAR LA MEDITACIÓN

Esta meditación es preferible hacerla de pie.

QUÉ HACER

1 Ponte de pie, con los pies desnudos y apoyados en el suelo.

2 Levanta los brazos por encima de la cabeza. Al hacerlo, visualízate con los pies firmemente apoyados en la tierra y la cabeza en el más alto cielo. Siente tu cuerpo conectando el cielo y la Tierra.

3 Estira los dedos hacia arriba y, al hacerlo, siente las manos angélicas de tu ángel guardián extenderse hacia abajo; permítele poner sus manos en las tuyas. Ésta es una experiencia especial, y es posible que desees solazarte en el contacto durante unos segundos porque abre tu chakra corazón.

4 Cuando estés preparado, deja que tus alas angélicas crezcan desde el espacio situado entre tus omóplatos. Siente que crecen hacia arriba y hacia fuera. Siente la sensación que producen y el aspecto que tienen.

5 Deja que tus alas se desplieguen completamente. Comoquiera que las sientas, deja que tu cuerpo se ajuste a la experiencia de tener alas. Muchas veces sentirás un cambio en tu campo energético general cuando ascienda tu frecuencia vibratoria y te costumbres a la experiencia de tener alas.

6 Intenta mover tus alas.

7 Pide que se te bendigan las alas.

Despliega las alas y envuélvete con ellas para protegerte. Es posible que sientas un cambio de equilibrio al familiarizarte con ellas.

Meditación del halo angélico

Esta meditación empieza a activar los chakras trascendentales situados por encima de la cabeza. Comienza con el chakra estrella alma, también conocido como el «asiento del alma» o el chakra halo. Está situado como un palmo por encima de la cabeza, y a veces se le llama el octavo chakra. El chakra estrella alma contiene información relativa a tu alma; cuando se active este chakra trascendental, te identificarás automáticamente con la *gnosis* (iluminación) en lugar de la religión externa o el dogma.

El chakra estrella alma es de color blanco lunar o claro como el cristal. Cuando está plenamente abierto y activado, se une en espiral con los otros seis chakras trascendentales situados en una línea que asciende por encima de tu cabeza. Al siguiente chakra, la puerta estelar, se le conoce como el noveno chakra. Se parece a un estallido de energía, y está situado en el punto más alto que tus manos pueden alcanzar cuando las estiras por encima de la cabeza.

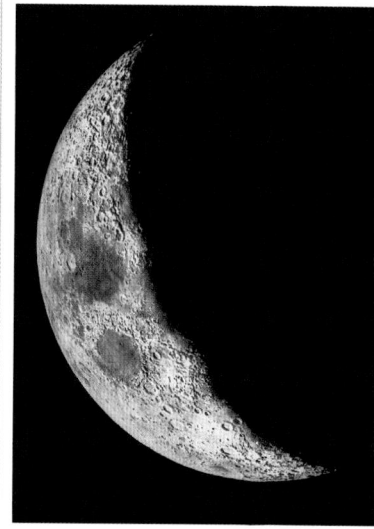

De color blanco lunar, la estrella alma está situada encima de tu cabeza y relacionado con tu alma.

CÓMO PRACTICAR LA MEDITACIÓN

QUÉ HACER

1 Siéntate cómodamente en postura de meditación. Relaja el cuerpo concentrándote en tu respiración.

2 Enfoca tu conciencia en el chakra corona; visualiza la apertura del loto de los mil pétalos. Los mil pétalos estás ordenados de izquierda a derecha en veinte hileras de cincuenta pétalos cada una. El chakra corona, normalmente de color violeta cuando se abre, cambia a blanco. El pericarpio (que contiene las semillas) es de color oro puro.

3 Mira profundamente dentro del chakra corona; ve la esfera circular de la Luna irradiando su luz suave y reflexiva. En el centro de la esfera lunar hay un triángulo luminoso de suave luz dorada que apunta hacia abajo. En el centro del triángulo hay un punto de luz rojo.

4 Al mirar dentro del punto de luz rojo, observas que contiene dos lunas crecientes (una encima de la otra). Por encima de la primera hay un círculo blanco y por encima de la segunda hay un círculo de fuego rojo. Sobre ellos hay otro círculo blanco que contiene un punto de luz roja y un punto de luz blanca.

5 Mientras continúas mirando estos puntos, toma conciencia de una espiral de luz que sale de tu chakra corona y forma un halo de luz suave y clara como el cristal alrededor y por encima de tu cabeza. Esto activa y forma tu chakra halo.

6 Termina la meditación y vuelve a la conciencia de vigilia habitual.

Meditación del templo angélico

Los arcángeles y sus esferas de influencia

Arcángel Miguel	= *Fortalecimiento, protección, fuerza y verdad*
Arcángel Jophiel	= *Sabiduría, iluminación y renovación energética*
Arcángel Rafael	= *Artes de sanación y conocimiento científico*
Arcángel Haniel	= *Trabajo con energías grupales, comunicación*
Arcángel Gabriel	= *Guía, despertar y purificación*
Arcángel Zadkiel	= *Transformación y transmutación con la llama violeta*
Arcángel Uriel	= *Camino de vida, paz y unidad entre las naciones*
Arcángel Metatrón	= *Ascensión y activación del cuerpo de luz*
Arcángel Chamuel	= *Relaciones, amor, belleza y compasión*
Arcángel Melquisedec	= *Conciencia crística y evolución espiritual*
Arcángel Seraphiel	= *Limpieza del karma y purificación cósmica*
Arcángel Sandalphon	= *Sanación de la tierra, oración y curación a distancia*
Arcángel Tzaphkiel	= *Madre cósmica, contemplación, nutrición*
Arcángel Raziel	= *Padre cósmico, misterios secretos del universo*
Arcángel Auriel	= *Femenino divino, magia lunar y fases de la vida*
Arcángel Muriel	= *Autorreflexión, trabajo con delfines y otras criaturas marinas*

Cada arcángel tiene un hogar espiritual, o templo de luz, fijado en los reinos etéricos sobre los diferentes «vórtices» de poder de la Tierra. Estos templos fueron fundados por la «jerarquía espiritual» bajo la guía de los arcángeles. Cada templo tiene un propósito diferente que te ayudará en tu camino espiritual. El propósito de cada templo está relacionado con la «virtud cósmica» que cada arcángel representa. Cuando los buscadores espirituales visitan los templos durante la meditación, se sienten alimentados e inspirados.

CÓMO PRACTICAR LA MEDITACIÓN

QUÉ HACER

1 Siéntate cómodamente en una postura de meditación. Relaja el cuerpo concentrándote en la respiración; permite que tu respiración se ralentice y se haga más profunda; haz que la espiración sea más lenta que la inspiración.

2 Invoca al arcángel cuyo templo desees visitar y pide que tu conciencia sea transportada allí durante la meditación.

3 Siente que se acerca el arcángel invocado; permítete ser rodeado por su energía y ser transportado a tu «hogar espiritual».

4 Cuando llegues al templo, declara qué deseas estudiar, o qué deseas que te inspire y nutra.

5 Los arcángeles te indicarán cuándo ha llegado el momento de regresar de la meditación, y te devolverán de manera segura a tu cuerpo y a la realidad de vigilia.

Meditación de la espada del arcángel Miguel

Cada arcángel tiene un templo «anclado» en el reino etérico (véanse páginas 40-41). El templo de luz que deseas visitar durante esta meditación es el centro de retiro del arcángel Miguel, que está fijado cerca del lago Louise, en Canadá.

CÓMO PRACTICAR LA MEDITACIÓN

QUÉ HACER

1 Siéntate cómodamente en postura de meditación. Relaja el cuerpo concentrándote en tu respiración.

2 Una vez relajado, llama al arcángel Miguel con esta invocación:

Poderoso arcángel Miguel, fortaléceme. Reconozco que tengo libre albedrío, de modo que ahora elijo un camino de vida, de alegría y libertad. Si es apropiado para mi camino espiritual, dame mi espada de libertad. Prometo usarla sólo para el mayor bien de todos.

3 Siéntete envuelto en la energía del arcángel Miguel; permítete ser elevado hacia arriba en una espiral de pura luz. Lentamente, la espiral de luz te eleva más y más; te sientes perfectamente seguro en los brazos angélicos.

4 Te encontrarás en el templo y serás guiado a la sala de la espada.

5 El arcángel Miguel te introducirá a la sala de la espada, donde verás

muchas hileras de espadas; cada una de ellas ya está asignada a aquel que ha de ser su portador. Son los que han accedido a llevar la llama azul zafiro de la libertad. Cada espada es de apariencia muy diferente, tal como cada ser de este planeta tiene sus características individuales. Pero cada espada es idéntica en cuanto a la autoridad de que es depositaria, para dar libertad y protección.

6 El arcángel Miguel te da tu espada: el nombre de la espada estará escrito en ella en el «lenguaje de la luz». Él también te dará autoridad para usarla. Se te dará un símbolo especial secreto colocado en tu campo energético; este símbolo «cristalino» debe estar equilibrado en tu campo energético, porque de otro modo tu espada será inútil.

7 El arcángel Miguel te dejará estar en la sala de la espada todo el tiempo que necesites. Éste es un momento muy especial de tu camino evolutivo. Cuando estés preparado, el arcángel Miguel te guiará delicadamente de vuelta a tu cuerpo físico.

El templo del arcángel Miguel está fijado en algún lugar sobre el prístino lago Louise, en Canadá.

Descubre tu camino de vida con la meditación del arcángel Uriel

Uriel es el arcángel que debes llamar para hallar la paz interna y la tranquilidad de espíritu. El templo de luz del arcángel Uriel está sobre las montañas Tatra, en Polonia (véase página 40). Él nos salva de la confusión espiritual iluminando nuestro camino en la vida. Su símbolo es el rayo empleado para producir relámpagos de inspiración.

Todos nacemos con un «don» especial, que es nuestra razón para encarnar. Cada ser del planeta tiene un lugar especial en el plan mundial y en la evolución de la Tierra.

La poderosa energía del rayo es el símbolo de la capacidad de Uriel de aportar inspiración y entendimiento.

CÓMO PRACTICAR LA MEDITACIÓN

QUÉ HACER

1 Siéntate cómodamente en una postura de meditación. Cierra los ojos y relaja el cuerpo.
2 Llama al arcángel Uriel recitando esta invocación:

Arcángel Uriel, trae paz a mi mente y a mi espíritu. Disuelve todos los obstáculos de mi sendero espiritual mostrándome mi verdadero camino en la vida, para que pueda realizar mi dharma.

3 Déjate envolver en la energía del arcángel Uriel. Permítete ser elevado hacia arriba en una espiral de luz rubí dorada. Lentamente, la espiral de luz va elevándote más y más alto, y tú te sientes seguro en los brazos angélicos que te transportan al templo de Uriel.
4 Estás de pie ante el arcángel Uriel, que te preguntará si deseas visitar la sala de los pergaminos. Aquí, en esta sala, hay almacenados miles de millones de pergaminos, uno por cada persona encarnada en el planeta Tierra. Tu pergamino está aquí, escrito en el «lenguaje de luz» y contiene tu dharma, el acuerdo de tu alma. Suscribiste este acuerdo antes de nacer, en un nivel superior de tu ser. Éste es tu verdadero camino en la vida.
5 El arcángel Uriel te informará de cuándo es el momento de irte, devolviéndote de manera segura a tu cuerpo.

Las montañas Tatra, en Polonia, ofrecen un ancla para el templo del arcángel Uriel.

Meditación ángeles de la mañana

Sintonizarse con los ángeles del Sol al comienzo de cada día te ayuda a hacer sitio a la felicidad y a apreciar los placeres simples, las alegrías y las bendiciones que ya disfrutas en tu vida.

El arcángel Miguel es el ángel más íntimamente asociado con el Sol, pero tal vez descubras que otros ángeles se ven atraídos por tu disposición renovada y solar. Esta meditación está diseñada para aportar armonía y equilibrio, y es similar al «saludo al sol», un ejercicio de hatha yoga pensado para activar y energizar cada chakra. Debes practicar esta meditación justo cuando los primeros rayos de sol bendicen la tierra con su glorioso despertar. Aporta armonía a tu mundo y te despierta a la belleza y abundancia de la Tierra.

Convocar a los ángeles de la mañana para que llenen tu cuerpo de optimismo y alegría durante el día que comienza es similar a realizar el «saludo al sol» yóguico.

CÓMO PRACTICAR LA MEDITACIÓN

QUÉ HACER

1 Empieza la meditación dedicando varios minutos a respirar profundamente.

2 Ponte de pie, erguido, y junta las manos (con las palmas tocándose) en la posición de oración, a la altura del chakra corazón.

3 Toma varias respiraciones profundas más y permite que tu cuerpo se relaje. Toma conciencia de tu peso corporal y de que tienes los pies en el suelo. Asegúrate de que el peso de tu cuerpo esté debidamente equilibrado sobre ambos pies y deja que tus rodillas se relajen para no sentir tensión en el cuerpo y para que tu energía fluya suavemente.

4 Con la siguiente inspiración, levanta los brazos (con las palmas todavía juntas) por encima de la cabeza. Inclínate ligeramente hacia atrás para estirar la columna vertebral y mira hacia arriba, hacia las manos.

5 Con la espiración, inclínate hacia delante desde las caderas, con la intención de tocar el suelo con las manos, o con las puntas de los dedos (doblando las rodillas si fuera necesario), y conecta con la madre Tierra.

6 En la inspiración, vuelve a ponerte de pie y abre los brazos hacia fuera; imagina que estás abrazando al mundo.

7 Con la siguiente inspiración, permite que la energía de los ángeles solares inunde todo tu cuerpo y aura de luz, calidez y optimismo.

8 Quédate en esa energía todo el tiempo que desees; siente las bendiciones angélicas fluyendo hacia ti y aportando alimento a cada una de las células de tu cuerpo.

9 Cuando estés preparado, baja los brazos por los lados con la espiración.

Meditación de los ángeles nocturnos

Acaba el día dando la bienvenida a los ángeles de la noche. Cuando se ponga la luz del sol, pide a los ángeles de la Luna que te envuelvan con su manto protector plateado, así como a la Tierra y a todas sus criaturas. El arcángel Auriel, el ángel del destino, y el arcángel Gabriel, el ángel de la guía, son los más íntimamente asociados con la Luna, pero es posible que otros ángeles te bendigan con sus pacíficos rayos lunares y sus sueños inspirados. Los ángeles de la Luna nos ayudan a entender el funcionamiento de la mente inconsciente y las memorias profundas, especialmente mientras dormimos. Nos enseñan que, sellándonos en su luz, llegamos a dominar las profundidades ocultas de nuestra psique, que si no están unificadas causan fragmentación.

CÓMO PRACTICAR LA MEDITACIÓN

QUÉ HACER

1 Empieza la meditación dedicando varios minutos a respirar profundamente.

2 Ponte de pie, erguido, y junta las manos (con las palmas tocándose), en posición de oración, a la altura del chakra corazón.

3 Toma varias respiraciones profundas más y permite que tu cuerpo se relaje. Toma conciencia del peso de tu cuerpo y de que tienes los pies en el suelo. Asegúrate de que el peso de tu cuerpo esté debidamente equilibrado sobre ambos pies y deja que tus rodillas se relajen para no sentir tensiones y que tu energía pueda fluir con suavidad.

4 Con la siguiente respiración, abre los brazos hacia fuera para abrazar las energías lunares. Siente que tu cuerpo se inunda de las energías pacíficas, pero poderosas, de los ángeles de la Luna.

5 Pide a los ángeles protección para toda la noche. Si deseas tener sueños inspirados, pídeles que te los envíen.

6 Con la siguiente inspiración, levanta los brazos por encima de la cabeza y junta las manos (con las palmas casi tocándose). Imagina o siente una esfera de luz lunar brillante entre tus manos; acúnala suavemente y observa cómo se convierte en resplandeciente polvo lunar.

7 Con la siguiente espiración, lleva los brazos hacia abajo realizando un movimiento circular. Mientras lo ejecutas, imagina o siente que tu aura está completamente cubierta por el brillante polvo lunar.

Convoca a los ángeles de la noche para que protejan e inspiren tus sueños.

Meditación del alineamiento estelar

Tradicionalmente, muchos pueblos creían que las estrellas cuidaban de ellos y representaban sus divinos orígenes «estelares». Alineándonos con «nuestra» estrella, permitimos que las energías dimensionales o códigos de luz de nuestro yo superior se descarguen en nuestra memoria celular. Cada estrella, como cada persona, tiene su propia resonancia. Alinearnos con nuestra estrella nos lleva a unir la carne con el espíritu. Al alinearnos con la espiral de luz blanca del corazón del Creador, ella fija la energía en nuestro chakra corazón, que a su vez abre nuestra conciencia a las puertas estelares que conducen a las dimensiones superiores. (Una puerta estelar es una apertura a otra dimensión o realidad.) Muchas de las personas que trabajan con el reino angélico atraviesan las puertas estelares con su conciencia para recibir conocimiento superior, sabiduría y entendimiento.

CÓMO PRACTICAR LA MEDITACIÓN

QUÉ HACER

1 Empieza la meditación dedicando varios minutos a respirar profundamente.

2 Ponte de pie, erguido, y junta las manos, en posición de oración, sobre el chakra corazón.

3 Toma varias respiraciones profundas más y permite que tu cuerpo se relaje. Toma conciencia de tu peso corporal. Asegúrate de que esté debidamente equilibrado sobre ambos pies y deja que tus rodillas se relajen para no sentir tensiones y para que tus energías fluyan con suavidad.

4 Visualiza un cielo nocturno claro y estrellado. Ve millones de estrellas centelleando por encima de ti; una parece brillar más que el resto. Ésa es tu estrella. Al mirarla, parece crecer más y hacerse más luminosa, resplandeciendo más en cada momento.

5 Levanta los brazos por encima de la cabeza e invoca a los ángeles de luz para que te ayuden a atraer esa energía estelar hacia ti.

6 Mira la luz dibujando una espiral descendente hacia ti. Mira cómo se alinea con los chakras trascendentales por encima de tu cabeza y, a continuación, guíala hacia tus manos. Deja que fluya hacia tu chakra corona y a la totalidad de tu cuerpo.

7 Observa cómo tú mismo centelleas con esta luz estelar blanca. Observa la ligereza que sientes.

8 Toma varias respiraciones profundas y siente el peso de tu cuerpo físico; empieza a mover los dedos de los pies y de las manos; después, ponte de pie y estírate. Pide a tus ángeles que te aterricen, cierren, sellen y protejan adecuadamente.

Alinearte con tu estrella te ayudará a abrir tu conciencia a las puertas estelares.

ÁNGELES DE MUCHOS PAÍSES

Los ángeles del Antiguo Testamento y sus orígenes

Los primeros registros históricos de seres alados vienen del zoroastrismo, una de las religiones más antiguas del mundo. El profeta Zoroastro, que vivió en Persia (Irán) no antes del año 1700 a.C. ni después del 600 a.C., reformó las prácticas religiosas de la región, algunas de las cuales eran parecidas a las de la antigua religión védica del norte de India. El zoroastrismo se basa en el dualismo, y presenta una serie de siete seres que tienen el estatus y la función de ángeles con buenas cualidades y otros siete seres con malas cualidades.

El zoroastrismo tiene una importancia especial en la historia de las religiones por sus vínculos formativos, tanto con las tradiciones religiosas occidentales como con las orientales. Un aspecto central del zoroastrismo es el énfasis en la elección moral, y en la visión de la vida como una batalla entre las fuerzas del bien representadas por *Ahura Mazda* y su antítesis, el satánico *Angra Mainya*. Estas fuerzas opuestas emergieron de la distinción indoiraniana entre dos tipos de seres espirituales: *ahuras* y *daevas*. En el zoroastrismo se retrata a los *daevas* como demoníacos y a los *ahuras* como angélicos. Además, existen aproximadamente veinte términos usados para nombrar entidades abstractas, que son consideradas emanaciones o aspectos de *Ahura Mazda*. En la literatura posterior son personificados como el séquito de arcángeles del sabio Señor.

El Antiguo Testamento y los ángeles. En el Antiguo Testamento, los ángeles tienen un papel importante como mensajeros de Dios. En el Nuevo Testamento, los ángeles están presentes en todos los grandes acontecimientos de la vida de Jesús, actuando como los

agentes de Dios sobre la Tierra. Desde la Anunciación (Lucas 1:26-38) hasta la Natividad (Lucas 2:8-14), y finalmente la resurrección y la ascensión al cielo (Lucas 24:6; Juan 20:12; Mateo 28:6) para sentarse a la derecha del Padre, siempre hay ángeles asistentes.

Las descripciones de seres alados, como este espíritu protector del siglo IX a.C. en el palacio asirio de Asurbanipal II, aparecen por doquier en el mundo antiguo.

ÁNGELES DE MUCHOS PAÍSES

Tradición judía

Fundado por los profetas Abraham y Moisés, el judaísmo nació hace aproximadamente tres mil quinientos años en Oriente Medio. Actualmente hay doce millones de judíos en el mundo y la mayor parte de ellos viven en Estados Unidos o en Israel. El libro sagrado del judaísmo es la Biblia hebrea, o *Tanakh*, especialmente los primeros cinco libros llamados la *Torah*.

Se considera que Abraham es el primer patriarca del pueblo judío; la alianza con Dios es el hilo común que está presente en toda la primera parte de la Biblia y uno de los principales pilares del judaísmo. Dios hizo la primera alianza con Abraham y la segunda con Moisés en el monte Sinaí, donde recibió los Diez Mandamientos. Moisés es una de las figuras más importantes de la Biblia y uno de los profetas que más influyeron en de la teología judeocristiana. La visión de «un único Dios» y los Diez Mandamientos dados por Dios a Moisés han sido la piedra angular de la moralidad humana durante tres mil años. El maná que alimentó a los hijos de Israel en su peregrinación por el desierto era el pan de los ángeles, y la totalidad de la religión judía se basa en los encuentros de sus patriarcas con los ángeles de Dios.

El arcángel Miguel es el ángel guardián del pueblo de Israel y los judíos creen que son el pueblo elegido de su Dios Uno. Pero los ángeles no son únicamente un concepto judío; los judíos tomaron prestadas sus ideas sobre los ángeles de sus vecinos, especialmente de los babilonios, durante su exilio en Babilonia. Muchos de los ángeles judíos podrían ser dioses babilonios disfrazados. Antiguos bajorrelieves babilonios, en los que se representan seres alados guardando templos y otros edificios importantes, pueden hallarse en museos y colecciones de todo el mundo.

Un detalle de Moisés con los Diez Mandamientos, *pintado en el siglo XV por Joos van Gent.*

Los ángeles de la Cábala

Una de las fuentes más ricas de la tradición angélica es la mística judía conocida como la Cábala (véanse páginas 68-99). La Cábala es un compendio de información más que un único manuscrito, siendo dos de sus primeros y principales textos el *Zohar,* o *Libro del esplendor,* y el *Sepher Yetzirah,* o *Libro de formación.* Este segundo se atribuye a Melquisedec, un sacerdote-rey de Salem (después Jerusalén), y se cree que fue transmitido a Abraham, padre de la nación judía, en una revelación.

Durante siglos, los místicos han practicado la Cábala para experimentar los distintos aspectos de la creación, y ellos la han valorado (bien por experiencia personal directa o bien por revelación espiritual) como una de las vías, mapas o rutas que conducen a Dios. Los místicos cabalistas entienden que la visión es una manifestación de una realidad cósmica central y subyacente a los diversos elementos que simbolizan la estructura de la creación. La energía divina desciende desde lo alto y da lugar a los diez sephiroth. La expresión «árbol de la vida» se popularizó en la Edad Media, formando una poderosa imagen omnipresente en la tradición cabalística, pero que también está presente en muchas otras culturas, puesto que aparece en el arte de las rocas australiano y en las tradiciones hopi y celta.

El aspecto místico de la Cábala es la *Shekinah*, la manifestación femenina de Dios en el hombre. A la Shekinah se le conoce como «esposa del Señor» o «ángel de amor y bendiciones». También se le conoce como el ángel «liberador». Para el cristiano o el judío medio, esta afirmación era una blasfemia. Tal vez por esta razón los rabinos reservaban el estudio de la Cábala a los hombres casados de más de cuarenta años. En la actualidad, tanto los hombres

El árbol de la vida incorpora un aspecto de la Shekinah, el ángel liberador de la Cábala.

como las mujeres de cualquier edad, clase social y procedencia pueden estudiar la Cábala.

La expresión «la Shekinah descansa» (o reside) se emplea para parafrasear la frase «Dios habita» del Géneis 48:16, dicha por Israel (Jacob) «en el ángel que me redimió de todo mal».

Según la tradición cristiana, la Shekinah es el aspecto femenino perdido de Dios. En la Iglesia ortodoxa oriental muchas de las catedrales están dedicadas a la «Santa sabiduría»; ella es uno de los arcángeles: alada, vestida de blanco, sentada en un trono y sosteniendo un pergamino (2 Enoch).

Ángeles cristianos

A lo largo de toda la Biblia católica se describe a los ángeles como intermediarios espirituales que viajan eternamente entre Dios y el hombre. Como explicaron San Agustín y San Gregorio: «ángel» es el nombre del «cargo» y no expresa ni su naturaleza esencial ni su función esencial. Esto significa que los ángeles son los asistentes del trono de Dios en la corte celestial. La función de las huestes angélicas es la de actuar como asistentes de Dios, y en la Biblia se describe más de una vez a los siete ángeles de la Presencia.

Los católicos tienen muy claro que los ángeles son los instrumentos que Dios usa para comunicarse. En su visión, Jacob ve a los ángeles ascendiendo y descendiendo del cielo. Un ángel de Dios encontró a Agar en el desierto y los ángeles trasladaron a Lot de Sodoma; un ángel anuncia a Gedeón que tiene que salvar a su pueblo. Un ángel anuncia el nacimiento de Sansón, y el arcángel Gabriel instruye a Daniel, aunque en ninguno de estos pasajes se le llama ángel, sino «el hombre Gabriel».

El mismo mensajero anuncia el nacimiento de San Juan el Bautista y la encarnación del Redentor, mientras que la tradición dice que él es el mensajero que se presenta a los pastores y el ángel que fortalece a Jesús en la cruz. El profeta Zacarías revela que el ángel habla a través de él; éste es un punto importante porque define claramente que la guía angélica procede de dentro, y no es una visión externa la que le habla.

A lo largo de la lectura de la Biblia puede deducirse repetidamente que cada alma individual tiene un ángel tutelar; esto es artículo de fe para muchos católicos. La doctrina católica también dicta que nuestro ángel guardián puede interceder ante Dios en nuestro nombre.

San Ambrosio dijo: «Deberíamos rezar a

los ángeles que nos fueron dados como guardianes». Los católicos tienen una jerarquía de ángeles; los querubines son nombrados en la Biblia, y también los serafines. A los arcángeles sólo se les menciona en San Judas, pero Pablo da listas de otros grupos celestiales. En Efesios 1:21 nos dice que Cristo se elevó «por encima de todos los principados, y poderes, y virtudes, y dominaciones», y en Colosenses 1:16 dice: «En Él fueron creadas todas las cosas en el cielo y en la Tierra, visibles e invisibles, fueran tronos o dominaciones, o principados o poderes».

Detalles de un fresco del siglo XIV de Giusto Menabuoi en el bautisterio de Padua. Este ángel parece tener dos pares de alas.

Ángeles budistas e hindúes

La religión budista se basa en las enseñanzas de Buda, «el que ha despertado». El Buda, Sidhatta Gotama (Siddharta Gautama), nació en torno al año 563 antes de Cristo. Sus enseñanzas —la Tripitaka— son el fundamento de muchas formas diferentes de budismo. Los budistas no creen en un Dios creador personal. La principal creencia budista es que a través del renacimiento aprendemos a liberarnos de nuestros deseos o apegos, lo que finalmente conduce a la iluminación.

Los budistas creen que los ángeles son bodhisattvas, o «iluminados», seres cuya budeidad está asegurada pero que han pospuesto su entrada en el nirvana para ayudar a otros a alcanzar la iluminación. Los bodhisattvas suelen rebelarse a los seres humanos como emanaciones de luz o a través de la meditación. Se rinde culto a muchos bodhisattvas.

Hinduismo. El hinduismo se originó hace unos tres mil años, aunque algunos de sus elementos son mucho más antiguos. Los Vedas son los libros sagrados de la religión hindú. El hinduismo no es una única religión unificada: no tiene fundador, ni profeta, ni un único profesor. Los hindúes creen en un alma universal, o Dios, llamado Brahmán. Todas las demás deidades hindúes, como Vishnú (el preservador), Shiva (el destructor) y Krishna, son aspectos de Brahmán, el creador. Brahmán es la única realidad y está presente en todas las cosas. Brahmán es informe y eterno; él es el creador, el preservador y el transformador de todo. Brahmán aparece en el espíritu humano como Atman o el Alma.

En el hinduismo no se hace referencia a los ángeles, pero hay espíritus que realizan funciones similares. A los gandharvas se les suele retratar con alas; son bien conocidos

Esta miniatura india retrata a Sri Krihsna, una de las deidades hindúes que es un aspecto de Brahmán el creador.

ÁNGELES DE MUCHOS PAÍSES

por sus habilidades musicales y por su poder de deshacer las ilusiones. A veces eran los asistentes de los devas (seres angélicos llamados los «resplandecientes»), que ayudan a los hombres es su búsqueda espiritual.

Hay una referencia directa a los ángeles en la *Introducción a la Jataka*; cuando la reina Maha Maya concibió al futuro Buda, fue llevada a los Himalayas por cuatro ángeles guardianes, y después de la concepción la reina fue custodiada por cuatro ángeles con espadas. Cuatro ángeles Maha-Brahma atendieron el nacimiento de Buda.

Los *dharmapalas* son protectores del dharma, y aparecen como seres angélicos. En el budismo tibetano a los seres celestiales se les denomina devas, y suelen aparecerse ante los humanos como emanaciones de luz.

Ángeles islámicos

El islam tiene una numerosa jerarquía de *mala'ika* («ángeles»), heredados del judaísmo y del cristianismo. Ciertamente, la creencia en los ángeles es uno de los seis pilares de la fe islámica. En orden descendente de importancia, los ángeles de la fe islámica son los siguientes:

Un ángel trae a Abraham un carnero para que lo sacrifique por su hijo (Turquía, siglo XVI).

- Los cuatro portadores del trono de Alá *(hamalat al-arsh),* simbolizados por un toro, un hombre, un león y un águila (inspirados por la revelación de San Juan en el Nuevo Testamento).

- Los querubines *(karubiyum),* que alaban constantemente a Alá.

- Los cuatro arcángeles: Gabriel (Jibril, también escrito Jabra'il), el revelador, que manifestó el Corán a Mahoma; Miguel (Mikal), el proveedor; Izrail, el ángel de la muerte (que separa las almas de los hombres de sus cuerpos); e Israfil, el ángel del juicio final de Alá.

- También hay ángeles menores, conocidos como *hafazah* o *hafza,* que són ángeles guardianes.

En el islam, Jibril actúa como mensajero entre Dios y el hombre, y como portador de revelación a los profetas de Dios. Mahoma menciona a Jibril, por su nombre, tres veces en el Corán, y son Jibril y Mikal quienes purifican el corazón del profeta en preparación para su ascensión al cielo. Jibril guía a Mahoma por los distintos niveles del cielo hasta llegar ante el trono de Dios. Jibril también ayudó a Mahoma acudiendo en su auxilio en la batalla de Badr (624 d.C.), y miles de ángeles le dijeron que atacara las tribus judías de Banu Qaynuqa y Banu Qurayzah. As-Shaitan es el «malvado», el diablo islámico, el príncipe de los ángeles malvados o malos espíritus. El Corán dice que los ángeles fueron creados de la luz y los jinn (ángeles malos) fueron creados del fuego sin humo. Malik es el ángel que guarda el infierno.

Los ángeles islámicos tienen alas y son de apariencia muy hermosa; también son muy grandes, porque el profeta Mahoma describió que Jibril llenaba el espacio entre el cielo y la Tierra. Y también vio la verdadera forma de Jibril: tenía seiscientas alas que cubrían el horizonte, de las que caían perlas y rubíes. El número de ángeles es desconocido en el islam; sólo Alá conoce el número de ángeles.

Mormones

La Iglesia de Jesucristo de los Santos del Último Día, la Iglesia mormona, fue fundada en 1830, en Nueva York, por Joseph Smith (1805-1844) y desarrollada por Bingham Young (1801-1877). La Iglesia mormona se centra en Jesucristo, pero su fe tiene diferencias sustanciales con las Iglesias cristianas católica, protestante y ortodoxa. Los mormones creen que la gente puede ser bautizada en su fe incluso después de haber muerto. También creen que Joseph Smith fue un profeta de Dios, y que los seres humanos pueden convertirse en dioses en la vida futura.

Entre las Escrituras, los libros sagrados de los mormones, se incluyen: la Sagrada Biblia (versión King James); el *Libro de Mormón*: otro testamento de Jesucristo; *Doctrina y alianzas*: una compilación de revelaciones y escritos; y *La perla de gran precio*: una selección de revelaciones, traducciones y escritos de Joseph Smith. *El Libro de Mormón* es el centro de la fe mormona. Creen que este libro cuenta la historia de las alianzas de Dios con los antiguos habitantes del continente americano, incluyendo una visita de Jesús resucitado a la gente del Nuevo Mundo.

Mormón fue un antiguo profeta americano que compiló la historia de la antigua civilización a partir de antiguos registros. El documento estaba inscrito en planchas de oro que el hijo de Mormón, Moroni, enterró por seguridad en alguna parte de lo que ahora es el estado de Nueva York. Moroni retornó, en 1823, como un ángel y mostró a Joseph Smith (el fundador de la Iglesia) el lugar donde estaban escondidas las planchas. Smith tradujo las planchas dando lugar al *Libro de Mormón*, que fue publicado originalmente en 1830. Joseph Smith recibió su visión, en la primavera de 1820, mientras rezaba en los bosques. Contempló un pilar de luz, dentro del cual se hallaban dos figuras gloriosas.

*Joseph Smith recibió su visión del ángel Moroni
mientras rezaba en el bosque.*

ÁNGELES DE MUCHOS PAÍSES

Ángeles celtas

Los celtas se definen como un grupo de pueblos indoeuropeos, originarios del centro de Europa, que durante la época prerromana se extendieron hacia Europa occidental, las islas Británicas y hacia el sudeste, a Galacia (Turquía); los más conocidos fueron los bretones y los galos. Los celtas precristianos tenían una cultura y una jerarquía social bien organizadas. Su producción literaria es escasa, puesto que sus bardos preferían la transmisión oral de historias. Tradicionalmente, a los sacerdotes druidas se les revelaban los secretos del universo a través de visiones. No se les permitía escribir sus secretos, por lo que todos los conocimientos místicos tenían que ser transmitidos de maestro a discípulo, y hacía falta un largo aprendizaje para hacerse sacerdote druida.

Los celtas creían en la reencarnación y en la continuidad del alma. Interpretaban el mundo practicando el árbol de la vida celta.

Para los antiguos celtas, el anamchara (ángel o amigo del alma) era parte de su vida cotidiana. Los ángeles celtas son seres espirituales que se interesan de manera especial por los humanos, especialmente por aquellos que son espiritualmente conscientes o que están desarrollando su espiritualidad. Los ángeles celtas juegan el papel de guardianes o compañeros, de manera muy parecida a los animales totémicos de otras tradiciones chamánicas. El movimiento Nueva Era, estudioso de las culturas nativas, ha generado mucho interés por los ángeles celtas.

Los ángeles celtas habitan a varios niveles. El nivel más elevado abarca a los ángeles que están en contacto directo con la fuerza divina, y son muy similares a los bodhisattvas budistas: seres iluminados que retrasan su entrada en el reino celestial para favorecer el desarrollo espiritual de otros.

El segundo nivel está repleto de ángeles que están ascendiendo hacia Dios, y el tercer nivel contiene a los ángeles que están más cerca de nosotros y de nuestro mundo físico. Los ángeles más fáciles de contactar son los más cercanos a nosotros, y la meditación en lugares naturales, como arboledas, bosques, cascadas de agua o lagos, produce grandes resultados, puesto que dichos lugares están llenos de anamchairde (plural de anamchara). Como otros ángeles, tu anamchara puede aparecerse de cualquier forma que resulte adecuada, incluso ocasionalmente puede asumir la forma humana; y, si es apropiado, tendrá alas.

Los ángeles celtas (anamchara) se interesan especialmente por ayudar a quienes están evolucionando espiritualmente.

Primeras leyendas nativas de Norteamérica y chamanismo

El pájaro del trueno es una criatura mitológica presente en la tradición espiritual de muchas de las culturas nativas de Norteamérica. El nombre de esta criatura mítica se deriva de la creencia de que el movimiento de sus enormes alas produce el trueno. La denominación lakota de pájaro del trueno es *Wakinyan,* compuesto por las palabras *kinyan,* que significa «alado», y *wakin,* que significa «sagrado». Los kwakiult lo llamaron *Hohoq,* y los nootka denominaron a la criatura *Kw-Uhnx-Wa.*

El pájaro del trueno es enorme; la envergadura de sus alas es como dos canoas, y su vuelo puede provocar una tormenta. Junta las nubes produciendo truenos y, cuando parpadea, relámpagos de luz surgen de sus ojos. En su pico transporta serpientes brillantes hechas de rayos. Se le retrata en máscaras multicolor, con dos cuernos y dientes en el pico.

A veces se retrata a los pájaros del trueno como criaturas solitarias que viven en las cimas de las montañas, o bien viajando en

El pájaro del trueno transporta mensajes del «gran espíritu» a los humanos de la Tierra.

grupo. Los pájaros del trueno que vivían en las cimas de las montañas eran sirvientes del gran espíritu y volaban sólo para transmitir sus mensajes. Las tribus kwakiult y cowichan creían que los pájaros del trueno no solitarios asumían la forma humana inclinando sus picos hacia atrás y quitándose de encima las plumas como una manta. Se cuentan historias de que estos pájaros del trueno «humanos» se casaban con los seres humanos.

¿Es el mítico pájaro del trueno un ángel (puesto que porta mensajes y trae luz), un pájaro criptozoológico o está relacionado con el ruc, o *rukh,* de las leyendas persas? Se decía que el ruc era capaz de transportar un elefante y comérselo. El pájaro de trueno también podría estar relacionado con el Ave Fénix de la mitología egipcia: el pájaro fabuloso que se regenera periódicamente. En la literatura, el Ave Fénix simboliza la muerte y la resurrección. Según la leyenda, cuando llegaba al final de sus quinientos años de vida, se quemaba en una pira, y de las cenizas volvía a surgir otro Ave Fénix.

Chamanismo. En las culturas chamánicas, el sanador suele tomar forma de pájaro para viajar por los distintos mundos en busca de fragmentos del alma de su paciente. Las

Este tótem del pájaro del trueno se alza en Stanley Park, Vancouver. Es una réplica de un poste tallado por Charlie James a principios del siglo XX.

capas rituales de los chamanes siberianos de nuestros días les hacen parecerse a pájaros emplumados. Y aunque en todas las formas de chamanismo asiático no hay mucho interés por crear imágenes de seres humanos alados, se cree universalmente que los chamanes pueden volar.

Antiguo Egipto y antigua Grecia

En la mitología egipcia parece no haber seres angélicos diferenciados, aunque el fénix sagrado era símbolo de inmortalidad. El fénix representa el Sol, que muere cada noche y renace a levantarse por la mañana. Al final de su ciclo de vida, el fénix construye una pira de ramitas de canela a la que prende fuego, reduciéndose a cenizas de las que emerge renovado. El nuevo fénix embalsama las cenizas del antiguo en un huevo, hecho de mirra, que deposita en Heliópolis, en Egipto.

Originalmente, el fénix era una cigüeña o un pájaro parecido a una garza llamado *benu*, mencionado en el *Libro de los muertos*; está muy asociado con el dios-Sol Amón-Ra. En el antiguo Egipto, la religión era una parte muy importante de la vida cotidiana. Los sacerdotes atendían diariamente las imágenes de sus dioses (se creía que los dioses se manifestaban en la imagen). Los dioses y diosas egipcios a menudo tienen cabeza de animal; un ejemplo de ello es Anubis, el dios de los muertos, con cabeza de chacal. Aunque los egipcios tenían muchas deidades, sólo unas pocas de ellas parecen tener alas; en una ocasión, Isis usó sus alas para alentar vida sobre su difunto marido-hermano Osiris, y también para concebir a Horus. A la diosa Nut se le retrataba como una mujer con un cuenco sobre la cabeza y alas

La diosa Isis usó sus alas para alentar vida en Osiris y para concebir a su hijo, Horus.

de buitre, o como una mujer cubierta de estrellas doblándose de espaldas sobre la Tierra.

Ángeles griegos. En griego antiguo, la palabra *daemon* significaba «espíritu inspirador». La diosa Niké y su hijo, Eros, sirvieron de imágenes angélicas para los posteriores retratos de ángeles.

La Victoria de Samotracia *(c.220-190 a.C.) es la diosa Niké (Victoria).*

Nueva Era

El movimiento Nueva Era propone una transformación espiritual que fluye libremente, siendo diferente de las religiones organizadas. No tiene profeta, ni textos santos o libros sagrados; no hay un sistema de reconocimiento de sus miembros, ni centros religiosos, ni credo ni sacerdotes, monjas o clérigos, y no contiene intenciones ocultas.

No obstante, el movimiento Nueva Era hace uso de algunos términos «ampliamente» aceptados, como chakra, aura y chi, y mucha gente Nueva Era cree en la reencarnación y en la continuidad del alma después de la muerte.

El movimiento Nueva Era no tiene profetas o gurús; todos somos aspectos de Dios.

Las personas Nueva Era se definen como buscadores de la verdad personal, del conocimiento y de la sabiduría, buscadores de un estilo de vida equilibrado al que generalmente se llega reconociendo y desarrollando el aspecto espiritual de la psique.

Una nueva era dorada. La creencia en los ángeles y en otros seres espirituales altamente desarrollados aumenta a medida que se despliega la Nueva Era. La mayoría de la gente Nueva Era cree que se desarrollará una nueva era dorada en la que se acabará con la discriminación por razones de género, raza, religión, edad o nivel social. El ego y los apegos tribales y nacionales serán reemplazados por la responsabilidad global a medida que los habitantes de la Tierra consigan erradicar la guerra, la pobreza, el hambre y la enfermedad.

La creencia en los ángeles no se limita al movimiento Nueva Era; de hecho, esta creencia se remonta al amanecer de la civilización. Pero mucha gente Nueva Era siente que el movimiento está siendo dirigido por los ángeles mediante el contacto con el ángel guardián personal. Actualmente hay muchos libros sobre ángeles y todo lo angélico parece estar incrementándose.

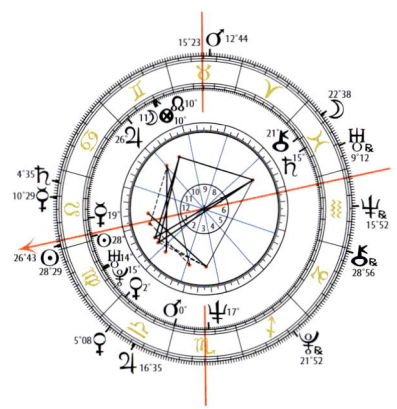

Emergerá una nueva era dirigida por los ángeles a medida que nos adentramos en la era Acuario.

Algunos buscadores añaden las creencias Nueva Era a su anterior afiliación religiosa, y todos creen en una inteligencia divina subyacente al tejido del universo. Este movimiento empezó a finales de los sesenta, pero los primeros signos de su emerger despuntaron ya en el siglo XIX con escritores como Helena Blavatsky (1831-1891), que fundó la Sociedad Teosófica. La astrología, el budismo, la canalización, el hinduismo, las tradiciones gnósticas, el paganismo, el espiritualismo y la wicca también han tenido impacto en este movimiento.

VISIONES DE ÁNGELES

Famosas visiones históricas de ángeles

En esta sección se incluyen relatos de algunas de las visiones angélicas más famosas ocurridas a lo largo de la historia, tomadas de las palabras de Ezequiel, Enoch, San Juan y Daniel. Incluyen visiones del más alto cielo que contiene el trono de Dios.

DANIEL

Seguí contemplando hasta que se colocaron tronos y el Anciano de los Días se sentó. Su ropa era blanca como la nieve; el pelo de su cabeza era blanco como la lana. Su trono eran llamas de fuego y sus ruedas ardían. Había una corriente de fuego que fluía y salía por delante de él. Miles y miles le atendían; diez mil veces diez mil se mantenían de pie directamente ante Él.

Daniel 7:9–10

Una ilustración del siglo XII de la visión de Daniel de las cuatro bestias y Dios entronado, tomada de un comentario del monje asturiano Beatus.

ENOCH

Y miré y vi allí un elevado trono: parecía de cristal, y sus ruedas brillaban como el sol, y allí vi a los querubines. Y de debajo del trono salían corrientes de fuego llameante, de modo que no podía mirarlas. Y la Gran Gloria se sentaba allí, y Su atuendo brillaba más que el sol y era más blanco que la nieve. Ninguno de los ángeles podía entrar y contemplar su rostro por su magnificencia y gloria, y nadie de carne podía contemplarle. El fuego llameante Le rodeaba, y un gran fuego estaba ante Él, y nadie podía acercarse a Él: diez mil veces diez mil se situaban de pie ante Él.

1 Enoch 18b–23a

ELIJAH

Y aconteció que mientras Elías y Eliseo iban andando y hablando, un carro de fuego y caballos de fuego aparecieron de repente y les separaron, y Elías ascendió al cielo en un remolino. Eliseo, viendo esto, imploró: «Padre mío, padre mío, ¡los carros y los caballos de Israel!» Y Eliseo no volvió a verlo.

2 Reyes 2:11–12

Los profetas Elías y Enoch fueron bendecidos con visiones de Dios y de las huestes celestiales.

VISIONES DE ÁNGELES

EZEQUIEL

El carro del trono de Dios (mercaba, en hebreo) fue descrito originalmente por Ezequiel, que escribió poco después de que los primeros exilados judíos llegaran a Babilonia (587 a.C.).

... y el fuego parecía como cuatro criaturas vivas. En apariencia, sus formas eran como la de un hombre, pero cada una de ellas tenía cuatro caras y cuatro alas. Sus piernas eran rectas; sus pies eran como los de un becerro y brillaban como bronce bruñido. Bajo sus alas, a los cuatro lados, tenían las manos de un hombre. Las cuatro tenían caras y alas, y sus alas se tocaban unas a otras. Cada una de ellas se desplazaba directamente hacia delante, no se daban la vuelta para moverse. Sus rostros tenían este aspecto: cada uno de los cuatro tenía cara de hombre, y en el lado derecho cada uno tenía cara de león, en el lado izquierdo tenían cara de buey; y también tenían la cara de un águila. Así eran sus rostros. Sus alas estaban extendidas hacia arriba; cada una tenía dos alas que tocaban las alas de otra criatura a ambos lados, y otras dos alas que cubrían sus cuerpos [...]. La apariencia de estas criaturas vivas era como de brasas ardientes de fuego, o como antorchas. Este fuego se movía adelante y atrás entre las criaturas; era resplandeciente y de él emanaba luz. Las criaturas se desplazaban adelante y atrás como relámpagos de luz.

Ezequiel 1:5–14

Una talla de madera del siglo XVII de la visión que tuvo Ezequiel del carro del trono de Dios.

SAN JUAN

La visión que tuvo San Juan del trono de Dios es la única que aparece en el Nuevo Testamento.

Después de estas cosas inmediatamente llegué a estar en espíritu y allí, ante mí, había un trono en el cielo, con alguien sentado en él. Y el que allí se sentaba tenía apariencia de jaspe y cornalina. Un arco iris, parecido a una esmeralda, rodeaba el trono. Y rodeando al trono había 24 tronos más, y sobre ellos se sentaban 24 ancianos. Estaban vestidos de blanco y tenían coronas de oro sobre sus cabezas. Del trono salían relámpagos de luz, voces y truenos. Ante el trono, siete lámparas ardían. Éstos son los siete espíritus de Dios. También delante del trono había lo que parecía un mar vítreo, claro como el cristal. En el centro, alrededor del trono, había cuatro criaturas vivas, y estaban cubiertas de ojos por delante y por detrás. La primera criatura viva era como un león, la segunda era como un buey, la tercera tenía cara de hombre y la cuarta era como un águila voladora. Cada una de las cuatro criaturas vivas tenía seis alas y estaba cubierta de ojos por todas partes, incluso bajo las alas. Día y noche, nunca dejaban de decir: «Santo, santo, santo es el Señor Dios Todopoderoso, que era, es y será». Cuando las criaturas dan gloria, honor y gracias al que se sienta en el trono y que vive para siempre, los 24 ancianos caen ante él. Y poniendo sus coronas ante el trono, exclaman: «Tú mereces, Señor y Dios nuestro, gloria, honor y acción de gracias, porque tú creaste todas las cosas, por tu voluntad fueron creadas y tienen su ser».

Revelación 4:2–11

HILDEGARDA DE BINGEN

Hildegarda de Bingen (1098-1179) fue una gran mística y escritora cristiana que tuvo veintiséis visiones de la divinidad.

Entonces vi el cielo resplandeciente, en el que oí distintos tipos de música, encarnando maravillosamente todos los significados que había oído antes. Oí las alabanzas de los alegres ciudadanos del cielo, que preservan firmemente los caminos de la verdad...

Visión trece

Juana de Arco siendo vigilada mientras duerme (cuadro del siglo XVIII).

JUANA DE ARCO

Cuando Juana de Arco (1412-1431) tenía doce años, empezó a oír voces celestiales inspirándole a salvar a su país, Francia. Una de las voces pertenecía al arcángel Miguel. Juana era reacia a hablar de las voces que oía. No contó nada sobre ellas a su confesor, y durante su juicio se negó a dejarse embaucar en descripciones sobre la apariencia de los santos y a explicar cómo los reconocía. No obstante, dijo a los jueces: «Los vi con estos mismos ojos, tan claramente como os veo a vosotros».

WILLIAM BLAKE

William Blake (1757-1827) fue un poeta, pintor, visionario y grabador inglés que imprimió e ilustró sus propios libros. Blake dijo que desde sus primeros años tenía visiones de ángeles, y que veía y conversaba habitualmente con el ángel Gabriel. Sus «libros proféticos» son: *Libro de Tel, Matrimonio de cielo e infierno, El libro de Urizen, América, Milton* y *Jerusalén*. En estos libros proféticos, Blake expresaba su preocupación constante por los esfuerzos que hace el alma por liberar sus energías naturales de la razón y de la religión organizada. Entre las últimas obras artísticas de Blake están los dibujos y grabados para la *Divina comedia,* de Dante.

PÈRE JEAN LAMY

El santo sacerdote Père Jean Lamy (1853-1931) tuvo muchas visiones de ángeles. Conversaba regularmente con su ángel guardián y tenía visiones del pasado y del futuro.

Sus atuendos son blancos, pero de una blancura sobrenatural. No puedo describirla porque no puede compararse con la blancura terrenal; es mucho más suave al ojo. Estos ángeles están envueltos en una luz tan diferente de la nuestra que, por comparación, todo lo demás parece oscuro. Cuando ves una banda de 50, la admiración te hace perder el sentido. Parecen estar vestidos con láminas de oro, que se mueven constantemente como múltiples soles.

Encuentros angélicos modernos

Las visiones de ángeles no se limitan al pasado; también hay muchas descripciones recientes de visiones angélicas.

El ángel de Mons. Durante la Primera Guerra Mundial surgió una leyenda de la batalla de Mons. Aunque los testigos del «ángel de Mons» varían en sus descripciones, aquel día ocurrió algo especial, ¡y curiosamente parece que el suceso fue observado por más de una persona!

La batalla de Mons tuvo lugar el 23 de agosto de 1914, en Bélgica. Durante el desesperado primer enfrentamiento con las tropas alemanas que avanzaban, San Jorge y una hueste de arqueros fantasmas detuvieron a las tropas del káiser. Otros soldados afirmaron haber visto al arcángel Miguel dirigiendo un ejército angélico. Algunos soldados vieron tres seres alados resplandecientes, mientras que otros dijeron que los ángeles extendieron una cortina de luz protectora alrededor de las tropas británicas. Con tantos testigos de la intervención divina, no es sorprendente que los relatos sean tan diferentes. Incluso los prisioneros alemanes afirmaron haber observado el suceso místico y haberse quedado anonadados e impotentes ante la aparición.

Es cierto que los británicos se vieron muy superados en número y que su situación era desesperada; de modo que la historia del ángel, como mínimo, levantó el ánimo de los británicos. En cualquier caso, el debate sobre la autenticidad de la leyenda sigue vigente noventa años después.

Percepción angélica. Los ángeles son un puente hacia los reinos celestiales. Ellos nos traen un reino que está más allá de nuestra vista; sin embargo, nos rodea y está dentro de nosotros. Los contactos angélicos varían

Los ángeles de Mons, *de Margetson, ilustra la extraordinaria visión observada por muchos soldados en Mons, el 23 de agosto de 1914.*

VISIONES DE ÁNGELES

*Los niños suelen ver ángeles y pueden describirlos
con todo detalle.*

enormemente y, de hecho, no son muchos los que tienen la suerte de «ver» un ángel.

La «visión» angélica también varía: algunas personas ven ángeles completos y con alas, teniendo los ojos físicos plenamente abiertos, mientras que otros ven ángeles con el «ojo de su mente». Algunas personas ven remolinos de luz danzando alrededor de su cama por la noche, mientras que otras tienen encuentros angélicos en su mente subconsciente, en sus sueños o meditaciones; también hay quienes se sienten rodeados por una energía preciosa o se sienten rodeados por alas angélicas. Profundos encuentros angélicos ocurren cuando la gente tiene experiencias cercanas a la muerte, o junto al lecho de un ser querido gravemente enfermo o a punto de morir.

Visiones infantiles. Los niños suelen ver ángeles y pueden describirlos con todo detalle. Yo sé que siempre he visto ángeles: mis primeros recuerdos son de verme rodeada cada noche por ángeles, aunque entonces no sabía que lo eran. Yo les llamaba «hermosas señoras» y me cantaban cada noche hasta que me quedaba dormida.

Sé que mis encuentros angélicos diarios inquietaban mucho a mi madre, pero mi abuela, que era espiritista, se sentía completamente en paz con la situación. De hecho, cuando ella vino a vivir con nosotras, solía preguntarme si yo había estado en su habitación por la noche, pues había visto una figura angélica al pie de su cama. Yo trataba de explicarle que mis ángeles, simplemente, la estaban mirando. Estoy segura de que ella sabía perfectamente que le visitaban los ángeles y no yo, pero creo que le gustaba hacerme saber que ella también veía ángeles.

Sé que no soy la única que ha vivido estas experiencias angélicas, pues una de mis alumnas compartió recientemente su primer encuentro angélico conmigo. Su encuentro ocurrió cuando ella tenía nueve años y estaba atravesando una temporada muy difícil en casa; su primera infancia fue una época complicada. Una noche, estando tumbada en la cama, el techo se disolvió y vio ante ella al ángel más exquisito llevando una espada que era una llama azul. La sensación de protección y guía recibida de este hermoso ser cambió su vida, y ella pudo crecer con una sensación de salud y plenitud, a pesar de las numerosas situaciones negativas que vivía en su familia.

Lo sorprendente es que yo supe que ella había tenido un encuentro con el arcángel Miguel antes de que me lo dijera, porque llevaba la signatura angélica en su campo energético. Me di cuenta en el momento en que entró en la habitación, pues pude sentirlo; ambas intercambiamos una sonrisa y un reconocimiento angélico inmediato. Y digo que fue sorprendente, pero en realidad, cuando abres el corazón a los ángeles, tu vida puede estar llena de amor, admiración y alegría milagrosa.

Visión celestial. Nunca he perdido mi visión celestial, y mis encuentros angélicos han sido observados por otras personas que han sido capaces de ver o sentir los ángeles a mi alrededor. Mis encuentros angélicos han sido presentados en otros libros sobre ángeles, revistas para mujeres y en televisión; si tuviera que contarlos todos llenarían este libro. He dado seminarios sobre ángeles, durante casi veinte años, en muchos países, de modo que he sido testigo de personas que establecen intensas conexiones angélicas durante las meditaciones y sesiones de sanación. También pregunté a los alumnos de mi curso de cristales si habían tenido experiencias angélicas; éstos son dos ejemplos de entre los cientos de historias que recibí.

Abrir nuestro corazón al reino angélico nos llena de alegría y gratitud.

LA HISTORIA DEL ÁNGEL DE FRAN

En 2001, mi hijo de diecisiete años tuvo que ser llevado de urgencias al hospital porque tuvo un ataque de apendicitis. Mientras esperaba en el hospital con mi hijo, que tenía mucho miedo, invoqué a los ángeles para que le ayudaran y estuvieran con él. Sentí inmediatamente un cambio de energía. Pude sentir (pero no ver) un ser angélico en la parte inferior de la camilla donde estaba tumbado. Entonces mi hijo, espontáneamente, dijo: «Tengo un enorme ángel dorado a mis pies». A partir de ese momento se sintió muy tranquilo con respecto a la operación. El ángel se quedó con él toda la noche, por lo que yo pude irme.

LA HISTORIA DE MARC

Marc, un estudiante de arte, estaba trabajando temporalmente como guardia de seguridad nocturno. Una noche, él y otro guardia fueron alertados de la presencia de intrusos en las instalaciones. Marc y su compañero corrieron al edificio donde estaban los intrusos y vieron algo que les dejó anonadados, no se lo podían creer. Justo encima de ellos, flotando en la clara noche estrellada, había un vasto ser luminoso: un ángel. Estuvo suspendido sobre ellos durante unos segundos antes de deslizarse muy lentamente sobre algunos otros edificios exteriores; después, desapareció de su vista.

Marc se sintió impactado por la experiencia del ángel (el supuesto intruso) y seguía estando muy excitado cuando llegó a casa. Sus familiares supieron que le había pasado algo sorprendente porque les contó la experiencia, pero su madre se limitó a sonreír, y dijo: «Pedí protección angélica para ti porque me tenías preocupada.»

LA HISTORIA DE TANIA EN SUS PROPIAS PALABRAS

Mi primera experiencia angélica consciente ocurrió cuando mi padre enfermó repentinamente. Recibí una llamada telefónica de mi madre, que me decía que él no se encontraba bien y que ya había avisado al médico, pero que no me preocupara. Veinte minutos después volvió a llamar, llorando, diciendo que se le había parado el corazón. Yo le dije que iba de camino, de modo que mi pareja y yo entramos en el coche y nos dirigimos a casa de mis padres. Por el camino iba pidiendo conscientemente a los arcángeles Miguel y Rafael que ayudaran a mi padre y a mi madre. Tenía el corazón acelerado, pues quería llegar hasta ellos cuanto antes sin superar demasiado el límite de velocidad. Al detener el coche en un semáforo en rojo, mi corazón se calmó y me sentí invadida por una sensación de paz, y entonces supe que mi padre estaba bien. Cinco minutos después llegué a casa y me dijeron que mi padre había muerto cinco minutos antes. Comprendí que estos ángeles maravillosos le habían ayudado, aunque no en el sentido físico. Había llegado el momento de que su espíritu partiera, y los arcángeles Miguel y Rafael le guiaron en su camino. Doy las gracias a los ángeles por esta experiencia porque, aunque perder a mi padre me dejó destrozada, también me puso en mi camino espiritual.

Mientras iba a ver a su padre enfermo, Tania pidió a los arcángeles Miguel y Rafael que ayudaran a su padre y a su madre.

CURACIÓN ANGÉLICA

Causas de la enfermedad

La medicina convencional se centra en los sistemas del cuerpo físico, y hace uso de pruebas y síntomas físicos para diagnosticar el problema. Trata de curar la enfermedad con cirugía o medicamentos. Antes de que la medicina convencional estuviera omnipresente, la gente trataba sus dolencias con remedios naturales. Sabían que sus vidas estaban influidas por diferentes energías, algunas de las cuales —las energías sutiles— no pueden ser vistas ni sentidas por la mayoría de la gente; por tanto, se descartan y se consideran inexistentes.

Podemos decir que hay salud cuando existe un flujo armonioso y continuo de energía entre el cuerpo, la mente, el espíritu, el alma y la trama universal de la vida. Cuando enfermamos o nos sentimos incómodos con algún aspecto de nosotros mismos, bloqueamos el flujo de energía vital a todos los niveles de nuestro ser. Todos estamos en constante estado de cambio y crecimiento personal; permanecer en armonía con nuestra alma exige un acto de equilibrio constante.

Cuando nos estresamos, bloqueamos el flujo de energía vital.

Volver a dirigir la energía de vida. Cualquier tipo de curación o terapia permite que el sanador vuelva a dirigir el chi (la energía de vida), limpiando así la enfermedad que ha bloqueado el flujo armónico de energía en tu interior y con relación al universo. La enfermedad es la vía utilizada por el espíritu para comunicarse contigo a través de tu cuerpo físico, tus pensamientos, tus emociones y tus sentimientos. La enfermedad nunca debe ser considerada una experiencia negativa; es el camino usado por el espíritu para llamar tu atención. Cuando estamos sanos, damos por supuesto que estamos vivos, nos volvemos complacientes y nos engañamos pensando que somos inmortales. Este engaño supone un estancamiento para nuestra alma —que pierde su armonía— y la muerte de nuestro crecimiento espiritual.

Cada enfermedad y la crisis que conlleva crea un espacio sagrado para que tu espíritu pueda enseñarte cosas sobre tu persona. Tu enfermedad es única y exclusivamente tuya. Si aprovechas la oportunidad de trabajar con tu alma para remediar el desequilibrio, podrás salir del estancamiento y avanzar hacia una vida más armónica y espiritual.

La sanación angélica trata de restaurar

La salud es algo que damos por hecho, pero no deberíamos olvidar que somos mortales.

nuestra unidad con el alma. No se limita a centrarse en el bienestar, sino que su enfoque es mucho más amplio. Nos pide que escuchemos los susurros de nuestra alma, que sintamos nuestras emociones, que desarrollemos nuestra intuición y nutramos nuestro espíritu. Este estado holístico nos aporta satisfacción, permitiéndonos funcionar pacíficamente en el flujo de la vida y en conexión con los demás.

El camino de crecimiento

Cuando nuestra alma busca su autenticidad y madurez, nuestro camino de vida puede parecernos duro o doloroso. Una y otra vez oigo decir a la gente que asiste a mis seminarios angélicos que experimentan una vuelta a casa, que se sienten ellos mismos, que están conectados, que recuerdan quiénes son realmente. Durante los seminarios de ángeles, a menudo fluyen lágrimas de liberación, que siempre son una experiencia positiva.

Sabemos que estamos logrando la verdadera comunicación angélica cuando reconocemos que ya no estamos solos. Protección, guía y apoyo están a nuestra disposición en abundancia, y fluyen activamente hacia nosotros, influyendo y mejorando todas las áreas de nuestra vida.

Aunque está claro que los ángeles no son un remedio rápido, algunas personas experimentan un cambio inmediato y permanente. Sintonizándote con los ángeles encontrarás tu verdadero propósito en la vida y tu camino de vuelta a casa. También es cierto que el trabajo con los ángeles puede cuestionar viejos patrones y sistemas de creencias, sacándote de los hábitos y experiencias donde te sientes cómodo. Hace falta mucho coraje para abrir las puertas a la curación, e incluso los cambios más benéficos pueden resultar difíciles.

Parte de este proceso de transformación consiste en reintegrarte, una vez más, en el entorno y en tu actual estilo de vida. Esto incluye a las personas más queridas o cercanas a ti: tu pareja, los hijos, la familia, los amigos o los compañeros de trabajo. También es posible que ellos no siempre se sientan cómodos con el «nuevo» tú; quizás ellos también tengan que cambiar y no estén preparados para ello. Rememora tu vida y piensa en alguna ocasión en la que se te impuso un cambio desde fuera; el cambio pudo deberse, por ejemplo, a un fallecimiento, a un divorcio o a la pérdida económica o de un empleo. Recuerda lo incómodo que te resultó el proceso.

También es importante que confíes en ti mismo y que estés determinado a transformarte, puesto que los demás podrían llamarte egoísta. Es importante que busques personas que te presten apoyo y favorezcan tu salud y tu crecimiento espiritual.

Parte del proceso de transformación consiste, una vez más, en reintegrarte en tu actual estilo de vida, con tus familiares, amigos y compañeros de trabajo.

Preparación para una sesión de curación angélica

Hasta los sanadores y chamanes más dotados y preparados reconocen la importancia que tiene la meditación para tranquilizar la mente antes de abrirse a los reinos superiores de las energías angélicas; de otro modo corren el riesgo de verse abrumados o agobiados por la experiencia.

También es muy importante que, antes de empezar a ayudar a otros, tú mismo pases por un proceso de autosanación y sintonización con los ángeles. Sintonizarse con los ángeles no podría ser más fácil, especialmente si practicas las meditaciones de este libro.

Recuerda siempre que tenemos que prepararnos física, emocional, mental y espiritualmente antes de ofrecer cualquier tipo de terapia a otros.

CÓMO PREPARARSE PARA EL ALINEAMIENTO ANGÉLICO

Tu manera de prepararte y de preparar a tu cliente tendrá un enorme efecto en la calidad de la experiencia, y también en su resultado. Adopta estas directrices para obtener el máximo provecho de tus sesiones de sanación angélica.

QUÉ HACER

1 Ponte ropa de algodón cómoda que te permita libertad de movimientos, tanto para dar como para recibir tratamiento. Los tejidos sintéticos alteran el flujo energético de los canales

meridianos, además de contener la negatividad potencial. La ropa de color oscuro o pardo reduce tu campo energético y el de tu cliente.

2. Pide a tu cliente que beba abundante agua antes y después de cada sesión para facilitar la retirada de los bloqueos energéticos y de la toxicidad. Bebe abundante agua para limpiar tu campo energético antes y después de la sesión de sanación.

3. Evita las comidas pesadas inmediatamente antes y después de una sesión, pues la sangre se dirigirá al estómago para facilitar el proceso digestivo.

4. Lávate las manos con agua fría antes y después de cada sesión con tu cliente para limpiar las energías residuales.

5. Relájate y confía antes de comenzar una sesión de sanación: si estás tenso, tu cliente lo sentirá y también se pondrá tenso.

6. Pide a tu cliente que se quite las lentes de contacto, las gafas, las joyas, los cinturones y cualquier objeto metálico, como las llaves o las monedas de los bolsillos.

7. Pide a tu cliente que se tumbe en una camilla, con una almohada debajo de la cabeza, para estar más cómodo. La camilla tiene que ser lo suficientemente amplia y larga como para acomodar al cliente, de modo que pueda relajar los brazos con facilidad a los lados y apoyar los pies en ella.

8. Pide a tu cliente que no cruce los brazos o piernas durante el proceso terapéutico, puesto que esto bloquearía el flujo energético.

9. Si el cliente tiene frío en algún momento de la sesión, tápalo con una manta blanca.

10. Tómate tiempo para sintonizar con los ángeles, con los que te alinearás para la sesión.

11. Tómate el tiempo necerario para sintonizarte energéticamente con tu cliente. Si te sientes amenazado o agotado por algo que tu cliente lleve adosado, como entidades inferiores, pide inmediatamente protección al arcángel Miguel.

Activaciones de manos y del cuerpo

ACTIVAR LOS CHAKRAS DE LAS PALMAS

Es importante potenciar la receptividad de tus manos antes de ofrecer un tratamiento de sanación angélico, ya que esto te ayudará a desarrollar tu sensibilidad a las energías sutiles. Asimismo, tus manos y brazos son una extensión del chakra corazón (piensa cuando abrazas a alguien). Para ayudar a otros con la sanación angélica tenemos que tener abierto el chakra corazón (véase página 146.

QUÉ HACER

1 Lávate las manos con agua fría y sécalas a conciencia para limpiarlas y abrir tu corazón antes de un tratamiento de sanación angélica.

2 Sacude las manos vigorosamente para sensibilizarlas; esto libera la energía emocional bloqueada y abre el chakra corazón.

3 Frótate las palmas rápidamente, haciendo un movimiento circular, para acumular el chi superficial.

4 Alternativamente, puedes abrir y cerrar las manos rápidamente hasta que sientas que se acumula chi en su superficie; o desliza un cristal de cuarzo entre las palmas para activarlas.

Cristal de cuarzo claro.

ACTIVACIÓN DEL CUERPO MENTAL

Este ejercicio incrementará tu poder de percepción y energizará tu cuerpo mental conectándote con el rayo amarillo del arcángel Jophiel, lo que te permitirá experimentar el campo energético de tu cliente con facilidad. Esto es particularmente importante cuando estás aprendiendo a sentir los chakras. Con el tiempo no necesitarás energizar tu cuerpo mental y los chakras de las palmas desarrollarán una estructura energética sorprendente.

QUÉ HACER

1 Potencia la receptividad de tus manos lavándotelas con agua fría y secándotelas con cuidado. Sensibiliza tus manos sacudiéndolas vigorosamente. Después, frótate las palmas varias veces con un movimiento circular para incrementar el chi superficial.

2 Coloca las manos con las palmas una frente a otra, a una distancia aproximada de 22 cm. Siente la energía que irradia y vibra entre tus manos; después, juega con ella. (La sentirás como algo pegajoso.)

3 Empieza a dar forma esférica a la energía y visualízala de un brillante color amarillo. Cuando sientas que la fuerza de vida la hace pulsar intensamente, ponte esta esfera amarillo solar en la zona del plexo solar. Esto energizará rápidamente tu cuerpo mental.

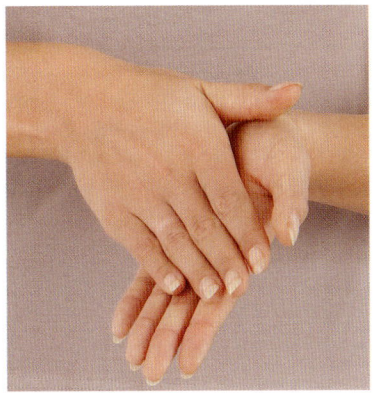

Haz rodar un cristal de cuarzo claro entre tus manos para activar los chakras de las palmas.

Sentir los chakras

Los siete chakras principales están situados a lo largo de la línea central del cuerpo. Estos vórtices absorben y distribuyen el chi, o fuerza de vida. Tendrás que tomar conciencia, sucesivamente, de cada chakra para trabajar con los campos energéticos sutiles.

CÓMO SENTIR LOS CHAKRAS

Para los novatos en esto de sentir los campos de energía sutil y hacer un diagnóstico energético intuitivo, éste es el ejercicio básico para sentir los chakras. Necesitarás una persona con la que trabajar. La persona debe tumbarse con la espalda apoyada en la camilla.

QUÉ HACER

1 Invoca al arcángel Rafael para potenciar tu intuición.

2 Toma una respiración profunda y relájate. Abandona todos los pensamientos y emociones negativos y enfócate en el campo energético de tu compañero. Mantén una actitud positiva y no le juzgues.

3 Pon tus manos sobre los hombros y date unos minutos para sintonizar energéticamente: este proceso de sintonización es vital.

4 Cuando estés preparado, empieza a escanear sus chakras (véanse páginas 102-103).

5 Empieza como unos 20 cm por encima de la parte superior de la cabeza de tu compañero, en la zona de la coronilla. Eleva las manos

hacia arriba, con las palmas una frente a otra a una distancia aproximada de 50 cm.

6 Ve bajando lentamente las manos hacia la parte alta de la cabeza, al tiempo que vas juntándolas. Detente si sientes alguna resistencia. Explora el campo energético del chakra corona con las manos. Este chakra suele sentirse como unos 15 cm por encima de la cabeza, pero depende de la sensibilidad y del desarrollo espiritual.

7 Pasa al chakra tercer ojo y pon las manos todo lo altas que puedas sobre la zona de la frente; debes tener las manos separadas a una distancia aproximada de 50 cm. Ve bajando las manos y juntándolas hasta que sientas una resistencia. Explora el campo energético del tercer ojo con las manos. Hazlo muy delicadamente, puesto que la mayoría de la gente que está en el camino espiritual tiene un tercer ojo muy sensible.

8 Repite el proceso hasta que hayas localizado los chakras.

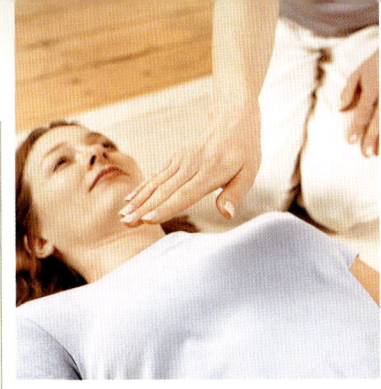

Percibe el chakra garganta bajando y juntando las manos hasta sentir cierta resistencia.

9 El chakra raíz tiene la energía más lenta y es el más fácil de sentir. Puede que tengas que ponerte a los pies de tu compañero. Coloca las manos debajo y en medio de sus pies. Mueve las manos muy lentamente hacia tu compañero hasta sentir alguna resistencia.

10 Al final de la sesión, deshazte de la energía de tu compañero y toma tierra pidiendo al arcángel Rafael que asiente, cierre, selle y proteja tus chakras y aura; también los de la otra persona. Puedes tomar notas y, si es apropiado, comparte lo que has percibido con tu compañero.

Examinar los chakras

Existen mucha técnicas para trabajar con los chakras, pero una de las más sencillas consiste en usar un péndulo de cuarzo claro. Un simple péndulo de cristal de cuarzo claro, de unos cinco centímetros de largo —cortado simétricamente, equilibrado y suspendido de una cadena de plata—, es óptimo porque tiene un amplio espectro de energías sanadoras, y es fácil de limpiar, de dedicar y de programar para trabajar con el reino angélico.

Como es de cuarzo, pronto encontrarás uno que sintonice de manera natural con tu campo energético, y sosteniéndolo cerca de tu chakra plexo solar sentirás la resonancia con mucha fuerza. Tu energía pránica fluye hacia el péndulo de cuarzo claro para energizarlo.

Antes de empezar a usar el péndulo tienes que establecer cuál de sus movimientos significa «sí» y cuál significa «no». El cuarzo claro es fácil de usar.

CÓMO ESTABLECER LAS RESPUESTAS «SÍ» Y «NO» PARA TU PÉNDULO

Si eres un principiante tendrás que comprobar que el péndulo de tu elección resuena con tu campo magnético, porque de otro modo te resultará imposible saber cuándo te está diciendo «sí» y cuándo te dice «no». Este diálogo con tu péndulo será exclusivamente tuyo. Algunas personas asocian el movimiento del péndulo en el sentido de las agujas del reloj con el «sí» y el movimiento en el sentido contrario al de las agujas del reloj con el «no». Pero tu péndulo podría ser diferente; mientras sepas cuál es tu «sí» y cuál es tu «no», eso es lo que cuenta. Al principio de cada sesión debes comprobar que los movimientos «sí» y «no» de tu péndulo no han cambiado.

LO QUE NECESITARÁS

Un péndulo de cuarzo claro montado sobre una cadena de plata.

QUÉ HACER

1 Aguanta la cadena del péndulo entre los dedos pulgar e índice de tu mano derecha. Coloca la mano izquierda directamente debajo del péndulo. Asegúrate de que el péndulo esté perfectamente parado; si tienes el péndulo ideal para ti, debería empezar a «temblar». Entrar en resonancia es un signo directo de que está sintonizado con tu campo energético.

2 Si no entra en resonancia inmediata, procura sostenerlo justo enfrente de tu chakra plexo solar. Si eso no funciona, súbelo al chakra corazón.

3 Aquieta el péndulo y pídele mentalmente, o en voz alta, que te muestre el movimiento que significa «sí». Deja unos momentos para que este movimiento se establezca con claridad.

4 Aquieta el péndulo y pídele que te muestre el movimiento «no». Éste será diferente de la señal del «sí».

Limpieza de chakras

Es posible emplear muchas técnicas para limpiar los chakras, pero una de las más sencillas es la que hace uso de un péndulo de cuarzo claro, especialmente cuando estás sintonizado con los ángeles sanadores. Los ángeles guiarán el péndulo para buscar las áreas de desequilibrio que haya dentro del chakra. Puedes usar el péndulo de cuarzo para limpiar, energizar, fortalecer, alinear y armonizar todo el sistema de chakras corporales.

Los péndulos de cuarzo claro y de amatista ofrecen un amplio espectro de energías curativas.

CÓMO LIMPIAR LOS CHAKRAS

LO QUE NECESITARÁS

Un péndulo de cuarzo claro montado sobre una cadena de plata.

QUÉ HACER

1 Invoca al arcángel Zadkiel y su llama violeta de transformación. Esto transformará en energía positiva cualquier energía negativa que sea retirada o liberada.

2 Establece las respuestas «sí» y «no» de tu péndulo, y después, simplemente, sostén el péndulo sucesivamente sobre cada chakra y pregunta si necesita limpieza.

3 Empieza en el chakra corona y ve descendiendo por orden. Si un chakra necesita limpieza, sostén el péndulo sobre él y deja que lo limpie; generalmente irá en la dirección contraria a las agujas del reloj (desenvolver). Visualiza la llama violeta sobre el chakra a medida que se retira el bloqueo.

4 Cuando hayas trabajado todos los chakras estarás preparado para poner energía positiva y limpiadora en ellos, a fin de alinearlos y equilibrarlos (véanse páginas 228-229, «Equilibrar los chakras»).

5 Otra manera útil de limpiar los chakras es poner las manos a unos 20 cm de distancia, con las palmas hacia el chakra de la persona. Continúa como hemos indicado anteriormente, a partir del paso 3.

Una de mis formas favoritas de limpiar los chakras es usar el abanico de plumas y la esencia de gemas fabricada a partir de un precioso cristal púrpura de amatista (véase, en página 283, cómo preparar la esencia de gemas; véase también la página 312, «Amatista»). Rocía todos los chakras que tu intuición o el péndulo te digan que necesitan limpieza con la esencia de amatista. Después, usa el abanico de plumas para limpiar cada chakra, empleando movimientos de barrido ascendente.

Equilibrar los chakras

Es posible equilibrar los chakras empleando distintas técnicas; aquí se muestran dos de ellas.

Poner el péndulo sobre el chakra corazón lo limpia rápidamente y vuelve a alinear los desequilibrios emocionales.

CÓMO EQUILIBRAR LOS CHAKRAS CON UN PÉNDULO

LO QUE NECESITARÁS

Un péndulo de cuarzo claro montado en una cadena de plata.

QUÉ HACER

1 Antes de empezar, invoca al arcángel Rafael y sus ángeles sanadores.

2 Sostén el péndulo sobre los chakras de tu paciente, empezando por el chakra corona; trabaja hacia abajo por orden.

3 Deja que la energía sanadora dirigida por el arcángel Rafael fluya, sucesivamente, a cada uno de los chakras; normalmente, el péndulo se moverá en el sentido de las agujas del reloj.

4 Cuando el péndulo haya terminado de poner energía sanadora en un chakra, pasa al siguiente. Sabrás que esto ha ocurrido cuando haya dejado de moverse.

CÓMO EQUILIBRAR LOS CHAKRAS CON LAS MANOS

QUÉ HACER

1 Invoca al arcángel Rafael y a sus ángeles de sanación. Normalmente, y como norma general, sentirás esta energía recorriéndote desde lo alto de la cabeza y bajando hacia el chakra corazón, antes de fluir por tus brazos hacia las manos y salir por los chakras de las palmas.

2 Cuando sientas que la energía sanadora fluye con fuerza, pon las manos en cada chakra, como a unos 20 cm de distancia y con las palmas hacia el compañero. Empieza por el chakra corona y avanza en dirección descendente.

3 Tu intuición te indicará cuándo pasar al siguiente chakra.

El aura

Los pueblos de las antiguas culturas conocían y comprendían que el cuerpo humano es, más allá de la forma física, un campo de energía pulsante y dinámico. A través de la observación desarrollaron el conocimiento de estas energías sutiles fundamentales que rodean e interpenetran la forma humana.

En sánscrito, a este campo de energía sutil se le denomina *kosas* («cuerpos»), mientras que en la medicina convencional se le conoce como el campo energético biomagnético, o aura. La palabra «aura» viene del griego *avra* («brisa»). El aura está compuesta por siete niveles correlacionados con los siete chakras principales. Estos niveles empiezan con lo visible (el cuerpo físico) y progresan hacia vibraciones más sutiles y refinadas a medida que nos alejamos del físico. Todas las auras son diferentes y cambian con nuestros pensamientos, estados de ánimo, medio ambiente y salud.

El daño y el agotamiento áurico puede estar causado por la mala salud, los hábitos de pensamiento negativo, los polucionantes medioambientales, los malos hábitos dietéticos, las sustancias adictivas y el estrés. Los desequilibrios áuricos producen una pérdida de vitalidad que debilita el campo energético. Los bloqueos energéticos aparecen como áreas oscuras en el aura.

Niveles áuricos. Cada nivel áurico tiene su propia función y energía consciente. Las sucesivas capas áuricas pueden estar fijas o moverse. La primera, tercera, quinta y séptima son fijas, mientras que la segunda, cuarta y sexta son móviles. El nivel más cercano al físico es el etérico. Es una copia exacta del cuerpo físico, de color azul pálido o gris claro. Dentro de él hay unos puntos de luz y se mueve rápidamente. Contiene recuerdos de la formación del cuerpo físico. El segundo nivel se relaciona

Un aura de tonos pastel con los colores del arco iris indica un chakra corazón equilibrado y alegre.

con las emociones, siendo una masa de colores que giran y cambian con nuestros estados emocionales. El tercer nivel se relaciona con el cuerpo mental y es una capa fija de color amarillo que sustenta nuestros procesos de pensamiento. El cuarto nivel está relacionado con la energía de nuestro corazón. Tiene colores pastel y cuando está desarrollado forma un arco iris: Los niveles quinto, sexto y séptimo son azul brillante, dorado y de azul plateado a dorado resplandeciente. Estos niveles superiores se relacionan con el desarrollo espiritual, de modo que no se pueden observar en la mayoría de la gente.

CURACIÓN ANGÉLICA

Sentir el aura

Hace falta práctica para ser consciente de las auras. Esta técnica te ayudará a aprender a sentir el aura de otra persona.

Para sentir el chakra tercer ojo, pide a tu compañero que se tumbe en una camilla.

CÓMO SENTIR EL AURA DE OTRA PERSONA

LO QUE NECESITARÁS

Una persona dispuesta.

QUÉ HACER

1 Pide a la persona que se ponga de pie y separe los pies aproximadamente 30 cm, manteniendo las rodillas relajadas y ligeramente dobladas. Esto hace que su energía fluya con suavidad y la persona se sienta «en contacto con la tierra». La respiración debe ser relajada y normal.

2 Ponte al menos a dos metros de la persona y energetiza tus chakras de las palmas (véase página 220). Toma una respiración profunda y relájate; abandona todos los pensamientos y emociones negativos, y enfócate completamente en el campo energético de tu compañero.

3 De cara a la persona, pon tus manos por delante de ti, con las palmas hacia delante, y empieza a caminar lentamente hacia ella. Usando tu intención enfocada, procura mantener la conciencia en los chakras de las palmas. Imagina que son otro par de «ojos» que te permiten ver.

4 Mantén tu intención enfocada en tu compañero y procura sentir el «límite» de su aura. Generalmente tiene forma oval, pero puede estar alterada. En cuanto tomes conciencia del campo energético (si sientes una resistencia, cambio de temperatura o cosquilleo) empieza a moverte alrededor de tu compañero, definiendo el límite de su aura con tus manos.

5 Mueve tus manos hacia arriba, por encima de la cabeza, y hacia abajo, hacia los pies. Da toda la vuelta alrededor de tu compañero sintiendo su campo energético, y toma nota mentalmente de cómo lo sientes y cuál es su forma.

6 Relájate, con tu compañero, y procura sentir la siguiente capa áurica. Ve trabajando sucesivamente todos los niveles, relajándote unos segundos entre capas.

7 Tal vez tomes conciencia de zonas que parecen demasiado calientes o frías. Al final, podrás tomar notas y, si te parece apropiado, compartir lo que has percibido con la otra persona.

CURACIÓN ANGÉLICA

Equilibrar el aura

Existen muchas técnicas para trabajar el aura, pero una de las más fáciles y eficaces consiste en usar un péndulo de cristal de cuarzo claro porque tiene un amplio espectro de energías sanadoras. El péndulo de cuarzo busca de manera natural las áreas desequilibradas del aura y retira los bloqueos energéticos. El péndulo puede usarse para limpiar, energizar, fortalecer, alinear, armonizar e integrar cada nivel del aura. Llenará los agujeros y detendrá los goteos energéticos, además de dar protección.

Practica esta técnica con un amigo o compañero, tomando turnos para sentir cualquier problema y encontrarle solución.

Puedes usar un péndulo de cuarzo claro para remediar los desequilibrios áuricos.

CÓMO EQUILIBRAR EL AURA USANDO UN PÉNDULO

LO QUE NECESITARÁS

Un péndulo de cuarzo claro sobre una cadena de plata.

QUÉ HACER

1 Pide a tu compañero que se tumbe y sujeta el péndulo un poco por encima de su cuerpo.

2 Empieza a balancear el péndulo suavemente, tanto hacia delante como hacia atrás, de manera neutral. Cuando el péndulo cambie el balanceo neutral, ha encontrado un desequilibrio.

3 Deja que se mueva sobre el desequilibrio hasta que vuelva al movimiento neutral adelante-atrás o se detenga completamente. Un movimiento en el sentido de las agujas del reloj suele indicar una absorción de energía, y un movimiento en el sentido contrario al de las agujas del reloj suele indicar una liberación de energía.

4 Empieza a pasar el péndulo por la línea central del cuerpo, trabajando desde debajo de los pies en dirección ascendente para terminar encima de la cabeza. Deja que el péndulo y tu intuición te guíen. Estate dispuesto a mover el péndulo hacia arriba o hacia abajo a medida que trabajas las capas áuricas.

5 Ponte a un lado del cuerpo de tu compañero, siguiendo su perfil natural, hasta dar la vuelta completa siguiendo la dirección de las agujas del reloj.

6 Trabaja alrededor del perfil de tu compañero una vez más, todavía en la dirección de las agujas del reloj, pero esta vez a unos 45 cm del límite externo del cuerpo.

7 Cuando finalices la sesión, permítete desvincularte de la energía de tu compañero y asienta adecuadamente tu energía, pidiendo al arcángel Rafael que cierre, selle y proteja tus chakras y aura; también los de tu compañero.

Autosanación

Es posible que te sientas guiado e emprender un proceso de autosanación; de hecho, muchas dolencias físicas y desórdenes comunes tienen una causa psicológica. La técnica siguiente resulta útil para aliviar el dolor emocional y mental, así como la incomodidad física. También puede usarse para el dolor agudo o el estrés. El arcángel Rafael, como ángel iluminador de la sanación, tiene la capacidad de guiar a todos los sanadores. Es conocido como el médico del reino angélico, el sanador divino por cuya mediación nos curamos y sanamos a los demás.

CÓMO EQUILIBRAR Y SANAR TUS CHAKRAS

QUÉ HACER

1 Repite los pasos 1-3 de la página siguiente.

2 Empezando por el chakra raíz, pon las manos sobre tu cuerpo y permite que se llene de tu energía sanadora. Cuando tu intuición te lo indique, pasa al chakra sacro. Repite el proceso.

3 Trabaja sucesivamente cada uno de los chakras, acabando en el chakra corona. Al poner las manos en lo alto de la cabeza, vincúlate con tu yo superior.

4 Para acabar, inspira la luz esmeralda. Cuando te sientas preparado, regresa conscientemente al estado habitual de vigilia.

CÓMO PRACTICAR LA AUTOSANACIÓN

LO QUE NECESITARÁS

Un CD o cinta de música suave y un aparato reproductor.

QUÉ HACER

1 Empieza invocando al arcángel Rafael pidiéndole que guíe tus manos.

2 Siéntate cómodamente en una silla de resplado recto y asegúrate de que nadie te vaya a molestar. El sonido de la música suave y relajada ayuda a iniciar el proceso de autorrelajación.

3 Pide al arcángel Rafael que te envíe una esfera de luz sanadora verde esmeralda. Siente la energía sanadora flotando sobre tu cabeza.

4 Permite que esta energía fluya hacia tu chakra corona; siéntela descender por tu cuerpo y fíjala en el chakra corazón.

5 Permite que la energía sanadora fluya en dirección descendente por tus brazos, siéntela fluir por los chakras de tus manos y llenar tu aura.

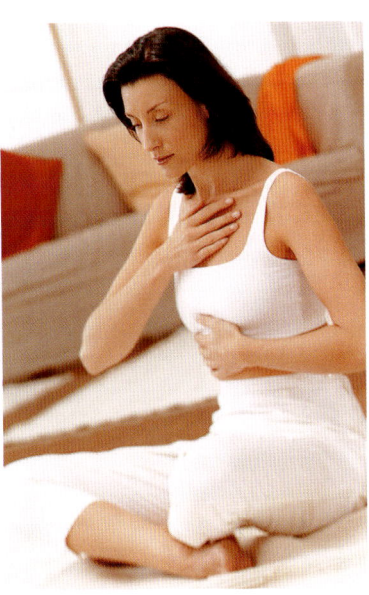

6 Deja que tus manos sean guiadas y colócalas en las zonas del cuerpo que sientas que necesitan sanación. Si tienes zonas doloridas en tu cuerpo, poner las manos sobre ellas durante unos minutos aliviará, suavizará o disolverá el dolor.

Sanar a otros

Pide a tu cliente que beba abundante agua antes y después de cada sesión para facilitar la retirada de los bloqueos energéticos y la toxicidad emocional. Tú deberías hacer lo mismo. Prepárate relajándote y tomando conciencia de tu respiración.

CÓMO SANAR A LOS DEMÁS

QUÉ HACER

1. Pide al cliente o paciente que se tumbe de espaldas, con almohadas o cojines debajo de la cabeza y las rodillas.
2. Pide al arcángel Rafael que te envíe una hermosa esfera de energía sanadora verde esmeralda. Contempla la energía sanadora flotando sobre tu cabeza. Deja que fluya hacia tu chakra corona, bajando por tu cuerpo y anclándose en tu chakra corazón.
3. Deja que la energía fluya en dirección descendente por tus brazos hasta los chakras de las manos.

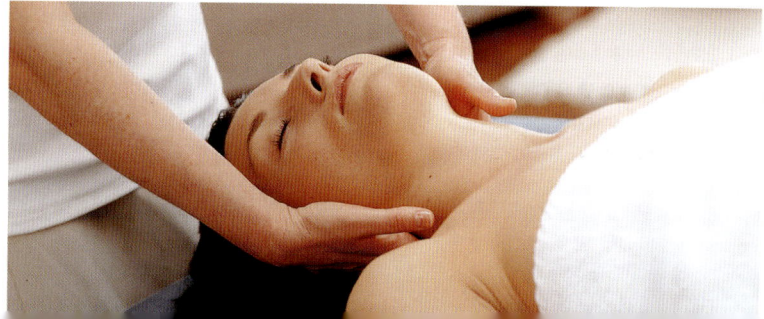

Vas a colocar las manos sobre tu cliente; la cantidad de tiempo que dejes las manos en cada parte depende de tu intuición, pero normalmente se suelen dejar entre tres y cinco minutos.

4. Cólocate en el extremo de la camilla, donde está la cabeza del cliente. Mientras mantienes estas primeras cinco posiciones de las manos puedes permanecer cómodamente sentado.

5. Coloca las palmas de las manos suavemente sobre la coronilla y déjalas descansar.

6. Coloca las manos sobre los ojos.

7. Acuna la cabeza poniendo las manos por debajo de ella.

8. Coloca las manos, con las bases de las palmas, a cada lado del cuello, y las palmas y los dedos ligeramente apoyados en la garganta.

9. Coloca los dedos pulgares justo debajo de las clavículas y alienados con ellas, con las palmas hacia el esternón.

10. Colócate a un lado del cliente para tratarle el corazón, el plexo solar y la zona del estómago. Pon ambas manos sobre la caja torácica siguiendo una línea recta a lo largo de la base del esternón.

11. Coloca ambas manos en línea recta, justo encima de la cintura.

12. Coloca ambas manos justo debajo de la cintura, al nivel de las caderas.

13. Pasa a las piernas. Ve bajando por las piernas por etapas. Trabaja cada pierna por separado o ambas al mismo tiempo.

14. Posiciónate en el extremo de la camilla y pasa a los pies. Trata las partes superiores de ambos pies; después, colca las manos sobre las plantas.

15. Retira las manos de los pies y coloca las palmas de las manos a unos diez centímetros de las plantas de los pies. Usa tu intuición para observar el equilibrio polar masculino-femenino de tu cliente. El pie derecho representa la polaridad masculina y el izquierdo, la femenina. Mantén las manos en esa posición hasta que haya cesado todo movimiento energético. Esto fortalece la estructura del esqueleto y lleva a tu cliente a regresar plenamente a su cuerpo físico, lo que señala el final del tratamiento.

Sanación a distancia

La sanación a distancia, o en ausencia, es una excelente manera de empezar a practicar la sanación angélica. También es una forma muy poderosa de trabajar con el arcángel Rafael, y es válida por sí misma, puesto que no necesitas toda la «parafernalia» de la tercera dimensión (sala de terapia, camilla). La sanación a distancia también es una manera genial de desarrollar tu conciencia multidimensional de las energías sanadoras que nos rodean a todos en la Tierra. En su forma más simple, la sanación a distancia puede ser una oración dicha para la persona que te ha pedido ayuda. Recita una oración simple e incondicional.

LA ESFERA ESMERALDA DE ENERGÍA SANADORA ANGÉLICA DEL ARCÁNGEL RAFAEL

QUÉ HACER

1 Decide a quién enviar la energía.

2 Lávate las manos con agua fresca y sécatelas completamente.

3 Siéntate cómodamente en una silla, toma varias respiraciones profundas e invoca al arcángel Rafael.

4 Empieza a sensibilizar tus manos sacudiéndolas delicadamente. Después, frótate las palmas con rapidez, haciendo un movimiento circular para acumular el chi superficial.

5 Mantén las manos con las palmas una frente a otra y a una distancia aproximada de 20 cm. Siente la

CURACIÓN ANGÉLICA

energía irradiar y vibrar entre tus manos; juega con esta energía (la sentirás como caramelo pegajoso).

6 Empieza a formar una esfera con esta energía de color verde esmeralda.

7 Pide al arcángel Rafael que bendiga y cargue la esfera esmeralda con su poderosa energía sanadora.

Para practicar una sanación a distancia a alguien es conveniente pedirle permiso. Si no es posible, pide que la energía se use para el mayor bien de todos.

8 Cuando sientas pulsar intensamente la esfera con energía sanadora, envíala a la persona y visualiza que la absorbe. Visualízala sana, fuerte y sonriente.

Sanación planetaria

Mucha gente expresa el deseo de ayudar a otros, especialmente después de observar las terribles situaciones que asolan el mundo. Se sienten cargados por estas visiones del sufrimiento inimaginable y son guiados a pedir ayuda a los ángeles.

El arcángel Sandalphon es el guardián de la Tierra y se encarga de la sanación planetaria. Cuando envíes sanación planetaria, no reprimas tus emociones, puesto que esto produce bloqueos y afecta a tu salud. Más bien, enfócate en los sentimientos y emociones que esas imágenes abrumadoras han generado en ti. Esto alivia tus sentimientos de tensión y dirige la energía hacia donde es más necesaria.

Cuando vemos la Tierra desde el espacio, resulta fácil sentir la interconexión de toda vida.

CÓMO PRACTICAR LA SANACIÓN PLANETARIA

QUÉ HACER

1 Siéntate cómodamente en una silla y con los pies apoyados en el suelo.

2 Visualiza unas raíces que crecen desde las plantas de tus pies para enraizarte y fortalecerte. Respira con naturalidad para que tus circuitos energéticos se abran y fluyan con suavidad.

3 Invoca a Sandalphon y alinéate con su energía sanadora. Sentirás que la energía entra en ti por el chakra corona, desciende hacia el chakra corazón y por los brazos hacia las manos, hasta salir por los chakras de las palmas.

4 Permítete sentirte rodeado por esta energía, que suele percibirse como una esfera de luz arco iris. Ahora estás preparado para transmitir energía sanadora angélica.

5 Visualiza el arco iris girando y saliendo de ti hacia el área de tensión que has elegido. Ve la situación y toda la gente involucrada absorbiendo esta energía; verás que el área se ilumina con la luz iridiscente del arco iris.

6 Mientras sigues visualizando, toma conciencia de todos los demás sanadores y grupos de sanación planetaria, que también están emitiendo arco iris de esperanza. Son los hijos de la luz, los guerreros del arco iris. Permite que tu energía se funda con la suya y siente cómo aumenta su intensidad.

7 Muchos «trabajadores de la luz» meditan cada día enviando energía sanadora en forma de arco iris; saben que el planeta y las personas necesitadas la recibirán del modo que sea más apropiado para ellas. Ahora te sentirás como si fueras parte de esta poderosa energía dirigida por los ángeles.

8 Para finalizar, desvincúlate de la energía. Enraízate pidiendo al arcángel Rafael que asiente, cierre, selle y proteja tus chakras y aura.

Equilibrar las emociones

Nuestras emociones están asociadas con el fluido elemento agua. El agua tiene un significado único para nosotros, puesto que la mayor parte de nuestro peso corporal es agua, que transporta los nutrientes esenciales para la vida.

Asimismo, nuestras emociones deberían alimentarnos, permitiéndonos movernos fluidamente del modo que necesitemos para explorar nuestro pleno potencial físico, mental y espiritual. Nuestras emociones, como el agua, varían constantemente, fluyendo y refluyendo, aportando desarrollo a nuestro cuerpo, mente y alma. A veces, nuestras emociones se congelan y nos quedamos atascados es un espacio restringido, y a menudo destructivo, que nos impide expresar nuestro pleno potencial de alegría y creatividad.

El agua hierve cuando se la calienta, convirtiéndose en vapor y evaporándose; este proceso, a veces, se refleja en las emociones de ira, pérdida y vaciedad. Las turbulencias emocionales se producen cuando reprimimos o negamos nuestras emociones. Muchas personas tienen cantidades significativas de energía emocional no resuelta, siendo ésta una de las grandes causas de estrés y tensión en sus vidas.

Chamuel alivia la presión. El rayo rosa del arcángel Chamuel retira «calor» de la tensión emocional. Restaura el equilibrio sin reprimir el proceso de liberación. Favorece la relajación y la aceptación del lugar que nos corresponde en la vida, y de aquellos con lo que tenemos que lidiar sin permitir que las falsas visiones se enquisten, produciendo emociones de ira, odio y resentimiento. También ayuda a motivar, detiene los sentimientos de complacencia y los transforma en paz y tranquilidad.

CÓMO EXPULSAR LAS TURBULENCIAS EMOCIONALES CON LA ESPIRACIÓN

QUÉ HACER

1 Siéntate cómodamente en una silla y donde no vayas a ser molestado durante algún tiempo.

2 Para empezar, invoca al arcángel Chamuel y pídele que te envíe una esfera rosa de energía emocional sanadora que permita liberarte del estrés, la tensión y la turbulencia emocional.

3 Ve o siente la esfera rosa descendiendo sobre la parte de tu cuerpo que está albergando el dolor emocional (si no estás seguro de dónde está almacenado el dolor emocional, pídele que se posicione sobre tu chakra corazón).

4 Mientras tomas una inspiración lenta y profunda, imagina o siente que el aire pasa directamente a través de la esfera rosa. Con cada inspiración, la esfera rosa disolverá gradualmente el estrés, la turbulencia y la tensión.

5 Con cada espiración, siente que se funden las emociones almacenadas de tu cuerpo.

6 Para concluir el proceso, siéntete alimentado por el amor sanador angélico al verte rodeado por una cálida esfera de luz brillante de color rosa dorado. Permítete sentir esa energía el tiempo que consideres adecuado. Para acabar la sesión, enraízate; cierra y sella tus centros, y protégete.

Cuando trabajes asuntos emocionales, confía en el proceso y respira lenta y profundamente.

Armonizar tus relaciones

El arcángel Chamuel y los ángeles de amor te ayudan a renovar y mejorar tus relaciones con los demás, favoreciendo el desarrollo de tu chakra corazón. Esto se consigue mediante el hermoso rayo rosa, que representa nuestra capacidad de amar y alimentar a los demás, de dar y recibir amor incondicionalmente, libre de todo interés. Es un amor que trasciende y transforma el yo y, mediante la compasión, nos lleva hacia el divino estado de comprensión.

Chamuel desempeña un importante papel en nuestro camino hacia la iluminación. Aunque no trabajes con ningún otro ángel, Chamuel es capaz de llevarte a casa, al «corazón-uno», en sus alas de infinito amor. Muchas personas tienen miedo de abrir sus corazones. Quienes han sido capaces de superar este miedo, tienen esa calidez carismática que ofrece a los demás seguridad, alivio y elevación moral.

Él nos ayuda en todas nuestras relaciones, especialmente en aquellas situaciones que nos cambian la vida, como un divorcio, un fallecimiento o la pérdida del empleo. El arcángel Chamuel nos ayuda a apreciar las relaciones amorosas que ya tenemos en nuestra vida.

El mensaje del arcángel Chamuel es: «Sólo la energía amorosa que se ponga en un propósito dado es lo que le da valor duradero, belleza, y lo que beneficia a toda la creación. Cuando sientes verdadero amor y compasión por ti mismo, eres capaz de amar incondicionalmente; esto transforma de manera instantánea la energía negativa en energía sanadora, positiva y curativa».

TÉCNICA DE LA ARMONÍA

QUÉ HACER

1 Siéntate cómodamente en una silla y donde nadie te moleste durante un tiempo.

2 Invoca al arcángel Chamuel y pídele que te envíe dos esferas de su hermosa energía rosa que sana el corazón.

3 Guarda una esfera para ti y envía la otra esfera a la persona con la que quieres fortalecer, mejorar o renovar una relación armoniosa y amorosa.

4 Sostén tu esfera rosa en tus manos y mírala. Te ayudará a verte con más claridad; mira dentro de ella no sólo con tus ojos, sino también con tu corazón.

5 Usa las esferas rosas del arcángel Chamuel en cualquier situación que te resulte agresiva o amenazadora, o que contenga energía conflictiva. Simplemente, pide al arcángel, Chamuel que rodee a todos los implicados; esto reducirá la tensión y producirá una resolución pacífica.

Inspiración e iluminación

La energía sanadora angélica tiene una «inteligencia natural» que fluye hacia donde más ayuda necesitamos.

El rayo de luz solar del arcángel Jophiel ilumina nuestro camino en la vida ayudándonos a mirar más allá de lo evidente y permitiéndonos entender las situaciones existenciales en las que podamos vernos atrapados. Él es muy bueno en la resolución de problemas: nos ayuda a mirar la vida desde un nivel más profundo.

Puedes emplear su energía en cualquier momento en que necesites claridad mental, especialmente cuando tengas que pasar un examen, empezar un nuevo trabajo o absorber nueva información y desarrollar habilidades.

Hay algunos puntos que debemos tener en cuenta cuando estamos ayudando a otros con la energía sanadora angélica. Confía en el proceso y deja que los ángeles dirijan la energía. Cuando des una sesión de terapia, mantente conectado con la respiración. El sanador mismo necesita curación, y el terapeuta no es más que un canal para la energía angélica.

PRÁCTICA DE LA TÉCNICA ILUMINACIÓN/INSPIRACIÓN

LO QUE NECESITARÁS

Un compañero con quien practicar

QUÉ HACER

1. Antes de empezar, pregunta a tu compañero sobré qué quiere arrojar luz con esta técnica de iluminación/inspiración. Tal vez sienta un bloqueo creativo, falta de energía y entusiasmo, o necesite que le llegue un rayo de intuición para resolver un problema.
2. Pide a tu compañero que se tumbe de espalda en la camilla de tratamiento. Ponle almohadas o cojines debajo de la cabeza y de las rodillas para que esté cómodo. Ten una manta a mano en caso de que sienta frío.
3. Siéntate en una silla con el respaldo recto junto a la camilla, cerca de la cabeza de la persona.
4. Cuando estés cómodamente sentado y con los pies apoyados en el suelo, invoca al arcángel Jophiel y pídele que te envíe una esfera dorada de energía para inspirarte e iluminarte.
5. La esfera dorada de hermosa energía descenderá y descansará justo encima de tu cabeza. Siente la conexión con el arcángel Jophiel; sé consciente de que el arcángel guiará el proceso.
6. Coloca las manos sobre la cabeza de tu compañero, dejando la mano derecha en la parte baja de la cabeza, en la base del cráneo (ligeramente por encima de la parte posterior del cuello), y la mano izquierda en lo alto de la cabeza, sobre el chakra corona.
7. Observa o visualiza la esfera dorada de hermosa energía bajando desde tu cabeza y entrando en la cabeza de tu compañero. Usando tu intención enfocada, visualiza que la esfera dorada se expande por todo su cuerpo y aura, rodeándolos completamente de un resplandor dorado.
8. Espera veinte minutos para que se lleve a cabo el proceso. Comparte con tu compañero cualquier comprensión lograda durante la sesión.

Protección

El arcángel Miguel es el protector de la humanidad. Él es el supremo comandante en jefe de todos los arcángeles y dirige las fuerzas celestiales, sus «legiones de luz», contra el mal (los vicios humanos de inspiración demoníaca como la ira, el odio, la negatividad, la crueldad, la hostilidad y el conflicto). Podemos considerarlo nuestro supremo ángel guardián.

El arcángel Miguel es un ser de magnífica, asombrosa gloria y de luz radiante, a quien frecuentemente se le representa montado en un caballo blanco (que simboliza el puro y prístino poder espiritual) y clavando una lanza a una serpiente, que se retuerce. El arcángel Miguel mata simbólicamente el aspecto inferior de la personalidad humana, nuestra autodestructividad, donde residen el miedo y las limitaciones, y permite que emerja la conexión de la mente superior con el alma como un fénix, como el dragón alado de la sabiduría definitiva.

Solicita protección. Antes de empezar una sesión de energía sanadora angélica, es habitual solicitar la protección del arcángel Miguel y sus legiones de luz. Para que se produzca la sanación angélica, en muchas ocasiones tu cliente tendrá que dejar atrás recuerdos conscientes y subconscientes. Durante las sesiones de sanación angélica muchas veces esto empieza a ocurrir espontáneamente. A veces el cliente revivirá emocionalmente toda la experiencia, y puede que le resulte tan dolorosa como cuando sucedió originalmente.

Como animamos a nuestros clientes a reconocer sus emociones y a aceptar el dolor para que puedan controlarlo, liberarlo y sanarse, a veces podrán sentirse enfadados, agitados o ponerse a la defensiva. La protección del arcángel Miguel nos permite mantenernos abiertos, equilibrados y anclados en el amor incondicional.

LA CAPA PROTECTORA DEL ARCÁNGEL MIGUEL

QUÉ HACER

1 Invoca al arcángel Miguel en cualquier momento para que te dé protección inmediata. Él extenderá su capa protectora sobre ti.

2 Usa las frases siguientes: «Arcángel Miguel. ¡Ayúdame! ¡Ayúdame! Arcángel Miguel, protégeme de todo mal».

3 Imagina que el arcángel Miguel extiende su capa protectora a tu alrededor. Visualiza una capa de azul profundo con capucha que te cubre (o a un ser querido) completamente de la cabeza a los pies.

Un caballo blanco representa el puro y prístino poder espiritual usado con sabiduría.

Armoniza las polaridades masculina y femenina

Los chinos emplean el símbolo yin-yang para expresar el equilibrio dentro del flujo energético corporal. Se trata de cualidades complementarias que interactúan constantemente. Ninguna de ellas puede existir aislada de la otra. Su mutua afinidad tiene un efecto directo sobre la salud y la armonía.

La energía yin es femenina, negativa, fría, interna, suave, descendente, dirigida hacia dentro, oscura, tendente a ceder y reactiva. La energía yang es masculina, positiva, activa, exterior, dura, dirigida hacia arriba, caliente, ligera y vigorosa. Somos capaces de equilibrar o armonizar estos dos opuestos, aparentemente en conflicto, cuando comprendemos que por cada acción hay una reacción; así trascendemos las leyes naturales de la materia y estamos en el «momento». No somos nuestro pasado (acción); no somos nuestro futuro (reacción); simplemente somos.

El yin-yang es el símbolo taoísta de la fuerza universal: el yin es una fuerza femenina, mientras que el yang es una fuerza masculina.

Entender la eternidad. Cuando hemos comprendido el «momento», aunque sólo sea por breves segundos, tenemos una comprensión de la eternidad, el eterno «ahora». Trascendemos las leyes newtonianas de la física y entramos en las leyes cuánticas, donde todo es unidad, los antiguos misterios se desvelan y vemos la sabiduría de la verdad última.

Para trascender la dualidad y entrar en el momento tenemos que hacer una petición a Metatrón, que abrirá nuestro chakra corona e integrará nuestros chakras trascendentales situados por encima de la cabeza, aportándonos un crecimiento espiritual sin precedentes y facilitando la alquimia cósmica.

Cuando estás listo para trabajar con Metatrón, estás preparado para la sanación angélica definitiva. Este alineamiento con Metatrón reconcilia los opuestos que es necesario armonizar antes de lograr el equilibrio.

CÓMO EQUILIBRAR LAS POLARIDADES

QUÉ HACER

1 Siéntate cómodamente y respira con naturalidad para que tus circuitos energéticos se abran y fluyan suavemente.

2 Pide al arcángel Metatrón que te envíe su esfera de pura luz blanca. Mientras te alineas con esta energía, visualízala o siéntela muy por encima de tu cabeza como una columna de luz.

3 Mientras permites que la luz descienda para abarcar la totalidad de tu cuerpo en una columna de luz, se van activando, integrando y alineando cada uno de los chakras trascendentales que tienes encima de la cabeza. Esto produce una descarga de información que, con el tiempo y la repetición de la experiencia, activará el «cuerpo de luz», poniendo fin a la ilusión dualista del ego.

Fomentar el desarrollo espiritual

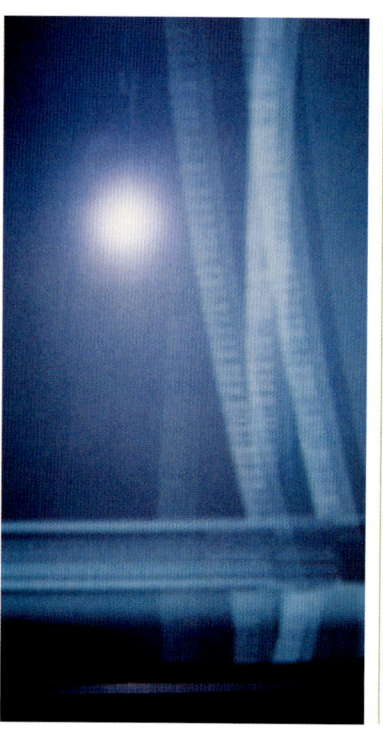

Tenemos que elevar nuestra conciencia para darnos cuenta de la presencia de los ángeles. Cuando trabajamos con el arcángel Gabriel, éste nos enseña a buscar ayuda angélica mediante la invocación, el ritual, la meditación y los sueños. Algunas personas se quedan empantanadas por intelectualizar sobre los ángeles y tratando de entenderlos lógicamente. El planeta de Gabriel es la Luna; él usa esta energía pasiva, intuitiva y femenina para ayudarte a interpretar tus sueños y visiones. También usa la energía mágica de la Luna para inspirar a la humanidad durante el sueño.

Tradicionalmente, la Luna ha sido reverenciada como símbolo de guía. En el mito, se dice que la Luna tiene una profunda influencia sobre todos los seres vivos. Cuando la Luna está en fase de luna llena, mayor es la influencia que ejerce sobre la mente y las dotes psíquicas.

CÓMO CREAR UN AMULETO LUNAR MÁGICO

Este amuleto crea un poderoso campo energético a tu alrededor cuando lo llevas puesto o duermes con él. Sella y protege el aura.

LO QUE NECESITARÁS

Una piedra de luna azul.
Una luz de vela blanca (dentro de un frasco si estás al aire libre).

QUÉ HACER

1 Elige un lunes, el día dedicado a la Luna, para realizar este ritual angélico. Elige un momento en que la Luna esté en cuarto creciente, ya que esto favorece los hechizos relacionados con el crecimiento y la atracción (estás tratando de atraer crecimiento espiritual). El ritual puede realizarse al aire libre, pero si eliges hacerlo dentro de casa asegúrate de que entre luz de luna por la ventana abierta.

2 Enciende la vela antes de empezar el ritual. Pide al arcángel Gabriel que te fortalezca y supervise el proceso.

3 Sostén tu piedra de luna en tu mano izquierda, femenina e intuitiva.

4 Siéntate cómodamente en postura de meditación.

5 Toma unas respiraciones lentas y profundas, haciendo que la espiración sea más lenta que la inspiración. Imagina o siente que estás inspirando las energías de la Luna.

6 Siente que tu cuerpo se llena de luz de luna.

7 Cuando tu intuición te lo indique, respira esta energía hacia tu piedra de luna.

8 Aguanta la piedra de luna a la altura de tu chakra corazón y pide al arcángel Gabriel que te fortalezca con esta energía mágica; a continuación, colócala sobre el chakra tercer ojo y pide la bendición al arcángel Gabriel.

9 Llévala puesta, llévala contigo o duerme con la piedra de luna cada día para potenciar tu desarrollo espiritual.

Liberar el pasado

Para encontrar la paz interna tenemos que liberar el pasado. Si estamos mirando hacia el pasado constantemente y solamente recordamos los momentos difíciles de nuestra vida, detenemos nuestro desarrollo espiritual y limitamos nuestra felicidad futura. Cualquier tipo de sentimiento de nostalgia, añoranza o remordimiento por haber perdido una oportunidad, y los sueños o ambiciones no realizados, limitan nuestra energía de vida.

Cuando estamos en un estado emocional negativo de pérdida permanente, a veces idealizamos el pasado, debilitando nuestra conexión con nuestra situación actual. Si estás en un momento difícil de tu vida debido a una gran pérdida personal o has sufrido un gran trauma emocional, el siguiente ritual e invocación a los cuatro grandes arcángeles te permitirá alzarte, una vez más, en el centro del círculo de tu ser.

Este círculo de cristal es un símbolo de la Tierra, donde todos los seres vivos son iguales y sagrados.

CÍRCULO SAGRADO ANGÉLICO

En la inmensa mayoría de las tradiciones, el círculo es una figura sagrada que representa el viaje de la vida. El círculo de poder es muy parecido a la «rueda medicinal» de las tradiciones nativas norteamericanas.

QUÉ HACER

1 Crea un círculo de velas o cristales, o simplemente define el círculo con tu imaginación: visualízalo como un círculo de fuego.

2 Siéntate en el centro de tu círculo mirando al este.

3 Invoca a cada uno de los cuatro grandes arcángeles por turno, en silencio o en voz alta, y espera hasta sentir que cada uno de ellos está anclado antes de invocar al siguiente.

4 Vocaliza las palabras siguientes: «Ante mí Rafael, ángel del este» (visualiza una luz verde con aura dorada); «Detrás de mí Gabriel, ángel del oeste» (visualiza una luz naranja con aura blanca); «A mi derecha Miguel, ángel del sur» (visualiza una luz amarilla con un aura azul índigo); «A mi izquierda Uriel, ángel del norte» (visualiza una luz roja con un aura violeta).

5 Ahora enfócate en tu chakra corazón y contempla allí la estrella de David, formada por dos triángulos entrelazados (el símbolo del chakra corazón y del equilibrio).

6 Invoca mentalmente a los cuatro arcángeles, pidiéndoles que te ayuden a liberar el pasado; esto te permitirá construir una vida positiva, tanto en el presente como en el futuro. Da gracias y permite que las energías se disuelvan.

Transformación

La energía sanadora del arcángel Zadkiel y sus ángeles de alegría nos ayudan a transformar los antiguos recuerdos dolorosos, limitaciones, bloqueos energéticos, rasgos de personalidad negativos y adicciones. Decide de qué te quieres liberar y, a continuación, invoca al arcángel Zadkiel y pídele que te envíe su llama violeta de transformación. La llama violeta es energía espiritual de alta frecuencia (la luz violeta es la de frecuencia más alta, y simboliza el punto de transición entre lo visible y lo invisible). Transforma las energías inferiores en energía positiva y afirma la vida. El violeta siempre ha representado la alquimia divina y la transmutación de

Pide al arcángel Zadkiel que te envíe su Llama Violeta de Transformación mientras duermes.

la energía, desde el nivel físico denso al nivel divino inmanifestado.

El uso de la llama violeta. La llama violeta se emplea de muchas maneras en la sanación angélica, no sólo sobre nosotros mismos, sino también sobre nuestros clientes. Sus tonos van del plateado lila pálido al amatista profundo. Úsala para limpiar y purgar todas las áreas de la mente, el cuerpo y las emociones, y para purificar todos los chakras y el aura. Amplía otras energías sanadoras y espirituales, y transforma cualquier energía negativa que haya sido liberada durante una sesión de sanación.

Úsala para limpiar, calmar y liberar la mente antes de la meditación o para remediar el insomnio y las pesadillas.

TÉCNICA DE AUTOCURACIÓN

QUÉ HACER

1 Siéntate cómodamente donde no vayas a ser molestado.
2 Respira con tranquilidad y naturalidad, permitiéndote liberar cualquier tensión de tu cuerpo físico.
3 Solicita mentalmente al arcángel Zadkiel que te envíe su llama violeta de transformación.
4 Contémplate, o siente todo tu ser, rodeado o envuelto por la llama violeta transformadora. A medida que la llama violeta se vaya reduciendo y finalmente se disuelva, acaba la sesión.

SANAR A OTROS

En cualquier momento de una sesión de sanación, invoca mentalmente al arcángel Zadkiel y pídele que limpie y purifique cualquier área (estas áreas pueden ser del cuerpo físico, emocional, mental o espiritual, así como cualquier chakra o nivel áurico). Contempla esa zona rodeada por la llama violeta y deja que ésta se consuma completamente y transforme cualquier bloqueo o energía negativa.

Ángeles akáshicos: exploración de vidas pasadas

Acceder a los registros akáshicos es un modo de fortalecer el espíritu humano y conectarte con tu yo superior. Te ayuda a explorar tus vidas pasadas, dharma, propósito en la vida y vidas paralelas.

También te ayuda a recibir impresiones de tus vidas pasadas y futuras, así como de la evolución planetaria y de las profecías religiosas o de otro tipo. En su papel de YHVH (el tetragrámaton) menor, el arcángel Metatrón es el guardián de los registros akáshicos.

Akasha es una palabra sánscrita que significa sustancia primordial o primaria, o «célula de registro planetario». A estos registros también se les puede llamar el «libro de la vida», la «mente cósmica», la «biblioteca de la vida», la «biblioteca de luz», el «inconsciente colectivo», la «mente universal de dios/diosa» o los «registros del alma» (véanse páginas 56-57). Existen más allá del tiempo y del espacio, y contienen información sobre todo lo que ha sido, es y será.

Consultar con Metatrón. Nuestros ángeles guardianes tienen la capacidad de consultar con el arcángel Metatrón y los registros akáshicos en nuestro nombre. Como estos registros guardan el recuerdo más completo de la naturaleza de cada suceso acaecido sobre la Tierra, de las acciones de cada persona y de todos los universos paralelos (de acuerdo con las antiguas enseñanzas, hay billones de universos), el Akasha es cosmos, no caos.

La mayoría de los seres humanos acceden al Akasha a través de los mundos astrales y mentales (el «inconsciente colectivo» de Jung), pero cuando trabajamos con nuestro yo superior y nuestro ángel guardián tenemos acceso a todos los niveles, realidades y dimensiones que el Akasha penetra y tras-

ciende. Solamente con la guía de los seres de niveles superiores podemos descifrar los «códigos de luz» de los que está formado el Akasha.

Incluso con la ayuda de tu yo superior y del ángel guardián Metatrón, la mente humana a menudo percibirá los «códigos de luz» como símbolos o como una biblioteca en la que se guardan libros o pergaminos. Sin embargo, a medida que trascendemos la mente humana, los códigos de luz se descargan en el chakra corazón y en el ADN, donde son decodificados y almacenados como una forma superior de «energía inteligente» que produce evolución personal, claridad y guía. Dicha descarga también influye en el inconsciente colectivo del planeta y favorece la evolución planetaria.

El arcángel Metatrón es el guardián de los registros akáshicos, la mente universal de Dios. El acceso a estos registros puede ayudarte en tu camino espiritual y permitirte explorar vidas pasadas y paralelas.

CURACIÓN ANGÉLICA

Viaje a las vidas pasadas

Para viajar hacia las vidas pasadas nos vinculamos con nuestro yo superior y nuestro ángel guardián para que nos conceda acceso al arcángel Metatrón, que consultará los registros akáshicos en nuestro nombre. Como el Akasha es el cosmos natural, empezamos a entender la unidad de toda vida, la «ley de uno». El Akasha existe para que cada uno de nosotros pueda viajar sin juicios ni prejuicios por la realidad de la unidad.

Cuando la mayoría de la gente sintoniza con el Akasha, accede a vidas pasadas y sucesos cargados de energía emocional. Este conocimiento influirá enormemente en su vida actual.

Recuerda que el futuro no es fijo, y que cambiando nuestra conducta y nuestras pautas de pensamiento podemos influir en él. Traemos a la manifestación aquello en lo que nos enfocamos personal y planetariamente.

Permite que tu ángel guardián te rodee con amor y luz protectores cuando quieras tener acceso a Metatrón y los registros akáshicos.

CÓMO VIAJAR HACIA VIDAS PASADAS

QUÉ HACER

1 Colócate cómodamente y en un lugar donde no vayas a ser molestado.

2 Concéntrate en la respiración, relajando tu cuerpo y haciendo que la espiración sea más lenta y más larga que la inspiración.

3 Invoca a tu ángel guardián y siente la conexión con tu yo superior.

4 Permite que te rodeen las alas de tu ángel guardián y que te envuelvan con su amor, protección y apoyo.

5 Abandona toda actitud, tanto de juicio como de prejuicio, que puedas tener respecto a ti mismo y hacia los demás. Si te resulta difícil, pide a tu ángel guardián que te ayude a hacerlo.

6 Cuando sientas un espacio de claridad personal, pide a tu ángel guardián que te vincule con el arcángel Metatrón.

7 Cuando sientas esa conexión (como un pilar de luz que te rodea), pídele que te muestre una vida pasada que esté influyendo mucho en tu vida actual.

8 Permítete ver o percibir esa vida; recuerda que no debes consentir que tu propio juicio sobre ti mismo nuble tu conciencia, porque de otro modo bloquearás tus capacidades perceptuales y el acceso a la información.

9 Cuando tengas una percepción clara de la vida pasada, permítete volver a la realidad cotidiana; vuelve suavemente de ese estado de conciencia alterada.

10 Recuerda que has de ser paciente contigo mismo: se necesita práctica para conseguir resultados espectaculares.

11 Anota tus experiencias en tu diario angélico para futuras referencias y meditaciones.

Liberación de espíritus

Si tienes el aura dañada, estás abierto a que se te queden pegados espíritus (también conocidos como entidades negativas o parásitos). El daño puede estar causado por enfermedades, pautas de pensamiento negativas, polucionantes, adicciones, estrés, ataques psíquicos, alteraciones emocionales, malos hábitos respiratorios o falta de limpieza espiritual. Los agujeros, grietas y desgarros del aura también son muy comunes, mucho más de lo que la mayoría de la gente cree, y pueden dar lugar a múltiples pérdidas de energía que causen debilidad.

Si tienes el aura dañada, es posible que atraigas entidades que agoten tu fuerza de vida. En todas las religiones y en todos los libros sagrados del mundo se comenta este fenómeno de los espíritus desencarnados que se quedan pegados al cuerpo e influyen en la mente y en la conducta del anfitrión.

Entidades adosadas. Las entidades adosadas inusitadas pueden hacer que te comportes de maneras inusitadas. Los cambios pueden ser sutiles o drásticos, y a menudo involucran una nueva «adicción». Las adicciones y las pautas de pensamiento negativo pueden tomar vida propia y actuar como una especie de posesión.

Los síntomas característicos cuando se tienen entidades adosadas son: agotamiento inexplicado, pesadillas, ataques de ansiedad repentinos o depresión, oír voces dentro de tu cabeza, impulsos suicidas, cambios de humor o de personalidad, indecisión, confusión, falta de concentración, lagunas de memoria, conducta impulsiva y síntomas físicos no explicados o enfermedad. Ninguno de estos síntomas es un signo inequívoco de tener entidades adosadas, pero si tienes varios de ellos podría indicar que has dejado sitio a un huésped no invitado.

CURACIÓN ANGÉLICA

Una vez que el individuo ha atraído al espíritu desencarnado adosado, esa persona tiende a atraer más espíritus desencarnados. Estos espíritus no sólo tienen que ser retirados, también han de ser ayudados por los ángeles a dirigirse hacia la «luz». A menudo están confusos y descarriados, y al darse cuenta que son responsables de sus actos temen la ira de Dios y por eso evitan la luz.

Los espíritus adosados, los implantes de energía y otros bloqueos energéticos, así como

Pide ayuda al arcángel Miguel para liberar los apegos de espíritus, los pensamientos negativos de otras personas y otros bloqueos energéticos.

los lazos que arrastran tu energía hacia abajo y hacen descender tu conciencia, pueden ser liberados con la ayuda del arcángel Miguel y sus «legiones de luz». Entre estos ángeles se incluyen los que guían específicamente a las almas perdidas o desubicadas de vuelta a la «fuente» para recibir curación.

Cortar vínculos con la ayuda del arcángel Miguel

El arcángel Miguel y sus «legiones de luz» están especializados en cortar vínculos y ataduras, retirando las energías de implantes energéticos y liberando los espíritus adosados. Algunas entidades adosadas están diseñadas para controlarnos emocionalmente y otras sexualmente, físicamente, mentalmente o espiritualmente. El vampirismo energético es un fenómeno común, y estas entidades se alimentan de nuestra energía: todos conocemos a personas cuya compañía nos deja agotados. Normalmente, los vampiros se adosan al chakra plexo solar, pero pueden afectar a cualquier chakra. Algunos ganchos pueden fijarse originalmente en un chakra y después extenderse a varios más.

También podemos estar atados por nudos emocionales si nos aferramos a antiguas relaciones, sufrimientos pasados, traumas o abusos. Esto sofoca buena parte de nuestra ener-

Liberar las energías negativas y cortar vínculos nos aporta alegría y renovación.

gía, y tenemos que liberar dicha energía para seguir adelante. El equipaje emocional nos ralentiza y reduce nuestra frecuencia vibratoria (véanse páginas 18-19); va acumulándose a lo largo de los años, que causan tensión emocional no resuelta y bloqueos dentro de nuestro sistema que debilita nuestro campo energético. Cuando liberamos emociones o energías negativas, debemos reemplazarlas por energías sanadoras.

LA TÉCNICA DE CORTAR VÍNCULOS

Mientras practicas la técnica de cortar vínculos puedes visualizar la espada de protección y verdad del arcángel Miguel bien como una espada metálica de oro, o bien como una llama azul zafiro.

QUÉ HACER

1 Siéntate cómodamente y donde nadie te moleste.
2 Visualiza que crecen raíces desde las plantas de tus pies para enraizarte y fortalecerte.
3 Permite que tu respiración sea fácil y natural.
4 Invoca al arcángel Miguel y sus «legiones de luz»; alinéate con esta energía. Solicita al arcángel Miguel que corte todas las ataduras y vínculos, retirando la energía de implantes y liberándote de espíritus adosados.
5 Siente o percibe que el arcángel Miguel va pasando por cada uno de tus chakras y trabaja en tu aura.
6 Sé consciente del proceso, y percibe o siente las ataduras que están siendo cortadas, o las entidades desencarnadas que están siendo llevadas hacia la luz por el arcángel Miguel.
7 Para cerrar la sesión de sanación, pide al arcángel Miguel que te envuelva en su capa azul, que sanará delicadamente los agujeros o brechas dentro de tu aura y te protegerá mientras se completa el proceso sanador.

Fortaleza angélica

Cuando buscamos su ayuda, el arcángel Miguel y sus ángeles nos aportan fortaleza angélica; esto nos ayuda a liberarnos del miedo y otros estados emocionales negativos que nos impiden alcanzar y disfrutar de nuestro pleno potencial. Los estados emocionales negativos debilitan nuestro espíritu. Las excusas autolimitantes bloquean el contacto angélico e impiden la plena expresión de nuestro verdadero yo como un ser encarnado de amor y luz ilimitados.

Recibir el don de activación del rayo azul del arcángel Miguel (véanse páginas 112-113) aporta los atributos de coraje, persistencia, veracidad, firmeza, fuerza y la capacidad de asumir el control de la propia vida. El dominio del primer rayo de voluntad divina y poder nos libera de las sombras de la ilusión.

El fortalecimiento nos ayuda a liberar la negatividad que nos limita, permitiéndonos asumir el centro de nuestra vida.

ACTIVAR EL PRIMER RAYO

QUÉ HACER

1 Siéntate cómodamente y donde no vayas a ser molestado durante algún tiempo.

2 Respira relajadamente y con naturalidad, liberando las tensiones de tu cuerpo físico.

3 A continuación, invoca al arcángel Miguel y pídele su don de fortaleza, solicitando que active el primer rayo de voluntad y poder divinos dentro de ti.

4 Centra tu conciencia en tu corazón; sitúa tu conciencia allí y visualiza la llama de tu corazón crecer y fortalecerse. Es posible que sientas un cosquilleo o una sensación de expansión y calidez.

5 Permite que esta llama y tu conciencia asciendan en espiral por tu columna espiritual hacia tu chakra corona.

6 Toma conciencia de la columna de luz que te rodea. Este tubo de luz es tu protección. Al mirar hacia arriba eres consciente de que parece ascender interminablemente.

7 Deja que tu conciencia viaje en dirección ascendente, a través del tubo de luz, hasta llegar a la pirámide de luz donde habitan tu yo superior y tu familia del alma.

8 Aquí ves a tu familia del alma, ángeles y seres ascendidos sentados alrededor de una mesa de cristal. Toma tu sitio en la mesa. Comenta con ellos cómo puedes fortalecerte y hacer uso de tu derecho divino a ser miembro de la «legión de luz».

9 Deja que el proceso se despliegue de manera natural. Cuando se haya completado, vuelve con la conciencia al cuerpo físico y a tu estado habitual de vigilia.

Limpieza del karma

Las miasmas son improntas de energía sutil que se alojan en cualesquiera de los cuerpos sutiles y producen alteraciones emocionales y mentales o enfermedades físicas. Existen cuatro tipos básicos: kármicas, adquiridas, heredadas y planetarias.

Karma es una palabra sánscrita que hace alusión a la suma total de las acciones de la persona en esta vida y en las anteriores. El principio kármico permite que cada persona experimente toda la variedad de perspectivas existenciales. Es un concepto esencial en las religiones asiáticas y también encontramos principios similares en las religiones occidentales. Por ejemplo, el cristianismo enseña que debes «hacer a los demás lo que te gustaría que ellos te hicieran a ti».

Las miasmas kármicas son el residuo de acciones de vidas pasadas que se alojan en el cuerpo etérico y pueden producir enfermedades, alteraciones y sufrimientos en esta vida o

Las buenas acciones atraen buen karma; abriendo nuestro corazón deseamos ayudar a los demás.

en vidas futuras. Estas predisposiciones a menudo determinan nuestra actitud y conducta en esta vida. Las miasmas reducen nuestro estado de conciencia, atrayendo personas y situaciones negativas a nuestra vida.

Las miasmas adquiridas son enfermedades agudas o infecciosas, o contaminación petroquímica sufrida durante esta vida. Después de la fase aguda de una enfermedad, estos rasgos y características se asientan en los cuerpos sutiles y te predisponen a nuevas enfermedades.

Las miasmas forman parte de nuestra herencia. Estas improntas de energía sutil te han sido transmitidas de tus antepasados. Pueden ser genéticas o tener su origen en enfermedades infecciosas. Las miasmas planetarias se almacenan en la conciencia colectiva del planeta, en el nivel etérico. Pueden penetrar el cuerpo físico o los cuerpos sutiles.

TÉCNICA PARA LIMPIAR EL KARMA

La llama violeta (véase página 144) puede emplearse para limpiar todo tipo de miasmas y es eficaz para limpiar miasmas kármicas.

QUÉ HACER

1 Siéntate cómodamente y donde no te molesten.

2 Respira relajadamente y al ritmo natural; permítete liberar cualquier tensión del cuerpo físico.

3 Solicita mentalmente al arcángel Zadkiel y a sus ángeles que te envíen su llama violeta de transformación para limpiar o asear tus miasmas kármicas.

4 Ve o siente que todo tu ser está completamente rodeado y envuelto por la llama violeta. A medida que la llama violeta se reduce y acaba disolviéndose, acaba la sesión.

Guía

Los ángeles tienen muchas funciones, y una de las más importantes es dar sabios consejos. Las personas buscan el consejo de sus amigos, familiares o colegas, y hay personas formadas profesionalmente como consejeros y terapeutas que se pasan la vida ayudando a los demás a superar el trauma de las defunciones o las relaciones destructivas.

A veces necesitamos salir de la rigidez del marco mental tridimensional y orientarnos hacia fuentes de guía superiores: necesitamos ampliar la visión, explorar todo el terreno. Tu ángel guardián te vincula con el yo superior, donde todo se entiende perfectamente. A menudo estamos demasiado cerca del problema y escrutamos continuamente cada pequeño detalle hasta que nos agotamos.

Hay momentos en los que no estamos dispuestos a discutir nuestros problemas con consejeros o no queremos cargar a nuestros familiares y amigos con nuestras dificultades. Éste es el momento perfecto para buscar el consejo espiritual de nuestros ángeles guardianes.

CÓMO BUSCAR GUÍA

QUÉ HACER

1 Siéntate en una postura de meditación estable y relájate; asegúrate de no ser molestado.

2 Cierra los ojos y ejecuta algunas respiraciones profundas, haciendo que la espiración sea más lenta que la inspiración.

3 Enfócate en tu chakra corona y siente tu conexión con tu yo superior. Pide a tu yo superior que te envíe una esfera de luz que te rodee y proteja mientras practicas esta técnica. (La esfera puede ser de cualquier color, puesto que a menudo el yo superior te enviará el color que más necesitas para equilibrar y sanar tu vida.)

4 Invoca a tu ángel guardián y solicita guía espiritual.

5 Visualízate sentado frente a una silla vacía (que es para tu ángel guardián). Invita a tu ángel a sentarse en la silla. Serás consciente de que se empieza a formar delante de ti una luz brillante. Ve cómo crece la luz y toma la forma del ángel.

6 Siente la compasión que irradia desde tu ángel, ábrele tu corazón y cuéntale mentalmente tus problemas y preocupaciones.

7 Mantente abierto a cualquier intuición procedente de tu ángel; estate dispuesto a practicar lo que él te sugiera.

8 Cuando estés preparado, permítete volver a la realidad cotidiana.

Los ángeles dan sabios consejos si estamos preparados para escuchar, y nos permiten mirar el cuadro mayor.

CURACIÓN ANGÉLICA

Aceptación y desarrollo de los dones espirituales

Si ignoramos cualquier aspecto de nosotros mismos, nos sentimos fragmentados. Si no nutrimos nuestros cuerpos físicos, rápidamente perdemos la salud, y si ignoramos nuestras necesidades emocionales, invitamos al estrés en nuestras vidas. Si ignoramos continuamente nuestra espiritualidad y nos fijamos en las posesiones mundanas, desarrollamos la pobreza espiritual.

Recientemente se ha producido un resurgir del interés por la meditación, el yoga, el reiki y otras técnicas que reducen el estrés y favorecen la relajación. A través de estas técnicas, muchas personas han empezado a abrirse espiritualmente, han

Abrir y sanar el chakra corazón te permite aceptar y desarrollar tus dones espirituales.

empezado a examinar su estilo de vida y sus elecciones, y han aprendido a nutrir y aceptar todos los aspectos de sí mismos. Todos nosotros nacemos con un ángel guardián, pero también traemos asombrosos dones espirituales que nos pertenecen por derecho de nacimiento. Para aceptar y desarrollar los dones espirituales necesitas abrir y sanar tu chakra corazón, de modo que trabajes siempre desde un lugar de amor.

LA TÉCNICA DE LA ACEPTACIÓN

QUÉ HACER

1 Siéntate cómodamente en postura de meditación y relájate.

2 Cierra los ojos y enfócate suavemente en tu respiración. Deja que se haga un más lenta y profunda de lo normal.

3 Invoca al arcángel Chamuel para que te ayude, te proteja y supervise el proceso.

4 Tócate el chakra corazón, en el centro del pecho, y visualiza los doce pétalos del loto que forma el chakra corazón. Al visualizarlos, percibe si están dañados; incluso es posible que algunos de los pétalos estén cerrados.

5 Pide al arcángel Chamuel que te abra los pétalos y repare los que estén dañados. El color normal de los pétalos del loto del corazón es verde, pero a medida que evolucionamos espiritualmente cambian a una preciosa tonalidad rosada; observa cuántos de los pétalos de tu corazón son rosas actualmente.

6 Acaba la sesión de sanación y vuelve a la realidad cotidiana. Repite nuevamente esta meditación hasta que todos los pétalos de tu corazón sean rosas, tengas el chakra corazón abierto y te sientas muy feliz desarrollando tus dones espirituales.

Rescate del alma

A veces, sucesos profundamente traumáticos o enfermedades graves y prolongadas pueden hacer que nos sintamos turbados e incómodos con nosotros mismos. Es como si hubiéramos perdido parte de nosotros mismos y nos estuviéramos derrumbando. En ocasiones, estos sentimientos de pérdida del yo pueden deberse a una pérdida o fragmentación del alma. Algunas personas que sufren pérdidas del alma tienen lagunas en sus recuerdos, especialmente de la primera infancia, cuando el alma es más vulnerable al trauma y la desconexión. A veces damos parte de nosotros mismos a otros, especialmente en las relaciones románticas.

El camino de la recuperación a nivel del alma se denomina recuperación o rescate del alma. Podemos trabajar con los reinos angélicos para construir un puente de luz, reunir los fragmentos del alma y reintegrarlos en nosotros. Esto produce cambios dramáticos en nuestra salud física, emocional y mental.

El arcángel Haniel usa el rayo turquesa de la comunicación de corazón para recuperar el alma.

TÉCNICA PARA EL RESCATE DEL ALMA

El arcángel Haniel es el protector de tu alma y buscará también los fragmentos de tu alma.

QUÉ HACER

1 Siéntate cómodamente en una postura de meditación y relájate.

2 Cierra los ojos y enfócate delicadamente en la respiración. Deja que tu cuerpo se relaje.

3 Invoca al arcángel Haniel. Siéntete conectado y alinéate con esta energía (turquesa). Visualízate o siéntete completamente rodeado y protegido por su luz.

4 Cuando hayas establecido una intensa conexión, pídele que atraviese todas las dimensiones para buscar los fragmentos de tu alma.

5 Si tienes fragmentos del alma que están dispuestos a retornar a ti, los verás volver sobre un puente de luz. Frecuentemente el fragmento parecerá ser tú a la edad en que «perdiste» esa parte de ti.

6 Es posible que sientas la necesidad de mantener un diálogo con el fragmento del alma, especialmente si se muestra renuente a volver a ti. Si descubres que las emociones que rodean la pérdida son abrumadoras, o eres incapaz de expresarte con elocuencia, pide ayuda a Haniel. Él usa el rayo turquesa de la comunicación sincera, que puede hacerle muy persuasivo.

7 Cuando hayas integrado todos los fragmentos de tu alma que están dispuestos a retornar a ti o que tú estás dispuesto a integrar, vuelve a la realidad cotidiana.

ÁNGELES Y CRISTALES

Magia de los cristales: conexión con el mundo espiritual y el cielo

Los cristales y gemas han sido usados durante miles de años como adornos físicos y también para decorar, sanar, proteger y celebrar rituales mágicos y ceremonias religiosas. Son los especímenes más estables y organizados de la materia en el mundo natural y representan el estado de menor entropía (desorden) posible.

Todas las estructuras cristalinas están formadas por átomos ordenados tridimensionalmente y siguiendo una secuencia matemáticamente precisa. Esta estructura de cristalización confiere un alto nivel de estabilidad.

También da a los cristales sus colores únicos, dureza y propiedades físicas, geométricas y sutiles.

Las gemas y cristales tienen una asombrosa capacidad de absorber, almacenar, reflejar e irradiar luz en forma de campos inteligentes de energía estable que incrementan el flujo de fuerza vital en los cuerpos físico y sutil. Aplicando esta energía estable, o resonancia cristalina, de manera coherente y enfocada a los sistemas de energía disfuncional se les devuelve la estabilidad y el equilibrio.

La malaquita, usada para fabricar muchos objetos, era molida por los antiguos egipcios para preparar un polvo curativo.

Alineados con el cielo. Los cristales nacieron del útero de la madre Tierra, lo que les da su aura única de magia y misterio. Nunca pierden su color, brillo, belleza o valor, y en muchas de las antiguas civilizaciones esto los alineaba con el mundo de los espíritus y con el cielo. Según las pruebas de que disponemos, el empleo de cristales o gemas en joyería se remonta al menos a la era del Paleolítico. Los primeros relatos escritos de la sanación con cristales proceden, posiblemente, de los antiguos egipcios, quienes poseían recetas detalladas sobre el uso de gemas o cristales, como la malaquita, para sanar.

Aún tenemos los textos de los eruditos ayurvédicos y tántricos del subcontinente indio que conocían el asombroso potencial de las piedras preciosas. Se «prescribían» para proteger de las in-

fluencia planetarias negativas, y podían llevarse puestas como joyas o bien ingerirse oralmente como pastas u óxidos para influir en el aura, además de operar a través en los sistemas nervioso, linfático y por los *nadis* (canales energéticos por los que fluye el prana o energía vital).

Los cristales se mencionan muchas veces en la Biblia, y en los círculos metafísicos se cree que ciertos cristales están sintonizados de manera natural con el reino angélico. Dicho alineamiento se debe a su color, a su apariencia angélica o a su nombre, como angelita o celestita. También puede deberse a su alto nivel de resonancia, que sintoniza de manera natural a quien los lleva con los reinos espirituales más elevados.

Selección, cuidado y limpieza

Elegir qué cristal usar puede ser una tarea imponente, porque hay muchos entre los que elegir. Sin embargo, como todas las gemas y cristales están sintonizados con una resonancia particular y tienen sus propiedades particulares, es posible consultarlas en un libro y averiguar qué cristal es más apropiado para cada circunstancia.

Alternativamente, observa qué gemas o cristales te atraen; confía en tu intuición. Puedes confirmar tu elección intuitiva usando un péndulo, con la kinesiología (reacción de la fuerza muscular) o pasando la mano sobre el cristal para sentir una conexión energética sutil con él.

Si estableces una intensa conexión energética con un cristal, es posible que sientas una carga «eléctrica» o un cosquilleo en la piel, un pulso o tirón en tus dedos o manos, sensaciones de calor o frío, una oleada de calor que recorre tu cuerpo o la sensación de estar rodeado por la energía de un campo cristalino.

Si todavía no estás seguro de qué cristal elegir, opta por el cuarzo claro, el «maestro sanador», puesto que puedes programarlo para realizar prácticamente cualquier función que desees.

Cuidado. No permitas que otras personas toquen tus cristales personales o tus piezas de joyería en ningún momento, ya que esto las contaminaría con vibraciones extrañas que podrían no ser compatibles con tu campo energético.

Guarda tus cristales con cuidado, envolviéndolos por separado; si se guardan juntas piedras de diferentes durezas, las más duras rasgarán y dañarán a las más blandas, aunque todas ellas sean piedras lisas. Algunos cristales, como la celestita y la kunzita, pierden su color bajo la luz solar intensa.

Limpieza. Es importante purificar tus cristales antes y después de usarlos. Esto asegura la retirada de cualquier desarmonía residual y que tus cristales estén llenos de energía positiva. Elige un proceso de limpieza seguro para cada tipo de cristal particular.

Ahumar es una antigua y excelente forma de purificación, tanto para ti como para tu espacio de sanación o meditación. Permite que el humo envuelva el cristal para retirar las desarmonías residuales. Si estás dentro de casa, deja la ventana abierta para permitir que salga la energía estancada. El sonido también es muy eficaz para limpiar cristales, especialmente para purificar varios al mismo tiempo. Usa un cuenco de cristal, una campana, los pequeños címbalos tibetanos o un diapasón.

Es posible adquirir productos especializados para limpiar cristales. Estos limpiadores de cristales, angélicos o de aromaterapia, vienen en botellas con atomizadores y se usan para limpiar los cristales y el ambiente.

Fabricar una esencia de gemas. Las esencias de gemas sólo contienen agua sutilmente energizada. Usa un cristal de tu elección, agua destilada, brandy, cuencos de cristal claro, botellas grandes de color ámbar

Puedes usar agua del grifo para limpiar los cristales en una emergencia, aunque no es lo ideal.

y botellas pequeñas con gotero. Limpia tus cristales y esteriliza el equipo. Coloca los cristales dentro de un cuenco con agua destilada o, si se disuelven en agua, pon los cristales dentro de un cuenco vacío y colócalos dentro de otro cuenco mayor lleno de agua. Déjalo al sol durante dos-tres horas. Vierte este agua en la botella principal y añade el doble de alcohol. Usando un gotero, pon siete gotas dentro de una botella pequeña y llénala con dos tercios de agua destilada y un tercio de alcohol. Úsalo como esencia de gema. Etiqueta ambas botellas.

Dedicación del cristal

Después de haber elegido y limpiado el cristal, es conveniente dedicarlo para protegerlo de energías negativas. Para dedicar un cristal o gema, simplemente, sostenlo en la mano y enuncia claramente en tu mente: «Que sólo fluya energía positiva de alto nivel por esta herramienta curativa.»

Programación. Normalmente, sólo los cristales de cuarzos claro son modificables o «programables», puesto que los demás cristales contienen automáticamente su propia resonancia específica o signatura natural. Para programar tu cristal, simplemente sostenlo sobre el chakra tercer ojo y concéntrate en el propósito para el que deseas usarlo. Mantén una actitud positiva mientras dejas que el cristal se llene de esa energía. También podrías declarar la intención para la que lo programas en voz alta; por ejemplo, «Programo este cristal para curar» (o para el amor, la abundancia, la meditación, el recuerdo de sueños u otro propósito de tu elección). Cuando hayas programado un cristal contendrá tu intención hasta que tú u otra persona lo reprograme.

Energizar. Todos los cristales y gemas pueden ser energizados, lo que hace de ellos herramientas mucho más poderosas para la sanación o la meditación. Algunos cristales prefieren de manera natural ser energizados por la luz del sol, mientras que otros responden a la luz de la luna. La mayoría de los cristales aceptan ser energizados mediante el reiki. A algunos cristales les gusta ser energizados con sonido, tormentas, color o energía angélica. Incluso puedes poner el cristal dentro de una pirámide para energizarlo. También puedes realizar una simple ceremonia, pidiendo a los ángeles de luz, amor y protección que pongan su energía dentro del cristal.

Programa un cristal para bloquear la energía negativa de tu ordenador y protegerte.

ÁNGELES Y CRISTALES

Cuarzo aura de ángel

- **Color:** *opalescente.*

- **Apariencia:** *cristales de cuarzo natural amalgamados científicamente con platino; produce destellos de pálidos colores iridiscentes.*

- **Rareza:** *fácil de conseguir.*

- **Origen:** *se manufactura recubriendo cristales de cuarzo naturales.*

- **Ángel:** *tu ángel guardián y los «ángeles cristales», un grupo de seres celestiales dedicados a guiar y ayudar a quienes trabajan con cristales en sus meditaciones y sesiones de terapia.*

Formación de cristal natural de cuarzo aura de ángel.

Atributos: el cuarzo aura de ángel también es conocido como ópalo o cuarzo aura de perla. Las sombras de los colores iridiscentes que juegan dentro del cristal sintonizan rápidamente los sentidos con los reinos angélicos de amor y luz. Purifican y elevan tu espíritu, que inunda tu campo energético de «dulces» y chisporreantes burbujas de protección arco iris. Este cristal transporta tu conciencia al «templo interno» del yo superior, donde está almacenado el conocimiento de tu ángel guardián.

Psicológicamente: te sintoniza con la belleza. Te abre a las energías de los espíritus naturales y hadas. Aporta luz y espontaneidad a todas tus actividades. Despierta la conciencia espiritual.

Mentalmente: se emplea para contrarrestar la tensión mental, la confusión, la apatía, la inflexibilidad, la rigidez, el asombro y la intolerancia.

Emocionalmente: libera de las inhibiciones. Cura el estrés y sus enfermedades relacionadas. Aporta soluciones pacíficas a los problemas emocionales y a la discordia.

Físicamente: se emplea para purificar el cuerpo físico y para potenciar el proceso de desintoxicación emprendido cuando la gente empieza a sintonizarse con las frecuencias superiores.

Curación: puede ayudar a curar todas las dolencias, especialmente las dolencias crónicas o degradadas que no han respondido a otros tratamientos de medicina alternativa u ortodoxa. Incrementa el vigor físico y detiene la sensación de sentirse «quemado» o agotado.

Posición: póntelo para proteger y fortalecer el aura, y para convertirte en un faro de amor y luz angélica. Póntelo en cualquier chakra, tal como te indique tu intuición. Es especialmente poderoso cuando se pone sobre el chakra corona y los chakras trascendentales. Con él se hace una esencia de gemas excelente. Se energiza con las energías de la luna llena. Guárdalo en un pañuelo de seda blanca.

Nota adicional: puede engarzarse en oro, plata o platino. Combina bien con la amatista, la morganita, la fenacita, la aguamarina y la danburita.

Serafinita

- **Color:** *verde oliva con rayas blancas.*

- **Apariencia:** *las rayas blancas a menudo parecen plumas plateadas.*

- **Rareza:** *fácil de conseguir.*

- **Origen:** *todo el mundo; los especímenes de más calidad son los procedentes de Siberia (Rusia).*

- **Ángeles:** *los serafines.*

Una banda de serafinita pulida.

Atributos: Serafinita es el nombre Nueva Era del clinocloro. Los orígenes del nombre de este mineral hay que buscarlos en los términos griegos *klino* («oblicuo») y *chloros* («verde»). El nombre de serafinita le viene de las bandas blancas que frecuentemente parecen plateadas plumas angélicas, alas de ángel o seres angélicos. Como es fácil de cortar y pulir, a menudo se le da forma de esferas, óvalos, varitas de sanar y pendientes. La serafinita es una de las principales piedras de sanación de nuestra época actual. Activa el contacto angélico con los reinos más elevados de la sanación. También es una purificadora dinámica de los dos conductos principales —el femenino Ida y el masculino Pingala—, a través de los cuales asciende la energía por la columna, y nos aporta equilibrio yin-yang y estabilidad al chakra corazón, lo que permite alinearse con el chakra corona y abrirlo.

Psicológicamente: fomenta la discriminación en asuntos del corazón. Ayuda a sentir alegría de vivir y a tener éxito sin luchar, armonizando los deseos del corazón y produciendo un alineamiento perfecto con los verdaderos deseos del alma.

Mentalmente: retira las formas pensamiento que se han quedado impresas en el cuerpo mental y es excelente para ayudar a las personas que se sienten desconectadas o desorientadas.

Emocionalmente: ayuda a disipar las emociones negativas. Es especialmente útil durante los periodos tormentosos de una relación, puesto que ayuda a entender qué emociones son tuyas y cuáles están siendo proyectadas sobre ti.

Físicamente: produce curación a todos los niveles corporales, purificando la sangre. Relaja los hombros y la parte superior del pecho, incrementando, además, el oxigeno de la sangre porque potencia la función pulmonar.

Curación: actúa como catalizador para sanar todas las enfermedades duraderas que degradan el organismo físico.

Posición: póntela sobre el chakra corazón o llévala puesta en pendientes durante periodos prolongados. Con ella se hace una excelente esencia de gemas.

Celestita

- **Colores:** *azul cielo, blanco o bicolor; puede tener tintes de rojo o amarillo.*

- **Apariencia:** *hojas tabulares, geoda o forma de pirámide.*

- **Rareza:** *mineral común de estroncio del grupo de la barita (óxido de bario).*

- **Origen:** *Estados Unidos, Madagascar, Sicilia, Alemania.*

- **Ángeles:** *guardianes celestiales.*

Una geoda de celestita.

Atributos: el nombre de celestita, o celestina, se deriva de la palabra latina *cealestis*, que hace referencia a su celestial color azul pálido. Se usa para sintonizarse con el reino angélico. Produce paz interior, tranquilidad, calma y conexión con los reinos superiores de la luz celestial. Es un profesor «magistral» para la Nueva Era, que trae expansión espiritual y armonía del alma. La celestita establece un fuerte vínculo con los guardianes celestiales, grandes seres de luz que guían el cosmos.

Psicológicamente: quienes trabajan con la altísima vibración de la celestita son agraciados con una disposición de ánimo armoniosa, alegre y solar. Se puede ver claramente que están conectados con el reino angélico. Esto les aporta una fluida conexión y comunicación cotidiana con los ángeles.

Mentalmente: anula los deseos del ego y crea nuevas rutas mentales, especialmente cuando la creatividad ha quedado bloqueada. La celestita hace que quienes la llevan puesta o trabajan con ella sean una compañía encantadora, divertida y maravillosa. Potencia la capacidad de comunicación y aporta visiones de una humanidad en armonía: paz mundial.

Emocionalmente: la celestita tiene un extraño poder sobre las emociones; calma y alivia tanto que es casi soporífera. Ayuda a las personas que sufren conflictos internos debido a que absorben las tensiones y discordias emocionales de otros. Estas «esponjas» humanas a menudo se vuelven alérgicas a la gente, lo que les hace alejarse de los demás, les aísla y les hace retirarse a sus mundos de fantasía.

Físicamente: reduce la tensión sanguínea. Alivia los problemas de estómago. Alivia todas las dolencias relacionadas con el sistema nervioso.

Curación: disuelve el dolor, elimina las toxinas y alivia las dolencias relacionadas con el fuego.

Posición: póntela sobre los chakras garganta, tercer ojo o corona, o llévala puesta como pendientes. Con ella se hace una excelente esencia de gemas (usa el método indirecto, véase página 283). Nunca la dejes expuesta a la luz solar durante largos periodos de tiempo porque perderá color rápidamente y se volverá clara.

Angelita

- **Color:** *violeta, de pálido a azul cielo.*

- **Apariencia:** *opaca, con venas y alas blancas.*

- **Rareza:** *común en forma de anhidrita.*

- **Origen:** *Alemania, México, Perú y Nuevo México.*

- **Ángeles:** *reinos celestiales.*

Angelita con faceta pulida.

Atributos: el nombre de angelita, o anhidrita, es de origen griego y significa «sin agua». Este mineral se forma a partir de celestita comprimida a la que se la ha extraído el agua a lo largo de miles de años. Es la primera piedra acuariana Nueva Era que adquirió notoriedad durante la «Convergencia armónica» de 1986, en Perú, cuando los «guardianes de los días» se reunieron para dar la bienvenida a la «nueva era dorada». La angelita se usa para conectar conscientemente con los reinos angélicos, sintonizándose con la vibración celestial de esta pálida piedra azul cielo. La angelita aporta paz interior, tranquilidad, calma y enfoque de los reinos más elevados de la luz celestial.

Psicológicamente: combate el miedo a decir la verdad. Potencia la bondad y da conciencia social y profundidad emocional. No es un cristal frívolo, y puede ser muy aterrizado y sólido. Infunde sabiduría y contrarrestra la crueldad y la brutalidad.

Mentalmente: enseña aceptación del yo y por eso ayuda a aportar una aceptación de calma de los rasgos de personalidad que han causado angustia mental. Te asienta en el momento presente, permitiéndote liberar aquello que ya no sirve al bien mayor.

Emocionalmente: potencia las habilidades telepáticas que te ayudan a interactuar con los demás a un nivel emocional superior.

Físicamente: reduce la presión sanguínea, alivia las quemaduras del sol y equilibra la hiperactividad de la tiroides. Equilibra las funciones fluidas del cuerpo y libera los excesos de peso corporal. Alivia la hinchazón y los problemas pulmonares.

Curación: un masaje con angelita aplicado a los pies y a las piernas abre los meridianos y limpia rápidamente cualquier bloqueo energético.

Posición: póntela sobre los chacras garganta, tercer ojo o corona, o llévala puesta como pendientes. Con ella se hace una excelente esencia de gemas (usa el método indirecto, véase página 283). Potencia los sonidos sanadores y los ejercicios de canto destinados a equilibrar los chakras.

Azeztulita

- **Color:** *incolora o blanca.*
- **Apariencia:** *opaca o clara.*
- **Rareza:** *rara.*
- **Origen:** *Carolina del Norte, Vermont.*
- **Ángeles:** *ángeles de Azez.*

Azeztulita en estado natural.

Atributos: la azeztulita es un tipo de cuarzo, pero sus energías son mucho más potentes que las del cuarzo ordinario. Este cuarzo reestructurado contiene una asombrosa energía luminosa, de la que se dice que ha sido activada por entidades angélicas conocidas como los Azez. Este grupo de seres angélicos interdimensionales se alinean con el «gran sol central» y han «anclado» su presencia en muchos de los grandes vórtices de energía del plano etérico de la Tierra, incluyendo los Andes, los Himalayas y otros sistemas montañosos. Los Azez son portadores y servidores de una signatura energética conocida como «luz sin nombre». La azeztulita es el recipiente y el conducto para los Azez. Es una piedra poderosa que produce cambios de conciencia, así como viajes interdimensionales conscientes. Quienes la llevan puesta, la llevan consigo o meditan con ella, quedan imbuidos por esta energía y se convierten en parte integral de la red denominada «luz sin nombre», que producirá la elevación de la conciencia de toda la humanidad.

Psicológicamente: nos despierta a estados alterados de realidad y eleva la conciencia. Activa los puntos de ascensión: nos permite abrirnos a los otros reinos y a multitud de realidades que habitan el mismo espacio energético. Los puntos de ascensión están en la base de la columna espiritual, en el hara (punto de enfoque energético) y en el centro del cerebro (glándula pineal).

Mentalmente: produce un salto cuántico en los procesos mentales, de modo que sólo deberías usarla cuando hayas completado una cuidadosa limpieza del cuerpo mental. Dicha limpieza debe incluir la desprogramación de la basura mental y los implantes energéticos, así como de las miasmas ancestrales y de vidas pasadas.

Emocionalmente: disuelve viejos patrones de emoción negativa cuando sientes que ha llegado el momento de tu ascensión hacia la conciencia cósmica y la iluminación.

Físicamente: puede usarse para llevar luz y energía sanadora a cada célula del cuerpo. Puede mejorar todas las dolencias crónicas del cuerpo físico, especialmente cuando se usa como canal consciente para la curación.

Curación: puede emplearse para cualquier dolencia física que requiera una reestructuración del cuerpo.

Posición: todos los chakras.

Moldavita

- **Color:** *verde botella.*

- **Apariencia:** *transparente, lisa, cicatrizada, agujereada o con formas tipo helecho.*

- **Rareza:** *rara.*

- **Origen:** *República Checa.*

- **Ángeles:** *ángeles de transformación.*

Moldavita natural.

Atributos: la moldavita es una tectita formada por el impacto de un meteorito en la meseta de Bohemia (República Checa). Este impacto se produjo hace unos 15 millones de años, de modo que la moldavita viene de un solo lugar en el mundo. Su composición química es única, y existen varias teorías respecto a su formación. Durante el impacto de un meteorito se producen muchos sucesos extraños, debidos al tremendo calor y presión generados. Las tectitas podrían ser vidrio fundido formado durante el impacto de meteoritos sobre la superficie terrestre. Los arqueólogos han descubierto piezas y pedazos de tectita en cuevas que fueron habitadas hace aproximadamente veinticinco mil años.

Psicológicamente: la moldavita es el «Santo Grial», la «esmeralda de la iluminación» caída del cielo de la transformación espiritual; produce cambios de conciencia profundos y duraderos.

Mentalmente: metafísicamente, dentro de nosotros tenemos un «cuerpo de luz» (véase página 128) que contiene información codificada... una especie de archivos. Cuando sostenemos la moldavita, estos datos se dan a conocer y produce reestructuraciones o reprogramaciones mentales.

Emocionalmente: la moldavita tiene una energía muy «caliente» y «rápida», que saca a la superficie la basura emocional a través de lágrimas u otros estallidos de energía. Despierta emocionalmente a los «hijos de las estrellas» (seres de otros sistemas planetarios que han encarnado en este planeta para ayudar a su evolución espiritual), que anhelan la seguridad de su hogar cósmico.

Físicamente: ayuda a curar todas las enfermedades físicas.

Curación: la moldavita es una herramienta de diagnóstico. La aversión a la moldavita o al color verde indica incomodidad con las emociones. Muestra un profundo miedo a abrir nuestros corazones al amor incondicional. Expone esos miedos ocultos que nos causan enfermedades físicas y psicológicas; cuando reconocemos y dejamos ir nuestros miedos con amor incondicional, puede empezar a producirse la verdadera sanación.

Posición: chakras corazón o tercer ojo.

Kunzita e hiddenita

- **Colores:** *rosa pálido, lila (kunzita); verde pálido (hiddenita).*

- **Apariencia:** *transparente o translúcida con estrías.*

- **Rareza:** *fácil de conseguir.*

- **Origen:** *Estados Unidos, Brasil, Madagascar.*

- **Ángel:** *Shekinah.*

Kunzita en su estado natural.

Hidenita alisada.

Atributos: los tonos de la kunzita van del rosa pálido al rayo lila de amor espiritual, que es siempre incondicional y supera el amor egoísta del yo. La hiddenita es portadora del rayo verde pálido de la tierna curación del corazón. No es el poderoso rayo verde esmeralda, sino más bien el rayo de los frágiles nuevos comienzos. Es suave y delicado, como un susurro que contiene la promesa de que todo estará bien. Tanto la kunzita como su hermana, la hiddenita, despliegan las cualidades de la Shekinah, la reina del cielo (véase página 77), también llamada ángel de salvación. La Shekinah es el lado femenino del arcángel Metatrón, o la manifestación femenina de Dios en el hombre, la divinidad que mora internamente. También se le llama la «esposa del Señor». En el sentido del Nuevo Testamento, la Shekina es la gloria que emana de Dios.

Psicológicamente: la combinación de hiddenita y kunzita nos permite ponernos en contacto con la parte de nosotros que siempre ha estado en contacto con lo divino. Activa el espíritu de Dios que habita en nosotros, alejándonos de las sombras de la ilusión y llevándonos hacia la totalidad y la unidad.

Mentalmente: combinar la hiddenita y la kunzita nos permite sentirnos seguros, lo que nos ayuda a descubrir quiénes somos y por qué estamos aquí. Alivia la depresión y todos los desórdenes maníacos.

Emocionalmente: combinar la hiddenita y la kunzita permite la sanación de las emociones del corazón. Juntas, sustentan los nuevos comienzos y facilitan la sanación. Nos recuerdan que nos aportan oportunidades de liberar bloqueos internos.

Físicamente: sana el sistema nervioso. Detiene los ataques de pánico.

Curación: produce la verdadera curación, a todos los niveles, de nuestro ser; nos permite «ser nosotros mismos», independientemente de todas las influencias externas y de las limitaciones físicas. La divinidad que habita en nosotros, la Shekinah, sólo está esperando nuestra llamada; ella espera pacientemente porque sabe con seguridad que un día despertaremos de nuestro estado de trance y buscaremos la dicha.

Posición: chakra corazón.

Ópalo

- **Color:** *los ópalos preciosos tienen toques de color. Los ópalos comunes pueden tener cualquier color, pero no tienen opalescencia.*

- **Apariencia:** *opaca con toques de color.*

- **Rareza:** *fáciles de encontrar pero caros.*

- **Origen:** *en todo el mundo; los mejores especímenes son los australianos.*

- **Ángel:** *Pistas Sophia (ángel de fe y sabiduría).*

Ópalo fuego.

Ópalo rosa alisado.

Atributos: el ópalo no es estrictamente un cristal, puesto que no tiene estructura cristalina (disposición regular de los átomos). Existen dos tipos de ópalo: el común y el precioso. El ópalo común no tiene toques de color, pero puede ser transparente y tener cualquier color sólido, desde blanco hasta negro. El ópalo precioso, que tiene toques de color (preferiblemente arco iris), es la piedra que resuena con el ángel Pistas Sophia. Según la tradición gnóstica, ella es la madre de los dioses. Los ángeles superiores son los ángeles de los rayos, que se alzan ante el trono de Dios. En India se cree que el ópalo es la diosa del arco iris, convertida en piedra cuando huía de los avances románticos de otros dioses.

Psicológicamente: el ópalo puede intensificar los estados emocionales. Los misteriosos ópalos contienen las maravillas del cielo: arco iris relucientes, fuegos artificiales y relámpagos. Inspiran y han sido usados por artistas para obtener vislumbres de lo divino. El ópalo precioso es muy motivador, y ayuda mucho a la visualización, especialmente si la estás usando como herramienta de sanación. El ópalo precioso también activa nuestro chakra alma estrella, el primero de los chakras trascendentales que tenemos por encima de la cabeza.

Mentalmente: los ópalos te mostrarán exactamente qué estados mentales pasados han causado tu actual desequilibrio emocional. Ponen luz en tu oscuridad y alinean mediante el movimiento.

Emocionalmente: el ópalo abre puertas a la maravilla de la sanación; muestra cómo hacer que ocurran milagros en tu vida. Limpia y sana antiguas heridas emocionales.

Físicamente: sana los desequilibrios hormonales. Fortalece, alivia el agotamiento físico y la sensación de estar «quemado», emocional o mentalmente.

Curación: fortalece la voluntad, renueva las ganas de vivir, disipa fiebres, mejora la vista física y espiritual, y fomenta la intuición.

Posición: póntelo sobre el chakra corazón o allí donde te indique tu intuición. Con el ópalo también se hace una excelente esencia de gemas (véase «Fabricar una esencia de gemas», página 283).

Cuarzo verde serifos

- **Color:** *de pálido a verde oscuro.*

- **Apariencia:** *puntas de cuarzo entre transparentes y opacas, largas y finas.*

- **Rareza:** *raro; se encuentra en tiendas especializadas.*

- **Origen:** *isla griega de Serifos.*

- **Ángel:** *arcángel Seraphiel.*

Cuarzo verde serifos natural.

Atributos: el nombre del cuarzo serifos procede de la hermosa isla griega, que toma su nombre de la orden angélica más elevada. Estos delicados cristales, de verde pálido a verde oscuro, aportan armonía, equilibrio y estabilidad emocional. Son cristales «paraíso» y sintonizan rápidamente los sentidos al potencial sanador de los reinos angélicos. Se emplean para abrir, limpiar y activar el chakra corazón, lo que permite experimentar amor y compasión por uno mismo y por los demás. El cuarzo verde serifos es aliviante y reconforta las emociones, ayudando a sanar el corazón dolorido. Estos cristales también son una excelente ayuda para las personas que no se sienten cómodas en su cuerpo físico, puesto que éstos te ponen en un estado en el que eres constantemente consciente de los reinos angélicos superiores.

Psicológicamente: excelente para limpiar miasmas a todos los niveles. Sintoniza rápidamente los sentidos al potencial sanador de los reinos angélicos.

Mentalmente: limpia las improntas mentales que pueden causar enfermedades físicas.

Emocionalmente: sana los desequilibrios emocionales sintonizando los sentidos con la naturaleza, lo que produce alegría. Especialmente bueno para limpiar las emociones de pena, abandono y traición.

Físicamente: sana ayudando a quienes se sienten incómodos en el cuerpo físico a ajustarse a la vibración terrenal. Ayuda a abrazar la vida y a disfrutar de estar encarnado en un cuerpo físico.

Curación: fortalece la voluntad de vivir. Mejora las dolencias del corazón y del pulmón. Fortalece el sistema inmunitario y fomenta la regeneración celular.

Posición: póntelo sobre el chakra corazón.

Diamante

- **Colores:** *claro, amarillo, marrón, rosa, azul, verde, malva y negro.*

- **Apariencia:** *clara cuando está facetado; comúnmente es un cristal octaédrico.*

- **Rareza:** *común pero caro, incluso en estado natural.*

- **Origen:** *África, Brasil, Australia, India, Rusia, Estados Unidos.*

- **Ángel:** *arcángel Metatrón.*

Diamantes en crudo.

Diamante facetado.

Atributos: el nombre viene de la palabra griega *adamas*, que significa «invencible», y hace alusión a la dureza y durabilidad del diamante. Tiene fama de dotar a quien lo lleva de pureza, amor y alegría, y tradicionalmente ha sido el emblema de la valentía. Las palabras italianas *amante de Dio* significan «amante de Dios». El diamante es la más dura de las sustancias naturales, y en otros tiempos se usaba para contrarrestar venenos. Su energía y brillo, sin duda, protegerán tus campos energéticos internos de las energías venenosas de otros.

Psicológicamente: sintoniza rápidamente los sentidos con los reinos celestiales disipando la oscuridad del aura. Amplifica la luz del alma, lo que permite que nuestra luz brille con fuerza en el mundo. El diamante ayuda a triunfar en todos los cometidos, incrementando el brillo del aura y haciéndote más atractivo, de modo que fluyan hacia ti más oportunidades.

Mentalmente: aclara los procesos mentales e incrementa la capacidad de pensar positivamente. El diamante también potencia la fuerza de tus pensamientos y oraciones.

Emocionalmente: espejo emocional; el diamante se nubla cuando te enfadas. Muestra tu verdadera salud emocional y te ayuda a trabajar las emociones, refinando tu frecuencia vibratoria.

Físicamente: es un «curalotodo» que mejora todas las dolencias físicas. Limpia las alergias y todas las enfermedades crónicas relacionadas con disfunciones del sistema inmunitario.

Curación: fortalece el cuerpo.

Posición: póntelo o llévalo donde tu intuición te indique. Los diamantes pueden engarzarse en oro blanco o bien en oro amarillo. Combinan bien con las demás gemas: rubíes, esmeraldas y zafiros azules.

Tanzanita

- **Colores:** *de azul a lavanda, con luces violetas más profundas dentro.*

- **Apariencia:** *clara.*

- **Rareza:** *raro; se espera que se agoten sus minas en los próximos diez años.*

- **Origen:** *colinas de Merelani (Tanzania).*

- **Ángel:** *arcángel Tzaphkiel.*

Tanzanita pulida.

Atributos: la tanzanita es tricroica; es decir, revela distintos colores cuando se la mira desde distintas direcciones. Una dirección muestra el color azul, otra el lavanda y otra el bronceado. Este cambio de colores facilita los estados alterados de realidad, permitiendo grandes cambios de conciencia. Como la tanzanita eleva la vibración del usuario, expande su *mandala* personal, permitiendo «descargas» de información de los registros akáshicos. La tanzanita se usa para realizar viajes internos y externos. La elevación de tu frecuencia vibratoria hará que se aligere el velo entre los distintos planos de conciencia, permitiéndote comunicar con claridad con los ángeles, los maestros ascendidos, los guías espirituales y otros seres iluminados de dimensiones que normalmente no están al alcance de nuestra conciencia de vigilia.

Psicológicamente: otorga bendiciones e incrementa la comprensión, impartiendo sabiduría que incrementa el desarrollo espiritual.

Mentalmente: la tanzanita aparta todo lo que es superfluo para el desarrollo espiritual. Incrementa la intuición, el misticismo y el discernimiento, y ayuda a desarrollar plenamente el lado femenino intuitivo de tu naturaleza. Esto, a su vez, favorece que tu corazón se abra completamente y que la pureza de tu alma se manifieste sobre la Tierra para la liberación y la salvación de todos.

Emocionalmente: la energía curativa de la Tanzanita te lleva más allá de los confines del plano terrenal hacia el espacio donde aprendes a dejar atrás el pasado para encontrar la paz interna.

Físicamente: invierte el proceso de envejecimiento.

Curación: fortalece y renueva.

Posición: Póntela sobre el chakra tercer ojo.

Cuarzo rutilado

- **Color:** *de claro a ahumado, con agujas de oro rojizas o marrones.*

- **Apariencia:** *cuarzo con hilos de rutilo.*

- **Rareza:** *común, especialmente como piedra pulida.*

- **Origen:** *todo el mundo.*

- **Ángel:** *arcángel Melquisedec.*

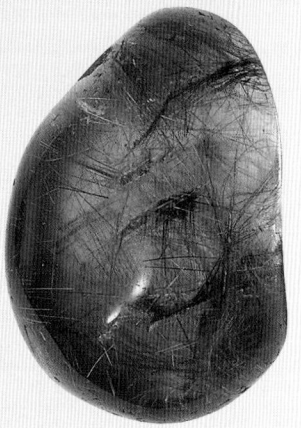

Cuarzo rutilado pulido.

Atributos: el cuarzo rutilado también es conocido como cuarzo cabello de ángel debido a la inclusión de finas agujas doradas de rutilo. Este cristal ha sido usado como talismán desde tiempo inmemorial, y se le conoce como el «iluminador del alma». Limpia el camino para realizar la acción adecuada, exponiendo los fallos y negatividades. Fomentando la fuerza de vida, restaura la vivacidad y la vitalidad. Rompe las barreras, los miedos y las fobias que han contenido el progreso espiritual. Usa el cuarzo rutilado para producir cambios y encontrar rejuvenecimiento y nuevas direcciones. Limpia el aura, llenándola de luz espiritual.

Psicológicamente: equilibrio perfecto de luz cósmica que favorece el crecimiento espiritual y la integración de la energía.

Mentalmente: aclara el camino para exponer los estados emocionales negativos que han quedado profundamente enraizados en las rutas neuronales.

Emocionalmente: ofrece la energía necesaria para romper las barreras que han impedido el crecimiento emocional.

Físicamente: sustenta la vida y la fuerza vital. Se usa para recuperar la vivacidad y la vitalidad que te conducirán a resonar con la salud perfecta.

Curación: limpia y modifica cualquier dolencia, incluyendo alergias, enfermedades del pulmón, problemas crónicos y entidades negativas.

Posición: póntelo sobre cualquier chakra. Tiene una afinidad especial con el chkra plexo solar.

Iolita

- **Colores:** *índigo, azul o amarillo miel.*

- **Apariencia:** *pequeña; clara o translúcida.*

- **Rareza:** *fácil de encontrar en comercios especializados.*

- **Origen:** *Sri Lanka, Madagascar, Birmania e India.*

- **Ángel:** *arcángel Raziel.*

Iolita pulida.

Atributos: la iolita es una gema, variedad de la cordierita, también llamada zafiro de agua o piedra de estrella. El pleocroísmo (la capacidad de dar distintos colores en distintas direcciones) es muy pronunciado en la iolita, y pueden verse tres tonos de color en la misma piedra. La iolita es la piedra Nueva Era de la profecía y la visión. Produce una activación e integración psíquica completa, pero solamente si los cinco chakras inferiores están plenamente equilibrados; de otro modo se corre el riesgo de quedarse desorientado.

Psicológicamente: la iolita y los misterios secretos del arcángel Raziel no son para todos; llevan al sujeto al reino celestial, donde ciencia y misticismo son una misma cosa: el universo cuántico.

Mentalmente: estos encuentros con la iolita y el arcángel Raziel «hacen alucinar» y requieren tiempo para integrarlos plenamente a todos los niveles de tu ser; de otro modo, tal vez te sientas completamente desequilibrado.

Emocionalmente: deja atrás la discordia y la codependencia. Te ayuda a superar tus adicciones.

Físicamente: alivia la bronquitis, el asma y otras enfermedades crónicas del pulmón. Reduce la presión sanguínea. Alivia los problemas de espalda, la ciática, el lumbago y otras dolencias espinales y neurológicas. Transmuta y purifica la negatividad.

Curación: mejora el funcionamiento cerebral. Reduce los dolores de cabeza y el insomnio.

Posición: ponla sobre los chakras garganta, tercer ojo o corona, o llévala puesta como pendientes o en un anillo. La iolita es más potente cuando se lleva puesta largos periodos de tiempo. Puede engarzarse en oro amarillo.

Amatista

- **Color:** *varios tonos de púrpura.*

- **Apariencia:** *geoda transparente y punta única o cúmulo.*

- **Rareza:** *fácil de conseguir.*

- **Origen:** *África, Alemania, Italia, Estados Unidos, México, Brasil, Canadá, Uruguay.*

- **Ángel:** *arcángel Zadkiel.*

Punta de amatista.

Atributos: la amatista es la variedad púrpura del cuarzo. El nombre de «amatista» viene de la palabra griega *amethustos*, que significa «no borracho». Esto podría deberse a la creencia de que la amatista neutraliza los efectos del alcohol, pero es más lógico que los griegos se refirieran al color del vino de algunas de estas piedras. Su hermoso color no tiene paralelo; aunque siempre tiene que ser púrpura para ser amatista, tiene una amplia variedad de tonos.

Psicológicamente: alta vibración usada para potenciar la meditación.

Mentalmente: calma y enfoca una mente hiperactiva. Profundiza la comprensión de los asuntos subyacentes.

Emocionalmente: aliviante; usada para relajar el estrés y el agotamiento emocional. También libera de adicciones y rasgos adictivos de la personalidad.

Físicamente: la amatista tiene un amplio espectro de energías curativas, de modo que es una sanadora eficaz de la mayoría de las enfermedades. Neutraliza el dolor, por lo que puede ponerse sobre cualquier área dolorida. Alivia el dolor de cabeza y las migrañas; las personas que sufren dolores de cabeza frecuentes suelen tener unas cuantas amatistas en el frigorífico, listas para usarlas cuando se necesiten. Ponte la amatista fría sobre las sienes.

Curación: tiene un amplio rango de aplicaciones; por tanto, es un «maestro» sanador. Puede usarse para la curación a distancia.

Posición: ponla sobre los chakras tercer ojo o corona para equilibrarlos. Colócala sobre cualquier parte del cuerpo, o en el aura, según te dicte tu intuición. Póntela bajo la almohada o en la mesita de noche para prevenir pesadillas y el insomnio. Una geoda, o cúmulo de amatista, limpia el entorno de grandes cantidades de energía estancada. Úsala en una habitación donde haya estado mucha gente.

Topacio azul

- **Color:** *distintos tonos de azul.*

- **Apariencia:** *cristales pegmatita transparentes.*

- **Rareza:** *fácil de conseguir.*

- **Origen:** *África, Alemania, Italia, Estados Unidos, México, Brasil, Canadá, Uruguay.*

- **Ángel:** *arcángel Haniel.*

Topacio azul pulido.

Atributos: la leyenda dice que el topacio azul disipa los encantamientos y mejora la visión. También se dice que el topacio cambia de color en presencia de alimentos o bebidas envenenados. Sus místicos poderes curativos crecen y decrecen con la Luna: se decía que cura el insomnio, el asma y las hemorragias. Los antiguos griegos creían que tenía el poder de incrementar la fuerza y, en caso de emergencia, de hacer invisible a quien la llevara. En México se usaba como piedra de la verdad. Aún sigue usándose actualmente para detectar los pensamientos «venenosos» de otros.

Psicológicamente: el topacio facilita una profunda comprensión y aceptación de las leyes universales. Inspira y eleva. Ayuda a comunicar con claridad, permitiendo que la mente racional salga ganando incluso ante las provocaciones más severas.

Mentalmente: alivia, calma e inspira. Detiene la acumulación de sentimientos de ira, resentimiento y amargura.

Emocionalmente: disipa el estancamiento emocional. Te eleva por encima de la situación de tensión, permitiendo que se formen nuevos hábitos de conducta.

Físicamente: el topacio azul fomenta la comunicación clara. Se emplea para equilibrar el chakra garganta, mejorando el dolor de garganta y los desequilibrios de la glándula tiroides.

Curación: fomenta el equilibrio y la calma en los cuerpos físico y sutil.

Posición: póntelo sobre los chakras garganta, tercer ojo o corona. El topacio azul puede llevarse en pendientes o anillos, engarzado en oro blanco o amarillo. El topacio natural azul pálido es una maravillosa gema canalizadora que te conecta con el conocimiento secreto y la antigua sabiduría.

Cuarzo rosa

- **Color:** *rosa.*

- **Apariencia:** *de transparente a translúcido.*

- **Rareza:** *fácil de conseguir.*

- **Origen:** *Brasil, Madagascar, Estados Unidos, India.*

- **Ángel:** *arcángel Chamuel.*

Cuarzo rosa natural.

Cuarzo rosa pulido.

Atributos: el cuarzo rosa es una variedad de cuarzo agradablemente seductora, del color del amor. Transmite una energía suave y aliviante que enseña la verdadera esencia del amor. Tiene una afinidad natural con el chakra corazón y las emociones; lidia con todas las emociones del corazón, ayudándonos a desarrollar todo tipo de relaciones amorosas. Se usa como talismán para atraer al compañero del alma.

Psicológicamente: puede fortalecer nuestros vínculos empáticos con los demás y ayudarnos en nuestras relaciones, especialmente en situaciones traumáticas que nos cambian la vida, como un divorcio, un deceso o la pérdida del empleo. Nos ayuda a apreciar las relaciones amorosas que ya tenemos en nuestra vida.

Mentalmente: aliviante y reconfortante; detiene la acumulación de odio, ira y hostilidad.

Emocionalmente: cuando usas el cuarzo rosa por primera vez, en ocasiones puede sacar a la superficie muchas emociones reprimidas, que te ayuda a reconocer y liberar. Disuelve rápidamente las emociones negativas de autocondenación, baja autoestima, autodesprecio y egoísmo. Libera de las pautas de conducta agresivas.

Físicamente: abre el corazón, lo que favorece la sanación. Fomenta la fertilidad.

Curación: libera la tensión emocional que ha quedado encerrada en cualquier área del cuerpo físico. Es buena para los recién nacidos y los que aún no han nacido.

Posición: póntela sobre el chakra corazón o en cualquier zona del cuerpo donde hayas almacenado dolor o tensión. Lleva puesto el cuarzo rosa en un anillo, pendientes o collar durante épocas de crisis.

Esmeralda

- **Color:** *verde.*

- **Apariencia:** *de transparente a translúcida.*

- **Rareza:** *fácil de conseguir.*

- **Origen:** *Brasil, India, Colombia, Zimbabwe, Madagascar, Rusia.*

- **Ángel:** *arcángel Rafael.*

Esmeralda natural.

Esmeralda tallada.

Atributos: la esmeralda ha sido atesorada por su notable color y por sus propiedades místicas y de sanación durante al menos cuatro mil años. En el Apocalipsis bíblico se dice que el trono de Dios está hecho de esmeralda. El legendario conocimiento místico del dios egipcio Thoth estaba grabado en tablillas de esmeralda. De hecho, la esmeralda está muy presente en la tradición mística.

La esmeralda está vinculada con el planeta Mercurio, el mensajero de los dioses en la astrología védica. En otras culturas estaba dedicada a la diosa Venus. Cleopatra valoraba las esmeraldas más que ninguna otra gema. Las momias egipcias, a menudo, eran enterradas con una esmeralda, símbolo del verdor floreciente y la eterna juventud. Las esmeraldas siguen siendo muy apreciadas en todo el mundo, porque ninguna otra gema atrae una energía sanadora tan potente.

Psicológicamente: fomenta la unidad y el amor incondicional. Mejora el intelecto y fortalece el carácter, además de promocionar la armonía y la abundancia.

Mentalmente: mejora la memoria; es una piedra de sabiduría y discernimiento.

Emocionalmente: favorece la constancia emocional y la adaptabilidad. Libera de los celos, el resentimiento, el egoísmo y la hipocondría.

Físicamente: abre el corazón a la sanación y fomenta la recuperación. Alivia la claustrofobia.

Curación: relaja la cólera y limpia de toxinas, mejorando el hígado y la función renal; también sintoniza el cuerpo físico. La esmeralda es un tónico «primavera», un soplo de aire fresco; alivia las dolencias del corazón y el pulmón, ayudando a absorber la energía pránica.

Posición: colócatela sobre los chakras corazón o tercer ojo. Generalmente se engarza en oro amarillo y se lleva puesta en un anillo, en el dedo meñique de la mano izquierda, para fomentar la comunicación y superar la timidez.

Citrino

- **Color:** *transparente.*

- **Apariencia:** *geoda transparente de punta única o cúmulo.*

- **Rareza:** *el citrino natural es raro.*

- **Origen:** *Brasil, India, Estados Unidos, Madagascar, Rusia, Francia.*

- **Ángel:** *arcángel Jophiel.*

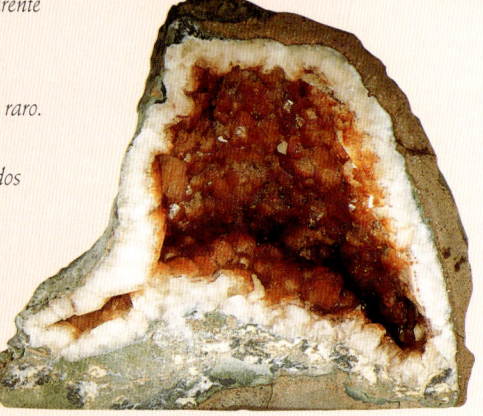

Geoda de citrino.

Atributos: la mayor parte del cuarzo amarillo y marronáceo que anteriormente se vendía con el nombre de «topacio» eran amatistas tratadas con calor. El citrino toma su nombre de la palabra francesa *citrön* («limón»). La mayor parte del citrino natural es limón pálido o limón ahumado. Tradicionalmente, el citrino se llevaba como protección contra el veneno de serpiente y los malos pensamientos de otros. El citrino es una gema lustrosa que equilibra el chakra plexo solar y limpia y fortalece el cuerpo mental. Es del color de la luz solar, y como tal favorece y potencia la energía positiva. Da a quienes lo usan una disposición «solar y alegre».

Psicológicamente: usa el citrino si estás bajo de energía y has perdido la alegría de vivir, o cuando te sientas confuso o desparramado. Si necesitas alegría y risa en tu vida, si te sientes cargado de preocupaciones, o has perdido tu poder personal y tu sentido de individualidad, el citrino potencia rápidamente tu confianza, entusiasmo y autoestima.

Mentalmente: si te sientes constantemente agotado y sin energía, e incluso la menor tarea se convierte en un obstáculo insuperable, usa el citrino. También es útil si necesitas liberar pautas de pensamiento negativo o conductas adictivas, o cuando tengas miedo y estés lleno de dudas.

Emocionalmente: produce sentimientos elevados de libertad, risa y alegría. Potencia el autocontrol. Eleva la autoestima y provoca sentimientos de bienestar total. Estimula la conversación y potencia la comunicación. Previene la timidez y da coraje.

Físicamente: trabaja el páncreas, el hígado, la vesícula biliar, el bazo, el estómago medio, el sistema nervioso, el sistema digestivo y la piel.

Curación: fortalece, abrillanta, tonifica, estimula y refuerza la energía.

Posición: póntelo sobre el chakra plexo solar o en un pendiente o anillo durante periodos prolongados.

Lapislázuli

- **Color:** *azul ultramar con flecos de pirita dorada.*

- **Apariencia:** *opaca.*

- **Rareza:** *fácil de conseguir.*

- **Origen:** *Afganistán.*

- **Ángel:** *arcángel Miguel.*

Lapislázuli natural.

Lapislázuli pulido.

Atributos: la antigua ciudad de Ur (Irak) tenía un floreciente comercio de lapislázuli ya en el cuarto milenio antes de Cristo. El nombre viene del latín *lapis*, que significa «piedra», y del nombre árabe *azul*. Se trata de una piedra azul etérica de alta intensidad. Contiene energías de verdad, sabiduría, paciencia, inspiración, integridad, lealtad, revelación y contemplación.

Psicológicamente: el lapislázuli ayuda a desarrollar las virtudes de verdad, honestidad y fe. Si necesitas protección inmediata de las entidades de energías densas, o sientes que estás sufriendo un ataque psíquico, que has sido maldecido o te sientes víctima del «mal de ojo», el lapislázuli te ofrecerá una capa de protección y seguridad.

Mentalmente: alivia la depresión, fomenta la claridad de pensamiento y nos ayuda a hacernos cargo de nuestra vida. Amplifica nuestros pensamientos y estimula la objetividad. Combate el miedo a decir la verdad.

Emocionalmente: armoniza el conflicto emocional y detiene la vacilación, la duda y la incertidumbre.

Físicamente: el lapislázuli alivia el dolor, especialmente el dolor de cabeza o migraña. Se emplea para curar la garganta, los pulmones, la tiroides, la glándula timo y la hipertensión.

Curación: reduce la fiebre y regula la hiperactividad y la inflamación. Aporta claridad y serenidad. Alivia las infecciones de garganta y oídos.

Posición: póntela sobre los chakras garganta o tercer ojo. Llévala puesta en pendientes o en un anillo durante periodos prolongados para obtener todos los beneficios de esta gema sorprendente. Sin embargo, nunca la lleves puesta durante largos periodos de tiempo si tienes la tensión sanguínea baja.

Danburita

- **Colores:** *claro, blanco, amarillo o rosa.*

- **Apariencia:** *transparente con estrías.*

- **Rareza:** *fácil de conseguir.*

- **Origen:** *México, Estados Unidos, Japón, Birmania, Suiza.*

- **Ángel:** *arcángel Gabriel.*

Danburita natural.

Danburita natural terminada en punta.

Atributos: recibe su nombre del lugar donde fue encontrada, en Danbury (Connecticut, Estados Unidos). La danburita tiene una vibración muy alta que sintoniza rápida y alegremente los sentidos con el dominio angélico. Abre y limpia los chakras corazón y corona, además de producir sueños lúcidos. La danburita aporta luz, claridad y pureza al aura, lo que significa que tiene el poder de modificar todos los estados que causan desgracia y enfermedad. Por su propia naturaleza es un «curalotodo».

Psicológicamente: atrae hacia abajo la luz divina. Se usa para obtener guía, despertar espiritual, purificación del alma, revelación, inspiración y sueños lúcidos e intuitivos. Es un cristal de transición, por lo que es útil cuando estás empezando nuevos proyectos, cambiando de profesión o incluso pensando en comenzar una familia.

Mentalmente: alerta de coincidencias que te predisponen para liberar el pasado.

Emocionalmente: limpia las miasmas emocionales. Te vincula con la serenidad de los ángeles y los dominios angélicos.

Físicamente: disuelve alergias, toxinas y dolencia crónicas o degradadas, lo que a su vez mejora el hígado, la vesícula biliar, los riñones, el páncreas y la piel.

Curación: un cristal versátil que tiene un amplio espectro de energías sanadoras.

Posición: cualquier chakra. Llévala puesta en pendientes; puedes engarzarla en plata u oro. Con la danburita se hace una excelente esencia de gemas (véase página 283).

Rubí

- **Color:** *rojo.*

- **Apariencia:** *transparente.*

- **Rareza:** *fácil de conseguir.*

- **Origen:** *India, México, Madagascar, Rusia, Sri Lanka.*

- **Ángel:** *arcángel Uriel.*

Rubí natural.

Rubí pulido.

Atributos: se dice que el rubí es la más preciosa de las piedras que Dios creó. Es el «señor de las gemas» y se usaba en el peto del sumo sacerdote. La Biblia dice que la sabiduría es más preciosa que los rubíes. En sáncrito se le llama *ratnaraj,* que significa «rey de las piedras preciosas», y *ratnanayaka*, que significa «líder de las piedras preciosas». El rubí infunde en quien lo lleva pasión por la vida, coraje, perseverancia y las cualidades positivas de liderazgo. El rubí es para pioneros, para los que deben abrir camino valientemente en territorio no cartografiado. El rubí es poder en estado puro y pasión por la vida.

Psicológicamente: aporta devoción espiritual mediante el servicio desinteresado a los demás. Libera el auténtico potencial del alma.

Mentalmente: elimina la inercia, la postergación y el letargo.

Emocionalmente: es dinámico y disuelve el miedo. Reduce los problemas relacionados con la supervivencia, restaurando la voluntad de vivir.

Físicamente: libera los bloqueos energéticos profundamente enraizados en los sistemas corporales. Da un empujón a los procesos lentos o estancados. Desintoxica eliminando la inercia.

Curación: calienta el cuerpo e incrementa la energía física. Es bueno para quienes sufren presión sanguínea baja, problemas circulatorios o anemia. Estimula las glándulas adrenales.

Posición: chakras raíz o tierra estrella. No lleves puesto un rubí si sufres hipertensión.

Piedra de luna

- **Colores:** *blanco, crema, albaricoque, rosa, azul, verde o arco iris.*

- **Apariencia:** *translúcida.*

- **Rareza:** *fácil de conseguir.*

- **Origen:** *India, Sri Lanka.*

- **Ángel:** *arcángel Auriel.*

Piedras de luna redondeadas.

Atributos: la piedra de luna parece mística y mágica, con un brillo fantasmal que flota desde sus profundidades cristalinas. Los romanos pensaron que la piedra de luna se formaba a partir de la luz de la luna. La piedra de luna, como su nombre indica, está muy conectada con la Luna, y se dice que sus poderes cambian con los ciclos de la Luna. En luna llena sus poderes alcanzan el cenit. La piedra de luna es especialmente benéfica para las mujeres de todas las edades.

Psicológicamente: armoniza los aspectos femeninos de la personalidad. Permite acceder al subconsciente profundo. Nuestros poderes psíquicos aumentan cada mes con la luna llena. El «velo» entre los mundos es más fino, y los dones naturales de clarividencia y clariaudiencia quedan potenciados.

Mentalmente: aliviante. Abre la mente a la buena suerte y a las oportunidades escondidas. Incrementa la intuición.

Emocionalmente: alivia las emociones. Permite que fluya la energía positiva, disolviendo antiguas heridas, dolores y anhelos. Equilibra los cambios de humor.

Físicamente: es especialmente benéfica para el sistema reproductor femenino. Alivia las alteraciones de estómago y los desórdenes digestivos. Calma la tiroides hiperactiva; reduce la presión sanguínea. Alivia los calambres de estómago y las dolencias premenstruales. Elimina toxinas; remedia la retención de líquidos y la hinchazón.

Curación: refresca el cuerpo y libera los excesos de energía y agitación. Alivia las glándulas adrenales.

Posición: chakra corazón. Ponte la piedra de luna en un anillo o pendientes durante largos periodos de tiempo, para conseguir el resultado óptimo. Esta piedra sólo debe ser engarzada en plata; envuélvela en un cuadrado de seda blanca cuando no la uses.

Fulgurita

- **Color:** *de blanco a marrón oscuro.*
- **Apariencia:** *textura como de esponja.*
- **Rareza:** *comercios especializados.*
- **Origen:** *desierto del Sahara, playas de Florida.*
- **Ángel:** *arcángel Sandalphon.*

Fulgurita natural.

Atributos: la formación de la fulgurita es única, puesto que se crea cuando el rayo golpea en la arena. Esto hace que los granos se fundan, dando formas tubulares que recuerdan al rayo. La fulgurita es tubular porque la arena del centro se convierte en vapor, y la arena que la rodea se licua, endureciéndose posteriormente hasta dar esta piedra. Vibra con la energía del rayo, siendo una de las vibraciones más altas y rápidas del reino mineral. Es un cristal catalizador que contiene energía de la tormenta y se usa para una transformación espiritual rápida. La leyenda dice que los chamanes la usaban para enviar sus oraciones a lo divino.

Psicológicamente: enfoca y asienta el poder de la oración y el ritual angélicos. Actúa como un rayo; es una catalizadora del cambio. Activa intensamente el chacra tercer ojo, y ha sido usada para explorar otras realidades y dimensiones. También se usa para equilibrar la activación de la *kundalini* (fuerza psíquica) y para indagar en las vidas pasadas.

Mentalmente: crea un entorno creativo que permite manifestarse mediante la mente superior y los estados mentales superiores.

Emocionalmente: incrementa la intuición. Permite comprender intuitivamente la formación de las alteraciones emocionales.

Físicamente: crea un vórtice de energía purificada que eleva la frecuencia vibratoria del usuario; por tanto, es capaz de mejorar todas las dolencias físicas.

Curación: energiza, purifica y eleva; úsala cuando quieras dar saltos cuánticos en la curación de cualquier aspecto de la psique.

Posición: póntela sobre los chakras tierra estrella o alma estrella. La fulgurita es muy frágil, de modo que trátala con mucho cuidado.

Aguamarina

- **Color:** *azul cielo o azul verdoso.*

- **Apariencia:** *de translúcida a opaca.*

- **Rareza:** *fácil de conseguir.*

- **Origen:** *India, Pakistán, Brasil, México, Afganistán, Rusia, Estados Unidos.*

- **Ángel:** *arcángel Muriel.*

Aguamarina tallada.

Aguamarina natural.

Atributos: la aguamarina, la «gema del mar», deriva su nombre del agua del mar. Cuenta la leyenda que es el tesoro de las sirenas y tiene el poder de mantener seguros a los marinos cuando navegan. Tradicionalmente, también creían que la aguamarina ofrecía protección contra los ardides del diablo, y que soñar con la aguamarina significaba que conocerías nuevos amigos. Otorga libertad de las impresiones e influencias de otros.

Psicológicamente: tiene una intensa afinidad con las personas que están muy sintonizadas con las energías sutiles y actúa como piedra del coraje, filtrando las energías conflictivas y discordantes. Facilita la comunicación con el reino angélico. Potencia las capacidades psíquicas, en particular la capacidad de sintonizar con imágenes del pasado y de otras dimensiones.

Mentalmente: calma y enfoca la mente, desarrollando el intelecto. Aclara la percepción, lo que nos ayuda a identificar patrones subyacentes de conducta que podríamos tener que abandonar para avanzar en nuestra vida.

Emocionalmente: calma y serena las emociones. Suelta rápidamente los bloqueos energéticos y elimina la ira, la culpabilidad, el odio, el resentimiento y el miedo. Alivia la pena y el dolor.

Físicamente: alivia el dolor de garganta, la inflamación de las glándulas y los problemas de tiroides. Alivia la retención de fluidos y la hinchazón, y tiene efectos benéficos en los riñones, la vejiga, los ojos y el sistema inmunitario. Alivia los ataques de pánico, el mareo y las fobias. Ayuda a curar la fiebre del heno y las reacciones alérgicas.

Curación: calmante.

Posición: todos los chakras. Llévala puesta como pendientes o anillo, engarzada en plata u oro. Con ella se hace una excelente esencia de gemas que ayuda a seguir el flujo (véase página 283).

ÁNGELES Y ACEITES ESENCIALES

El uso de fragancias para atraer a los ángeles

Una de las herramientas más potentes que podemos usar para atraer la ayuda angélica son las fragancias exquisitas, especialmente en forma de aceites esenciales, que son bien conocidos por potenciar los estados de ánimo y alterar la mente. Recientemente ha aumentado el interés por la aromaterapia y el bienestar que produce. Nuestros antepasados eran muy conscientes de las cualidades etéricas de los aceites esenciales, que han sido usados ampliamente por los sacerdotes y sacerdotisas de casi todas las religiones. Los aceites fragantes se usaban para atraer a los espíritus, a las diosas y dioses, para eliminar malos espíritus y para purificar los lugares de culto. Los devotos se untaban con perfumes sagrados para facilitar la comunicación con lo divino.

Aceites esenciales. Los aceites esenciales son sustancias aromáticas, muy concentradas y de procedencia natural, producidas a partir de muchas plantas diferentes. Los aceites esenciales se destilan de ciertas especies de

El uso de perfume en los rituales puede ser una gran ayuda para y la sintonización con los ángeles.

plantas: unos se derivan de los pétalos de las flores, y otros de sus frutos, semillas, tallos, cortezas, ramas, raíces, resinas o hierbas. Por ejemplo, el aceite de nerolí se produce a partir de las flores, el de jengibre se obtiene de la raíz de la planta y el pachuli se extrae de las hojas. Los aceites esenciales se producen prácticamente en todos los países del mundo.

El perfume es una forma de comunicación etérica y sutil que potencia nuestra conciencia porque lleva el alma de la planta. Apelando a nuestro sentido del olfato, las plantas se comunican con nosotros a un nivel profundamente instintivo. Nuestros receptores olfativos están situados en la

Muchos aceites esenciales se destilan de flores, siendo el espíritu sagrado de esa flor.

parte más antigua del cerebro, que es instintiva y no está gobernada por la mente lógica.

Hay muchas maneras de usar los aceites esenciales para tu cuerpo, mente y espíritu. También hay diversas maneras de aplicarse los aceites esenciales sobre el cuerpo. Una de las más eficaces es extenderlo sobre la piel. Los aceites esenciales son fragancias deliciosas y altamente concentradas. Almacénalas en un lugar fresco y oscuro, y evita la evaporación asegurándote de que los tapones siempre estén debidamente cerrados.

Aceites portadores y directrices de seguridad

Los aromaterapeutas usan una amplia variedad de aceites base, o portadores, a los que añaden los aceites esenciales. Los siguientes aceites base pueden usarse directamente sobre la piel y suelen emplearse como aceites portadores para las mezclas destinadas al masaje, al baño o a perfumar: almendra dulce, coco ligero, hueso de albaricoque, semilla de uva, alazor, germen de trigo, jojoba, aguacate, girasol y hierba de asno. El aceite de almendra dulce es fácil de conseguir, como también lo son el de alazor y el de girasol. La almendra dulce se usa en India para potenciar la capacidad intelectual.

Cuando elijas un aceite base, debes intentar comprarlo orgánico, o bien el más puro. Los de almendra dulce, coco ligero, hueso de albaricoque y semilla de uva son finos y ligeros, y se absorben fácilmente por la piel. Otros aceites, como los de germen de trigo, aguacate o jojoba, son más espesos.

Seguridad. Los aceites esenciales puros son sustancias altamente concentradas que deben ser tratadas con precaución. A continuación, damos una lista de las normas generales de seguridad que debes observar cuando uses aceites esenciales. Si estás interesado en, o no sabes muy bien cómo usar un aceite esencial particular, remítete a un buen libro sobre el tema; debe ofrecerte una lista de las características de cada aceite y hacer hincapié en las contraindicaciones de los aceites especialmente fuertes y potentes.

- No tomes los aceites esenciales por vía oral.
- Nunca uses un aceite sin diluir directamente sobre la piel.
- Mantenlos lejos del alcance de los niños, animales domésticos y cualquier persona delicada. Ten mucho cuidado con el uso de aceites esenciales en los niños. Pide consejo.

- Si estás embarazada, sufres epilepsia o tienes problemas de tensión sanguínea alta o baja, por favor, busca ayuda médica antes de usar aceites esenciales.
- Mantén los productos alejados de las áreas delicadas de los ojos.
- Hay que tener cuidado con ciertos aceites antes de exponerlos a la luz del sol.
- Cuando añadas aceites esenciales al agua del baño, dilúyelos antes en una pequeña cantidad de aceite portador.
- Procura restringir el uso de cualquier aceite esencial, porque el empleo constante puede causar sensibilización a ese aceite, náuseas o dolores de cabeza.
- Ciertos aceites pueden producir sensibilidad en la piel o reacciones adversas en algunos individuos. Si te ocurriera eso, deja de usar ese aceite inmediatamente.
- No trabajes con máquinas ni conduzcas vehículos motorizados inmediatamente después de una sesión de relajación, especialmente después de usar aceites soporíferos.
- Mantén los productos alejados de superficies pulimentadas, plásticos, llamas desnudas u otros puntos donde puedan arder.

Cuando mezclas tus propios aceites esenciales y fragancias resulta útil tener una selección de botellas y goteros.

Masaje, baño e inhalación de vapores

Hay muchas maneras diferentes de usar los aceites esenciales sobre tu cuerpo, mente y espíritu. Las cantidades recomendadas pueden parecer mínimas, y a veces el aroma apenas será perceptible, pero tanto el olor como su efecto estarán presentes a pesar de todo. Los receptores olfativos del cerebro se acostumbran rápidamente a los olores y entonces pensamos que ya no están presentes.

Masaje. Uno de los métodos más comunes usados por los aromaterapeutas es el masaje con aceites esenciales, que sirve para relajar el cuerpo físico, aliviando el estrés y la tensión. La fragancia opera directamente sobre los niveles de emociones más profundos, mientras la piel absorbe los elementos terapéuticos de los aceites.

Prepara una mezcla simple de masaje mezclando cinco gotas del aceite esencial elegido con una cucharada de aceite base, que puede ser de almendra dulce, hueso de albaricoque, semilla de uva, soja o girasol. Si estás usando más de un aceite esencial en la preparación, mézclalos todos antes de añadirlos al aceite base, ajustando el número de

Los aceites esenciales se usan en masaje para relajar el cuerpo y favorecer la desintoxicación.

gotas. Siempre es aconsejable, especialmente si tienes alergia a los cosméticos o perfumes, hacer una prueba veinticuatro horas antes de usar la mezcla de aceites en una sesión de masaje. (Véase, en páginas 338-339, una lista de directrices de seguridad sobre el uso de aceites esenciales.)

Baño. Bañarse con aceites esenciales es un antiguo método de purificación personal. Excita los sentidos y sintoniza con las energías sutiles. Mezcla hasta ocho gotas del aceite de tu elección, con una cucharada de aceite base, y vierte la mezcla sobre el agua del baño. Remueve el agua para dispersar los aceites. Acuérdate de cerrar la puerta para que no se vayan los vapores terapéuticos. Empápate durante al menos quince minutos, inspirando y espirando. Hay ciertos aceites esenciales no deben usarse en el baño, como los de jengibre, tomillo, menta, eucalipto, albahaca, canela y clavo.

También puedes usar aceites esenciales en la ducha. Dúchate normalmente; a continuación, añade dos gotas de aceite esencial a la esponja y frótate dejando correr el agua caliente. Inspira profundamente por la nariz.

Mezcla aceites esenciales al baño; la camomila y lavanda favorecen un sueño relajado.

Inhala los vapores. Algunos aceites esenciales pueden inhalarse en forma de vapor. Para usar este método, vierte agua caliente en un cuenco y añade dos gotas del aceite esencial elegido. Pon tu rostro a unos 25 cm del cuenco, cúbrete la cabeza con una toalla, cierra los ojos e inspira profundamente por la nariz durante un máximo de dos minutos.

Difusores

Los difusores están diseñados para calentar los aceites esenciales y liberar moléculas de perfume en la atmósfera. Algunos están fabricados en cerámica, pero los cuencos de agua, las velas y los radiadores también pueden usarse con el mismo propósito.

Los difusores de cerámica tienen una sección en forma de cuenco que se calienta mediante una resistencia eléctrica o con la llama de una vela. Coloca el difusor en la habitación que desees ambientar. Llena el cuenco de agua antes de añadir hasta seis gotas de aceite esencial. Enciende el difusor o la luz de la vela que está debajo del cuenco. No dejes velas encendidas sin atender.

Cuenco de agua. Vierte agua caliente en un cuenco resistente al calor, añade hasta ocho gotas de aceite esencial y espera unos diez minutos a que el aroma llene la atmósfera de la habitación.

Velas. Enciende una vela y deja que se queme hasta que la cera del centro se haya fun-

Los aceites esenciales pueden difundirse usando quemadores de aceite, velas, cuencos de agua y bombillas.

dido. Apaga la llama y añade dos gotas de aceite esencial a la cera derretida del centro. Vuelve a encender la vela.

Bombillas de luz. Puedes comprar anillos especiales, hechos de metal o cerámica, que se ponen sobre las bombillas (lámparas de mesa o de mesilla). Los anillos están huecos en el centro para contener el aceite esencial. Con la lámpara apagada, coloca un anillo sobre la bombilla; después, pon cinco gotas de aceite esencial sobre el anillo. Enciende la luz para evaporar la fragancia.

Rociadores. Ésta es una forma de usar el aceite esencial, porque limpia y purifica tu espacio sagrado. Añade cinco gotas de aceite esencial a una botella de 50 ml llena de agua y con atomizador. Agita la botella, cada vez que la uses, para mezclar el aceite y el agua. Rocía la mezcla en el aire. Evita pulverizar sobre las superficies pulidas y los tejidos delicados, como satén o seda.

Fuegos de leña y radiadores. Usando una gota de aceite esencial por tronco de leña, pon el aceite en la leña una hora antes de quemarla. Si no tienes chimenea, vierte hasta ocho gotas de aceite esencial en una bola de algodón y colócala en un radiador. También puedes añadir el aceite esencial al agua en un humidificador puesto sobre el radiador.

Flores. Si tienes flores de seda o papel, o flores secas, vierte una gota de aceite en cada flor. Algunos aceites esenciales tiene colores claros y otros lo tienen intenso, de modo que elige un aceite esencial que no altere el color de tus flores.

Añade dos gotas del aceite elegido a la cera del centro de la vela; después, vuelve a encenderla.

Perfumar elementos del hogar

Los aceites esenciales pueden usarse para aromatizar delicadamente muchos objetos de la habitación. La fragancia de los elementos decorativos se extenderá por el aire y creará un ambiente maravillosamente sanador en la habitación. Puedes perfumar almohadas, prendas, ropa de cama y pañuelos.

Almohadas y cojines. Puedes poner directamente unas gotas de aceite esencial en tu almohada —esto es especialmente agradable cuando quieres inducirte sueños angélicos— o en tu sala de terapia o meditación para atraer a los ángeles hacia ese espacio. Algunos aceites manchan, de modo que vierte las gotas de aceite esencial en una bola de algodón y colócala entre la almohada y la funda. Usa el mismo método para los cojines.

Ropa. Puedes poner una gota de aceite esencial directamente sobre tu ropa de vestir; ponte una gota en la manga para poder inspirar el aroma, o ponla en el dobladillo de tu falda o chaqueta para que se evapore en el aire cuando te muevas. También puedes perfumar tejidos o pañuelos con una gota de aceite esencial e inspirarlo.

Lociones y aguas florales. Compra cremas o lociones pre-preparadas, puras y libres de perfume, y añádeles unas gotas de tus aceites esenciales favoritos.

Las aguas florales pueden usarse para consagrar y limpiar espacios mágicos antes del ritual o la meditación. También pueden usarse para ungir objetos sagrados y velas, y son uno de los productos favoritos para cuidar la piel. Rosa, lavanda, neroli y jazmín son particularmente adecuados para el cuidado de la piel, y a menudo se usan como perfumes. Aunque el aceite no es soluble en agua, durante el proceso de infusión la energía sutil y la fragancia se transfieren al agua. Añade treinta gotas de aceite esencial a 100 ml de agua de manantial. Déjalas en infusión durante unos días en un lugar fresco y oscuro. Depúralas con un filtro de papel para café. A continuación, puedes poner el agua en un atomizador y usarla como perfume o para rociar la habitación.

La unción es la aplicación más antigua y tradicional de los aceites esenciales. Diluye aceite esencial siguiendo las mismas instrucciones que para el baño o para el masaje. Úsalo como perfume o para protección. Aplícalo a objetos sagrados, como velas o cristales.

Usa fragancias para atraer a los ángeles; perfuma tu ropa de cama para facilitar sueños angélicos.

Aceites para problemas específicos

Ciertos problemas responden a una serie de aceites. En las páginas siguientes se facilita una lista completa de aceites para cada problema o situación. La lista de aceites es flexible y adaptable. Los aceites esenciales son complejos: en general, un aceite esencial contiene más de cien componentes, como ésteres, aldehídos, acetonas, fenoles, alcoholes y terpenos. Puedes elegir un único aceite de la lista o diseñar tu propia mezcla en un aceite portador. Cuando mezclas dos o más aceites esenciales creas un compuesto nuevo.

A medida que repases la lista de aceites puedes emplear un péndulo o varillas de zahorí para ver qué aceite es el más adecuado para ti y tu situación actual. Cuando entres en tiendas que vendan aceites esenciales, inspira su olor y, si te gusta uno, cómpralo. En todo caso, asegúrate de estar comprando aceites esenciales puros.

Hay varios aceites que están anotados debajo de más de un encabezamiento porque realizan más de una función. Por ejemplo, el limón aporta equilibrio, trabaja directamente sobre el sistema nervioso central y te estimulará o relajará, dependiendo de lo que necesites.

*El **limón** aporta equilibrio, agudiza el intelecto y ayuda a aprender y comunicar.*

*La **esclarea-artemisa** favorece la meditación al disolver los conflictos internos.*

*La **camomila** abre los chakras superiores, favorece la meditación y el sueño reparador.*

Cuando uses aceites para la meditación, adivinación o trabajo con sueños, emplea siempre el mismo aceite o mezcla de aceites, puesto que esto indica rápidamente a tu mente subconsciente que estás cambiando de frecuencias y entrando en un estado alterado de conciencia.

Curación: arcángel Rafael. Para abrir el chakra corazón y atraer a los ángeles de curación, rejuvenecimiento, regeneración y renovación, emplea los aceites esenciales siguientes:

Clavel • Camomila • Clavo • Enebro • Lavanda • Limón • Mimosa • Nerolí • Palmarosa • Baya de pimiento • Pino • Rosa Otto • Sándalo • Menta verde • Tomillo.

Meditación: arcángel Tzaphkiel. Para abrir los chakras corona y tercer ojo, y para invitar a los ángeles de la meditación, contemplación, reflexión, introspección y búsqueda del alma, usa los aceites esenciales siguientes:

Esclarea-artemisa • Incienso • Lavanda • Flor de tila • Hinojo dulce • Hoja de violeta.

Sabiduría espiritual: arcángel Zadkiel. Para abrir los chakras superiores e invocar a los ángeles de la sabiduría espiritual, el conocimiento, el discernimiento y la comprensión, usa los aceites esenciales siguientes:

Benjuí • Semilla de zanahoria • Camomila • Esclarea-artemisa • Ciprés • Flor de tila • Romero • Palo de rosa • Salvia • Sándalo.

*El **jazmín** tiene un aroma exquisito que abre nuestra conciencia a los reinos angélicos.*

*El **narciso** se usa para fomentar la inspiración, los sueños proféticos y el trabajo en estado de trance.*

Visiones: arcángel Raziel. Para limpiar el chakra tercer ojo, desvelar los secretos del universo y convocar rápidamente a los ángeles de las visiones espirituales, la profecía y las revelaciones, usa los aceites esenciales siguientes:

Laurel • Benjuí • Semilla de zanahoria • Canela • Gálbano • Jazmín • Limón verbena • Lima • Mimosa • Mirra • Narciso • Nerolí • Rosa otto • Palo de rosa • Salvia • Sándalo • Nardo.

Sueños angélicos: arcángel Gabriel. Estos aceites convocan a los ángeles del destino para elevar tu conciencia mientras duermes, y para darte sueños y guía angélica. Usa lo aceites esenciales siguientes:

Semilla de angélica • Anís estrella • Albahaca • Laurel • Benjuí • Canela • Esclarea-artemisa • Coriandrio • Semilla de eneldo • Elemí • Siempreviva • Limón verbena • Flor de tila • Melisa • Mimosa • Mirra • Narciso • Nerolí • Ravensara • Rosa otto • Menta verde.

Comunicación angélica: arcángel Haniel. Para formar vínculos duraderos con la inspiración angélica y potenciar todas tus capacidades de comunicación purificando tu chakra garganta, usa los aceites esenciales siguientes:

Laurel • Clavel • Camomila • Pomelo • Limón • Flor de tila • Mirra • Nerolí • Naranja • Rosa otto • Sándalo • Mandarina.

Adivinación: arcángel Raziel. Para acceder a la guía superior y ayudar a inducir estados elevados de conciencia que potencien tus dotes adivinatorias y te lleven a un nuevo nivel espiritual (que te permita dar lecturas angélicas), usa los aceites esenciales siguientes:

Semilla de angélica • *Laurel* • *Benjuí* • *Semilla de zanahoria* • *Canela* • *Esclarea-artemisa* • *Capullo de clavo* • *Incienso* • *Gálbano* • *Limón verbena* • *Flor de tila* • *Mimosa* • *Mirra* • *Narciso* • *Menta* • *Palo de rosa* • *Salvia* • *Sándalo* • *Tuberosa.*

Niño interno: arcángel Chamuel. Estos aceites esenciales convocan a nuestro lado a los ángeles que nos ayudan a resolver, sanar y fortalecer todas nuestras relaciones. Estos ángeles amorosos nos ayudan a reconectar con nuestro niño interior para atraer a nuestra vida un profundo bienestar, curación y perdón. Ayudan a limpiar problemas de abusos pasados, abandono y descuido. Usa los aceites esenciales siguientes:

Benjuí • *Camomila* • *Incienso* • *Geranio* • *Jacinto* • *Lavanda* • *Mandarina* • *Melisa* • *Nerolí* • *Rosa otto.*

*La **mirra** está considerada una de las plantas más sagradas, y se usa para purificar y dejar ir el pasado.*

*El **geranio** equilibra las emociones, permitiendo que los ángeles de amor se acerquen más a nosotros.*

Transición: arcángel Metatrón Tradicionalmente, la gente ha quemado incienso al lado de aquellos que estaban haciendo la transición de la vida a la muerte. Se creía que sus agradables aromas atraían a los ángeles, y que el humo del incienso o las hierbas sagradas llevarían el alma del difunto a los reinos celestiales. Para invocar a los ángeles de ascensión del arcángel Metatrón, para acelerar el camino del alma hacia lo divino y ayudarle a dejar atrás el reino físico y hacer una transición más pacífica, usa los aceites siguientes:

Benjuí • Cedro • Camomila romana • Ciprés • Incienso • Geranio • Jazmín • Enebro • Lavanda • Flor de tila • Mandarina • Nerolí • Pachuli • Rosa otto • Sándalo • Vetiver.

Soledad: arcángel Jophiel. La depresión, la soledad, la pena y la melancolía pueden afectarnos a todos en algún momento de nuestra vida, y a menudo están causadas por motivos externos, como fallecimientos, pérdidas del empleo o el fin de una relación. Pueden durar unos días, semanas, meses o incluso años. Cualquiera que se sienta deprimido debe buscar ayuda médica, porque su estado podría deberse a un desequilibrio hormonal. Los

*El **enebro** se usa para purificar, proteger y disipar energías negativas; limpia antiguos traumas.*
*La **bergamota** eleva el espíritu, fomenta la autoconfianza y aclara la mente.*

aceites siguientes limpian el cuerpo, la mente y el espíritu, y convocan a los ángeles de la iluminación, la luz solar y la alegría. Usa los aceites esenciales siguientes:

Benjuí • Bergamota • Camomila • Helicriso • Limón • Narciso • Nerolí.

Purificación: arcángel Zadkiel. Para purificar y limpiar el aura transmutando la energía negativa en positiva, invoca al arcángel Zadkiel, el guardián de la llama violeta. El uso de aceite de lavanda ayuda a liberar emociones negativas, como la ira, el odio, el resentimiento y la amargura, y a reparar los daños áuricos. Las emociones negativas reducen tu frecuencia vibratoria y atraen energía negativa como un imán. Usa los aceites esenciales siguientes:

Albahaca • Laurel • Cayeputi • Alcanfor • Cedro • Cidronela • Esclarea-artemisa • Ciprés • Eucalipto • Incienso • Gálbano • Hisopo • Enebro • Lavanda • Limón • Hierba luisa • Lima limón • Melisa • Mimosa • Mirra • Nerolí • Niaouli • Menta • Pino • Romero • Rosa otto • Salvia • Sándalo • Menta verde • Espicanardo • Árbol del té • Tomillo • Valeriana • Verbena.

Consagración: arcángel Zadkiel. Para la consagración de objetos sagrados y para crear un espacio sagrado para la meditación, el ritual y el trabajo con los sueños, convoca la ayuda del arcángel Zadkiel. Para ayudarte en este proceso, usa los aceites esenciales siguientes:

Anís estrella • Albahaca • Cedro • Incienso • Hisopo • Lavanda • Limón • Melisa • Niaouli • Menta • Pino • Romero • Salvia • Hinojo dulce • Verbena.

*El **eucalipto** se usa para los rituales sanadores usados para liberar de energías negativas.*

*El **anís estrella** se usa tradicionalmente para rituales de consagración y purificación.*

Protección: arcángel Miguel. Para obtener protección, seguridad y fortaleza; para poder superar los obstáculos y abandonar el miedo, incluyendo el miedo insistente y la duda respecto a uno mismo, invoca al arcángel Miguel y a su legión de ángeles. Usa uno de los aceites esenciales siguientes:

Anís estrella • Semilla de anís • Pimienta negra • Cayeputi • Clavel • Esclarea-artemisa • Clavo • Comino • Clavel • Incienso • Geranio • jengibre • Hisopo • Enebro • Lavanda • Lima • Melisa • Mimosa • Mirra • Niaouli • Musgo de roble • Palmarosa • Baya de pimiento • Pino • Romero • Salvia • Espicanardo • Hinojo dulce • Árbol de té • Tomillo • Valeriana • Vetiver • Milenrama.

*El **hisopo** se usa para proteger y consagrar objetos y espacios rituales. Evítese durante el embarazo.*

Centramiento: arcángel Jophiel. Para centrarte, equilibrarte y recuperar la luz interna y la armonía. Usa uno de los aceites esenciales siguientes, que convocarán al arcángel Jophiel:

Geranio • Pomelo • Lavanda • Limón • Naranja • Palo de rosa • Ylang-Ylang.

Enfocar la intención: arcángel Jophiel. Para enfocar tu intención, recuperar la claridad mental y potenciar la memoria, usa los aceites esenciales siguientes:

Albahaca • Cedro • Incienso • Enebro • Mandarina • Nerolí • Musgo de roble • Naranja • Palmarosa • Romero • Menta verde • Espicanardo • Hinojo dulce • Árbol del té.

*La **lavanda** se usa para favorecer la meditación, para proteger y para reparar el aura.*

*La **menta** disipa las formas mentales negativas, y limpia los objetos rituales y los espacios sagrados.*

*El **jacinto** se usa para generar paz interna, y ayuda a liberarse de la conducta compulsiva.*

Disipar la negatividad: arcángel Miguel. Si quieres disipar la negatividad y la ansiedad, las fobias y la aprehensión, usa uno de los aceites esenciales siguientes para invocar al arcángel Miguel:

Bergamota • Alcanfor • Camomila • Eucalipto • Hisopo • Lavanda • Lima • Mandarina • Nerolí • Menta • Rosa otto • Salvia • Sándalo • Mejorana dulce • Ylang-Ylang.

Paz interna: arcángel Uriel. Si quieres recuperar la paz interior, la armonía del alma y vivir en una realidad bien asentada, emplea uno de los aceites esenciales siguientes para convocar al arcángel Uriel y a su legión de ángeles, que responderá rápidamente a tus demandas:

Clavel • Camomila • Jacinto • Lavanda • Mandarina • Melisa • Mirto • Nerolí • Petitgrain • Rosa otto • Sándalo.

Confianza: arcángel Jophiel. Para potenciar tu autoconfianza, tu autoestima y tu creatividad personal, convoca al arcángel Jophiel usando uno de los aceites esenciales siguientes:

Albahaca • Bergamota • Camomila • Pomelo • Jazmín • Limón • Lima • Litsea Cubeba • Mandarina • Romero • Ylang-Ylang.

Coraje: arcángel Uriel. Si quieres fortalecer tu coraje, fuerza, resistencia y vigor, invoca al arcángel Uriel usando uno de los aceites siguientes para estimular el chakra raíz o base. Uriel también te ayudará a superar el miedo irracional, la paranoia o los ataques de pánico:

Albahaca • Pimienta negra • Clavel • Clavo • Incienso • jengibre • Pomelo • Ravensara • Hinojo dulce • Tomillo • Milenrama.

*La **mejorana** se usa para abrir el chakra corazón, disipar el miedo y fomentar la dicha.*

Afrodisíaco: arcángel Chamuel. Todos los aceites siguientes son grandes afrodisíacos que incrementan la sensualidad. Convoca al arcángel Chamuel y a su legión de ángeles para que te ayude con todas tus relaciones, y especialmente a ser consciente de la energía *kundalini*. El jazmín se usa tradicionalmente en los rituales tántricos. Usa los siguientes aceites esenciales:

Cardamomo • Semilla de zanahoria • Comino

*La **vainilla** atrae las energías amorosas y estimula el chakra raíz, incrementando el flujo de energía.*

• Jengibre • Jazmín • Pachuli • Rosa otto • Nardo • Vainilla • Ylang-Ylang.

Atrae el amor, la alegría, la felicidad o a una pareja del alma: arcángel Chamuel. Para abrir y sanar el chakra corazón y atraer el amor a tu vida; para descubrir relaciones alegres y felices, e incluso atraer a tu pareja del alma, usa uno de los aceites siguientes y pide al arcángel Chamuel que te ayude en tu empeño:

Canela • Clavo • Coriandrio • Jazmín • Flor de tila • Mimosa • Mirto • Naranja • Palmarosa • Rosa • Vainilla • Milenrama.

Atraer suerte: arcángel Jophiel. Algunas personas atraen la buena suerte, y a menudo se debe a que han desarrollado la conciencia de prosperidad. Para entender las leyes de la manifestación, invoca al arcángel Jophiel y usa una combinación de dos o tres de los aceites esenciales siguientes, que te limpiarán los chakras base, sacro y plexo solar:

Canela • Clavo • Comino • Melisa • Mirto • Musgo de roble • Baya de pimiento • Pino • Sándalo • Espicanardo • Vetiver.

La milenrama disipa la energía negativa e incrementa el amor y los poderes psíquicos. La canela estimula los poderes mentales y fomenta la concentración.

ÁNGELES Y ASTROLOGÍA

Ángeles y planetarios

Cada uno de los siete planetas clásicos, que eran muy conocidos entre los antiguos, al menos en la época romana, eran atribuidos a un ser de energía arquetípica que también gobernaba su día de la semana.

En la España mozárabe del siglo XII, la fertilización intercultural de las tradiciones cristiana, árabe y judía anunció la era dorada del Renacimiento, y supuso el final de los tiempos oscuros. Durante este periodo surgieron en España los primeros datos y documentos sobre los ángeles planetarios.

Este conocimiento fue condenado por el puritanismo protestante europeo a partir del siglo XVI, pero la síntesis de astrología, religión, misticismo y magia alquímica volvió a salir a la superficie. A medida que se fueron descubriendo más planetas —Urano, Neptuno y Plutón—, se les asignaron ángeles.

Tradicionalmente, los siete planetas conocidos eran considerados dioses o entidades divinas.

Cada uno de los siete planetas antiguos tienen asociado un ser angélico que le ayuda a manifestar los sueños y aspiraciones de la humanidad.

Los planetas y sus ángeles regentes

Planeta	Ángel	Planeta	Ángel
Sol	Arcángel Miguel	Venus	Arcángel Hagiel
Luna	Arcángel Gabriel	Saturno	Arcángel Cassiel
Marte	Arcángel Camael	Urano	Uriel
Mercurio	Arcángel Rafael	Plutón	Azrael
Júpiter	Arcángel Zadkiel	Neptuno	Asariel

Ángeles del Zodíaco

Los ángeles planetarios también gobiernan el Zodíaco. El Zodíaco se divide en doce signos astrológicos, asociados con las doce constelaciones conocidas. Los ángeles del Zodíaco pueden ayudarte a entender tu signo astrológico natal. Si te hacen tu carta natal, también podrás trabajar con otros ángeles, como tu ángel «ascendente» o con el ángel de tu signo lunar.

Ángeles del Zodíaco

Signos	*Ángel*	*Cualidades del signo*
Aries	Camael	Asertivo y confiado
Tauro	Hagiel	Fiable y práctico
Géminis	Rafael	Adaptable y sociable
Cáncer	Gabriel	Sensible y simpático
Leo	Miguel	Generoso y abierto
Virgo	Rafael	Eficiente y analítico
Libra	Hagiel	Armonioso y diplomático
Escorpio	Azrael y Camael	Intenso y poderoso
Sagitario	Zadkiel	Optimista y aventurero
Capricornio	Asariel	Cuidadoso y responsable
Acuario	Uriel y Cassiel	Idealista y humanitario
Piscis	Asariel y Zadkiel	Artístico y emocional

Ángeles de las estaciones

Los gráficos siguientes dan los ángeles de las cuatro estaciones, los doce meses y los veintiocho ángeles que gobiernan las mansiones de la Luna. Estas cartas te permiten usar las fuerzas angélicas para que te ayuden a conseguir mágicamente tus objetivos y deseos.

Ángeles de las cuatro estaciones

Estación	Dirección	Arcángel	Elemento
Primavera	Este	Raphael	Aire
Verano	Sur	Miguel	Fuego
Otoño	Oeste	Gabriel	Agua
invierno	Norte	Uriel	Tierra

Ángeles que gobiernan los doce meses del año

Mes	Ángel	Mes	Ángel
Enero	Gabriel	Julio	Verchiel
Febrero	Barchiel	Agosto	Hamaliel
Marzo	Machidiel	Septiembre	Zuriel
Abril	Asmodel	Octubre	Barbiel
Mayo	Ambriel	Noviembre	Adnachiel
Junio	Muriel	Diciembre	Anael

Ángeles de la Luna

Cada día del ciclo de veintiocho días relacionado con las fases de la luna está gobernado por un ángel. Están en orden:

1. Geniel
2. Enediel
3. Anixiel
4. Azariel
5. Gabriel
6. Dirachiel
7. Scheliel
8. Amnediel
9. Barbiel
10. Ardifiel
11. Neciel
12. Abdizuel
13. Jazeriel
14. Ergediel
15. Atliel
16. Azeruel
17. Adriel
18. Egibiel
19. Amutiel
20. Kyriel
21. Bethnael
22. Geliel
23. Requiel
24. Abrinael
25. Aziel
26. Tagriel
27. Atheniel
28. Amnixiel

Crecer y menguar de la Luna. El poder lunar es la base de la magia natural. Durante milenios, quienes han poseído conocimiento oculto han usado las misteriosas energías lunares que gobiernan las mareas de vida y la mente inconsciente para iluminar su espíritu inmanente.

La luna nueva y la luna llena son momentos muy favorables para la magia. Incluso en nuestros días, los budistas tibetanos celebran la luna llena y la luna nueva con meditaciones silenciosas. En las sinagogas, se rezan oraciones especiales el sabbath anterior a la luna llena o nueva. Quienes practican la wicca celebran *esbats* en esas ocasiones, y los cristianos celebran la Semana Santa en función de la luna llena que sigue al equinoccio de primavera.

Luna creciente. La luna creciente dura aproximadamente quince días, desde luna nueva a luna llena. Durante la fase creciente, la Luna aumenta de tamaño. Por tanto, cualquier cosa que quieras que aumente debe ser bendecida o puesta en marcha durante ese periodo.

Luna decreciente. La luna decreciente dura unos quince días desde luna llena a luna nueva. La luna decreciente implica una reducción del tamaño de la Luna. Por tanto, cualquier cosa que quieras abandonar debe ser hecha en ese periodo.

La Luna está asociada con el autorreflejo, el trabajo con los sueños y el viaje astral.

Ángeles de los días y de las horas

Cada día de la semana y cada hora del día y de la noche están gobernados por su propio ángel. Las listas siguientes muestran los ángeles de la semana y los ángeles de las horas.

Templanza, el ángel alado del tiempo de la baraja del tarot, lleva el signo del sol sobre su frente. Vierte la esencia de la vida de un cáliz al otro.

Ángeles de los días de la semana

Ángel	Día
Arcángel Miguel	Domingo
Arcángel Gabriel	Lunes
Arcángel Camael	Martes
Arcángel Rafael	Miércoles
Arcángel Zadkiel	Jueves
Arcángel Hagiel	Viernes
Arcángel Cassiel	Sábado

Ángeles de las horas del día y de la noche

DÍA Horas	Domingo	Lunes	Martes	Miércoles
1	Miguel	Gabriel	Samael	Rafael
2	Anael	Cassiel	Miguel	Gabriel
3	Rafael	Sachiel	Anael	Cassiel
4	Gabriel	Samael	Rafael	Sachiel
5	Cassiel	Miguel	Gabriel	Samael
6	Sachiel	Anael	Cassiel	Miguel
7	Samael	Rafael	Sachiel	Anael
8	Miguel	Gabriel	Samael	Raphael
9	Anael	Cassiel	Miguel	Gabriel
10	Rafael	Sachiel	Anael	Cassiel
11	Gabriel	Samael	Rafael	Sachiel
12	Cassiel	Miguel	Gabriel	Samael

NOCHE

Horas	Domingo	Lunes	Martes	Miércoles
1	Sachiel	Anael	Cassiel	Michael
2	Samael	Rafael	Sachiel	Anael
3	Miguel	Gabriel	Samael	Rafael
4	Anael	Cassiel	Miguel	Gabriel
5	Rafael	Sachiel	Anael	Cassiel
6	Gabriel	Samael	Rafael	Sachiel
7	Cassiel	Miguel	Gabriel	Samael
8	Sachiel	Anael	Cassiel	Miguel
9	Samael	Rafael	Sachiel	Anael
10	Miguel	Gabriel	Samael	Rafael
11	Anael	Cassiel	Miguel	Gabriel
12	Rafael	Sachiel	Anael	Cassiel

DÍA	Jueves	Viernes	Sábado
Horas			
1	Sachiel	Anael	Cassiel
2	Samael	Rafael	Sachiel
3	Miguel	Gabriel	Samael
4	Anael	Cassiel	Miguel
5	Raphael	Sachiel	Anael
6	Gabriel	Samael	Rafael
7	Cassiel	Miguel	Gabriel
8	Sachiel	Anael	Cassiel
9	Samael	Rafael	Sachiel
10	Miguel	Gabriel	Samael
11	Anael	Cassiel	Miguel
12	Rafael	Sachiel	Anael

NOCHE

Horas			
1	Gabriel	Samael	Raphael
2	Cassiel	Miguel	Gabriel
3	Sachiel	Anael	Cassiel
4	Samael	Rafael	Sachiel
5	Miguel	Gabriel	Samael
6	Anael	Cassiel	Miguel
7	Rafael	Sachiel	Anael
8	Gabriel	Samael	Rafael
9	Cassiel	Miguel	Gabriel
10	Sachiel	Anael	Cassiel
11	Samael	Rafael	Sachiel
12	Miguel	Gabriel	Samael

Ángeles de las cuatro direcciones

Cuando trabajamos con los ángeles de las cuatro direcciones para crear un círculo sagrado que aporte equilibrio y armonía a nuestra vida, nuestro trabajo se parece mucho a la rueda de la medicina de las primeras tribus nativas de Norteamérica o a la cruz celta.

El arcángel Rafael es responsable del este, la puerta hacia el espíritu, la iluminación y la claridad. Es la dirección de los nuevos comienzos, de la inspiración, de la iluminación y de la creatividad, del amanecer y de la primavera, de los nacimientos y de la infancia.

Representación física para poner en tu altar: barritas de incienso, plumas o campanas.

El arcángel Miguel es responsable del sur, la puerta hacia el mundo físico, la confianza y la inocencia. Es la dirección de la vitalidad, del mediodía y los soles cálidos, del verano, del vigoroso crecimiento de la juventud y de la pasión.

Representación física para poner en tu altar: velas, quemador de aceites esenciales o imagen del Sol.

El arcángel Gabriel es responsable del oeste, que es la puerta que nos conduce hacia las emociones, la inspiración, la intuición y el cambio. El oeste es la dirección asociada con la introspección, con la tarde-noche, el otoño de la madurez, la profundidad y la maduración.

Representación física para poner en tu **altar:** agua, espejo o imagen de la Luna.

El arcángel Uriel es el responsable del norte, que es la puerta abierta a la mente, el conocimiento, la sabiduría, la filosofía, la religión y la ciencia. Es la dirección de la noche, del invierno, de la sabiduría y de la transformación, del abandono de lo no esencial para poder revelar lo nuclear.

Representación física para poner en tu **altar:** cristales o imágenes que te inspiren.

ÁNGELES AYUDANTES

Cuando necesites ayuda inmediata

Ésta es una guía de referencia rápida que puedes usar cuando necesites ayuda angélica inmediata. Dios es omnipotente y omnipresente, lo que significa que lo puede todo y está en todas partes. No hay nada que no sea Dios, pero a veces nos olvidamos de esto; de modo que, para recordárnoslo, Dios emplea a los ángeles que poseen atributos divinos. Por tanto, los ángeles son la presencia activa de Dios en nuestras vidas, y sustentan todas las cosas del universo, manifestado e inmanifestado. La energía angélica sustenta, nutre y protege a la humanidad. Hay ángeles responsables de cada situación conocida por la humanidad; lo único que tenemos que hacer es pedir.

Cuando invoques la ayuda angélica, piensa en ella como una petición o invitación. Las invocaciones y las cartas a los ángeles pueden ser formales o informales, y ambos estilos funcionan. Ocurre lo mismo con las personas que «canalizan» a los ángeles: la canalización siempre tiene el sabor del ego de la persona, de modo que algunos estilos son muy formales y otros muy «floridos». Como en esto no hay mejor ni peor, simplemente sigue el dictado de tu corazón.

Curación física. El arcángel Rafael es el médico del reino angélico. Puedes invocarle para curarte y para que te ayude a encontrar guía interna e inspiración para sanar a los demás. El nombre de Rafael significa «Dios ha curado». Este ángel lleva consigo una copa de ungüento sanador.

Para contactar con el arcángel Rafael se usan los aceites esenciales de anís y lavanda. La lavanda aporta regeneración y cura el aura dañada, mientras que el anís se emplea para consagrar y proteger de las energías negativas.

Su elemento es el aire y su planeta, Mercurio. El día de la semana de Rafael es el miércoles. Su cristal es la esmeralda y trabaja con el rayo verde. Su dirección es el este, y gobierna el chakra del corazón físico. Los árboles asociados con Rafael son el avellano, el mirto y la morera, y observar cuervos o ibis —y de hecho la mayoría de pájaros, o plumas blancas— es un buen augurio de que el arcángel Rafael está respondiendo a tus demandas de curación.

De la morera, asociada con Rafael, puede hacerse una esencia para deshacerse de las emociones.

Trabaja con velas verdes o amarillas, y espera resultados rápidos, generalmente en el plazo de siete días. Emplea papel verde pálido para escribir tus peticiones de curación.

Curación emocional. El arcángel Chamuel ayuda a sanar tanto las enfermedades emocionales como a desarrollar las emociones superiores del chakra corazón. Su color es el rosa (todos los tonos); gobierna el chakra corazón de la cuarta dimensión. Su elemento es el aire.

El aceite esencial rosa otto se usa para contactar con el arcángel Chamuel y para abrir el chakra corazón, pues aporta amor, paz interna y equilibrio emocional. Su cristal es el cuarzo rosa. El mejor día para contactar con el arcángel Chamuel es el viernes, que está regido por el planeta Venus. Los animales asociados con Chamuel son el ciervo, la paloma, la mariposa y el conejo. Los árboles asociados con Chamuel son el cerezo y el manzano.

Trabaja con velas rosas y orquídeas o rosas de color rosa, para provocar una respuesta rápida; si escribes una carta para atraer su atención, usa papel rosa, deja que pasen veintiocho días y después quema la carta.

La energía del elefante está asociada con la longevidad, la sabiduría y la superación de los obstáculos en tu camino espiritual.

Curación espiritual. El arcángel Zadkiel es el arcángel de la divina alegría. El nombre Zadkiel significa la «rectitud de Dios». Él es el guardián de la llama violeta de la transformación y de la curación espirituales. Zadkiel es el arcángel de la misericordia, que nos enseña a confiar en Dios y en su benevolencia. Nos reconforta en nuestra hora de necesidad.

El aceite esencial de benjuí se usa para contactar con Zadkiel y conseguir sabiduría espiritual, comprensión, desapego y para deshacerse de las emociones dolorosas. El elemento de Zadkiel es el fuego y su dominio el chakra corona; sus cristales son la amatista y la amatrina. Es el regente del planeta Júpiter y su día de la semana es el jueves. Las lilas y la lavanda están asociadas con Zadkiel; sus árboles son el roble, el fresno o el cedro; sus animales son los elefantes, las ballenas, los cisnes o los patos.

Para contactar con él deben usarse velas de colores violeta, lavanda o amatista. Espera resultados en días o semanas.

Educación. Pide al arcángel Jophiel y a los ángeles de iluminación que te ayuden a estudiar y a aprobar los exámenes. También pueden ayudarte a absorber nuevas habilidades y ofrecerte iluminación y sabiduría para alimentar tu creatividad. Jophiel es el arcángel de la sabiduría. Su nombre significa «belleza de Dios». Él te conecta con tu yo superior. Invoca al arcángel Jophiel cuando te sientas bloqueado o cuando tu creatividad necesite un empujón. Si se lo pides, él curará, limpiará, activará, equilibrará y alineará tu cuerpo mental, lo que detiene los sentimientos de baja autoestima y limpia la niebla mental.

Para conectar con el arcángel Jophiel se usa aceite esencial de limón, que es muy energizante y aporta claridad mental, refresca el espíritu y disipa la apatía y la inercia. Sus alimentos son los de color amarillo, como la mazorca de maíz, los pimientos amarillos, los plátanos, los limones y los pomelos, la miel y las avellanas; sus animales son el salmón y el cernícalo.

El rayo de Jophiel es amarillo, de modo que quema velas amarillas y usa flores de color amarillo, como los girasoles. Espera resultados muy rápidos: escríbele en papel amarillo y quémalo pasados siete días.

Romance. Ve al arcángel Chamuel (véase página 122). Está especializado en las relaciones, así como en la sanación emocional. Si le pides ayuda, él te buscará tu pareja del alma. Él dirige a los ángeles de amor, los ángeles especializados en hacer que tu vida cotidiana sea más armoniosa. No hay tarea demasiado grande ni demasiado pequeña para ellos; ayudan en cualquier situación que requiera comunicación sincera.

Aprobar exámenes y obtener conocimientos son ritos de tránsito e iniciación.

Matrimonio. Invoca al arcángel Chamuel (véase página 122) y a los ángeles de amor que trabajan por el despliegue armonioso del amor en la totalidad del cosmos.

Protección. El arcángel Miguel es el protector de la humanidad. Invócale para obtener fuerza y determinación. El nombre Miguel significa «quien es como Dios». Su color principal es el amarillo; su primer dominio es el fuego del chakra plexo solar, pero como lleva una espada de llama azul suele estar asociado con el chakra garganta, el color azul y el elemento éter. Miguel es el comandante en jefe de los arcángeles y dirige las fuerzas celestiales contra los demonios. El rayo azul representa el poder y la voluntad de Dios, así como la fe, la protección y la verdad.

El incienso y la mirra son los aceites esenciales usados para contactar con el arcángel Miguel. El incienso se usa para purificar, proteger, fomentar el coraje, consagrar y meditar, y ayuda a superar miedos y sentimientos negativos. El aceite esencial de mirra se considera uno de los más sagrados. Se usa para purificar, pues disipa las energías dañinas y negativas, y también para proteger y dejar atrás las penas. El metal de Miguel es el oro y sus animales son todos los felinos, desde los leones y tigres hasta los gatos domésticos, los armiños y todos los pájaros negros. Su planeta es el Sol, y un buen día para invocar su ayuda es el domingo. Su árbol es el laurel.

Usa papel blanco y un bolígrafo dorado para escribir a Miguel. Guarda tu carta de petición de domingo a domingo; después, quémala.

Nacimiento de niños. El arcángel Gabriel guía a las comadronas y preside todo lo relacionado con el nacimiento de los niños. Sus ángeles ayudantes son Armisael (ángel del útero) y Temeluch (protector de los niños durante el nacimiento y la infancia). Gabriel es el ángel despertador, el guardián el alma. El nombre Gabriel significa «Dios es mi fuerza». Él te ayuda a interpretar tus sueños y visiones. El arcángel Gabriel también es el ángel de la anunciación, de la resurrección, de la misericordia y de la revelación. Guía el alma en su camino de vuelta al paraíso. Lleva una trompeta para despertar a tu ángel interno y traer buenas noticias.

Para contactar con el arcángel Gabriel se

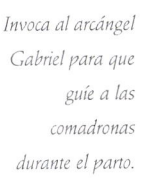

Invoca al arcángel Gabriel para que guíe a las comadronas durante el parto.

emplean los aceites esenciales de jazmín y alcanfor. El jazmín induce optimismo, deshace la tristeza y nos abre a los reinos angélicos. El alcanfor disipa la energía negativa, purifica, y puede usarse para limpiar cristales. El planeta de este ángel mensajero es la Luna, su día es el lunes y su metal es la plata. Está asociado con los lirios blancos, los lobos, los búhos, los perales y los sauces llorones.

Para facilitar el nacimiento, enciende una vela brillante a Armisael cuando empiece el proceso. En el Talmud también se dice que hay que recitar el salmo 20 nueve veces. Alternativamente, escribe una carta de petición a Armisael antes de que comiencen las labores. También puedes recitar el salmo 20 en nombre de la madre. Si se necesita más ayuda, invoca al arcángel Gabriel.

Elegir el sexo de un niño. Se dice que el arcángel Sandalphon, el ángel de la oración, decide el sexo del niño cuando es concebido. El ángel Lailah es el ángel de la concepción (dirige tus peticiones a ella si te cuesta concebir y no te importa el sexo del niño).

Enciende una vela blanca e invoca la ayuda de Sandalphon para que te ayude a concebir.

Para contactar con Sandalphon se usan los aceites esenciales de sándalo e incienso; éste arcángel aporta conciencia espiritual, paz interna, alineamiento con las energías superiores y propósito espiritual.

Es importante enfocarse en por qué deseas un hijo de un sexo concreto. Escribe una carta a Sandalphon un viernes por la noche (energías de Venus y del amor) declarando la razón (o razones) por la que deseas que el hijo que esperas sea de un sexo u otro. La noche de la concepción enciende una vela blanca nueva, quema incienso de sándalo, toma un baño relajante y ponte un camisón blanco y limpio.

Transición. El arcángel Gabriel es el ángel de la muerte; él guía el alma en su viaje de vuelta al paraíso. Hay otros ángeles «pastores» que pueden ayudarte en este camino. Si la muerte ha sido repentina y debida a un desastre provocado por la mano del hombre o a un desastre natural, como un terremoto o bombardeo, y son muchas las almas que están involucradas, debes invocar al arcángel Gabriel y pedir ayuda también a los demás ángeles pastores, como Suriel, Cassiel, Azrael, Kafziel, Metatrón, Yehudiah y Miguel. Si ha muerto un animal, invoca a Meshabber.

Fallecimiento. Según el *Zohar*, el ángel del fallecimiento es Yehudiah. Cuando alguien está a punto de morir, Yehudiah desciende con miles de ángeles asistentes para llevar el alma al cielo. De modo que a Yehudiah se le conoce como el benéfico ángel de la muerte. La muerte de un ser querido, de un amigo íntimo o de un pariente suelen ser experiencias muy difíciles. Nuestros sentimientos de pena, pérdida o abandono pueden ser tan abrumadores que pongan a prueba nuestra fe en Dios, especialmente si la muerte fue repentina o si sentimos que la persona murió antes de «su hora». Puede parecernos que la vida carece de sentido y significado, y resultarnos difícil seguir adelante con el doloroso vacío que sentimos dentro.

Distintas religiones asignan distintos periodos de duelo. Invoca a Yehudiah y eleva plegarias a Dios durante todos los días que te parezca necesario. También es posible que quieras rezar cada año el día del nacimiento de la persona y el día de su transición.

Coloca una fotografía de tu ser querido sobre tu altar angélico (o crea uno especial); después, puedes encender una vela blanca o quemar incienso frente a esa imagen.

Empezar una vela blanca o quemar incienso forma parte de los rituales de muchas culturas.

Si estás asistiendo a un moribundo, mantente en calma e irradia paz, seguridad y confort. Imagina una escalera de luz dorada y observa a los ángeles descendiendo para recibir a la persona y guiarla de vuelta al cielo.

GLOSARIO

Glosario

ANAMCHARA
Un ángel celta o amigo del alma.

ÁNGEL
La palabra se deriva del antiguo término griego *angelos*, que significa «mensajero». Los ángeles, obedientes a la ley cósmica, actúan como canal entre Dios y el mundo físico, y son un punto de enfoque del amor de Dios hacia nosotros. Los ángeles son puro espíritu y pueden tener todo tipo de formas: algunos son complejos y poderosos, otros aportan comodidad, inspiración o alegría, y algunos nunca se van de nuestro lado.

ÁNGEL GUARDIÁN
Cada persona tiene un ángel guardián que le es asignado cuando se encarna originalmente, y que nunca le deja. Su tarea es proteger, guiar y fortalecer contra las fuerzas del mal. Los ángeles guardianes canalizan la luz angélica hacia la gente, reconfortándoles y ayudándoles a lo largo de la vida.

ÁNGELES DE LOS RAYOS
Cada arcángel está asociado con un color de rayo específico que produce iluminación espiritual. Los rayos afectan tanto al cuerpo físico como al emocional, y pueden ayudar a sanar, produciendo armonía y bienestar general.

ANGEOLOGÍA
El estudio de los ángeles. A lo largo de los siglos se han escrito muchos manuscritos sobre ángeles y jerarquías angélicas, que son las fuentes de la tradición angélica.

ARCÁNGELES
En el *Libro de Enoch* se nombra siete arcángeles: Uriel, Raguel, Gabriel, Miguel, Seraquel, Haniel y Rafael. Ellos lo controlan y armonizan todo en la creación de Dios.

AURA

También conocida como campo de energía biomagnética. Es el campo de energía sutil que rodea al cuerpo humano. Está compuesto por siete niveles, que se corresponden con los siete chakras principales. La palabra aura viene del griego *avra*, que significa «brisa».

CANALIZACIÓN

La canalización es una vía más directa que los sueños para contactar y recibir inspiración del reino angélico. Para unirte con tu ángel guardián tienes que elevar tu frecuencia vibratoria. Él puede abrir un canal armonioso para escribir lo que se te dé.

CHAKRAS

Los chakras, o centros de energía sutil, en el cuerpo son importantes para el bienestar físico y emocional, y para el crecimiento espiritual. Existen siete chakras principales asociados con órganos específicos que procesan la energía sutil, todos ellos posicionados a lo largo de la línea central del cuerpo. La palabra chakra viene del sánscrito *Chakram*, que significa «rueda».

DHARMA

Obtener iluminación liberándose de la ilusión.

ELEMENTALES

Se trata de espíritus de la naturaleza que crean abundancia y equilibrio sobre la Tierra. Entre los elementales se incluyen las hadas (espíritus de la tierra), las sirenas (espíritus del agua), las salamandras (espíritus del fuego), las sílfides (espíritus del aire) y los devas. Los devas suelen trabajar con los humanos y están más evolucionados que los elementales. También habitan en los cristales de cuarzo claro, y pueden enseñar a sanar.

EL AKASHA

Un archivo que existe más allá del tiempo y del espacio y contiene información sobre todo lo que ha sido, es y será (los registros akáshicos). Los archivos están almacenados como «códigos de luz», y se puede acceder a ellos con la ayuda de seres de niveles superiores o elevando la propia frecuencia vibratoria.

ENERGÍA SUTIL

En la vida influyen distintas energías, algunas de las cuales —las energías sutiles— no pueden ser vistas ni sentidas por la mayoría de la gente. El cuerpo humano está rodeado por un campo de energía sutil (el aura), y la energía sutil está presente en cada uno de los chakras.

ERA DE ACUARIO

En términos astrológicos, estamos haciendo la transición de la era de Piscis, un tiempo de influencia paternal en que las personas responsabilizaban de su conducta y crecimiento espiritual a otros, a la Era de Acuario, en la que dicha responsabilidad se asumirá personalmente. La gente Nueva Era cree que se desarrollará una nueva era dorada en la que toda discriminación racial terminará.

ESENCIA DE GEMAS

Agua destilada sutilmente energetizada por cristales.

FRECUENCIA VIBRATORIA

También conocida como ritmo vibratorio o estado de conciencia. Es la frecuencia de la actividad cerebral en el córtex cerebral. Cuando el ritmo vibratorio es elevado y los dos hemisferios cerebrales están completamente equilibrados, se producen estados de dicha. El objetivo de elevar la frecuencia vibratoria es alcanzar estados más refinados de actividad cerebral (espiritualidad) y una mayor unidad con Dios.

FUERZA DE VIDA (CHI)

Energía vital que se distribuye alrededor del cuerpo físico a través de los chakras. También se le puede llamar «qi» o «ki». El *Qi* impregna todas las cosas y los terapeutas pueden enfocarlo y dirigirlo para inducir la sanación.

JERARQUÍA CELESTIAL

Han existido muchas clasificaciones de los seres angélicos, incluyendo las del Antiguo y Nuevo Testamento, la *Jerarquía celestial* de Dionisio y los trabajos de Santo Tomás de Aquino. La primera esfera contiene las tres órdenes más elevadas y cercanas a Dios: los serafines, querubines y tronos; la segunda esfera contiene las dominaciones, las virtudes y los poderes, y la tercera esfera contiene los principados, arcángeles y ángeles (incluyendo a los ángeles guardianes).

JERARQUÍA ESPIRITUAL

Esta jerarquía está formada por las almas ascendidas, como los maestros ascendidos, los santos y los bodhisattvas, que supervisan la evolución espiritual de la humanidad.

LA CÁBALA

Una tradición mística judía y una fuente muy

rica de tradición angélica. *Cábala* significa «recibir sabiduría interna», y esta tradición ha sido enseñada por transmisión oral. Existen dos textos originales: el *Zohar,* o *Libro del esplendor,* y el *Sepher Yetzirah,* o *Libro de formación.* El elemento central de la Cábala es el árbol de la vida, un mapa visual donde se representa el camino de vuelta a Dios, en el que hay que atravesar diez esferas formadas por la energía divina al descender desde lo alto.

LOS LIBROS DE ENOCH

Los tres *Libros de Enoch* son escrituras no-canónicas atribuidas al bisabuelo de Noé y escritos por diversos autores, entre los años 200 antes de Cristo y 100 después de Cristo. El Libro de Enoch hace referencia a 1 Enoch, que sólo ha sobrevivido en versión completa en lengua etíope. Otros fragmentos de 1 Enoch han sido descubiertos entre los pergaminos del mar Muerto. También han sobrevivido otros dos libros: 2 Enoch, o el Testamento de Leví, en lengua eslava, y 3 Enoch en hebreo.

MIASMA

Una impronta de energía sutil que se aloja en cualesquiera de los chakras produciendo enfermedad física o emocional. Existen cuatro tipos de miasmas: kármicas, adquiridas, heredadas y planetarias.

PUERTA ESTELAR

Una apertura a otra dimensión o realidad.

TEMPLO DE LUZ

Cada arcángel tiene un templo «anclado» en el reino etérico (el mundo físico sutil). Generalmente están situados sobre vórtices de «poder», donde se cruzan las líneas telúricas o sobre remotas cordilleras montañosas. También se hallan sobre los lugares sagrados de la Tierra, como en el templo egipcio de Luxor. Los templos de luz fueron construidos por la jerarquía espiritual bajo la guía de los arcángeles. Cada uno de ellos tiene un propósito diferente; cuando los buscadores espirituales visitan un templo durante la meditación o en sueños, son inspirados por la virtud cósmica de ese templo concreto.

TRABAJADOR DE LA LUZ

Individuo que es consciente de que tiene un propósito espiritual superior. Los trabajadores de la luz tratan de curarse a sí mismos y a los demás, así como su medio ambiente.

ÍNDICE DE MATERIAS Y AGRADECIMIENTOS

Índice de materias

Los números en *cursiva* indican fotografías.

Abraham 70, 116, 176, 178, *184*
aceites esenciales 152, 334-55
    aceites portadores e instrucciones de seguridad 338-9
    difusores 342-3
    masaje, baño e inhalación de vapores 340-41
    para problemas específicos 346-55
    perfumar objetos domésticos 344-5
    uso de fragancias para atraer a los ángeles 336-7
activación del centro de la palma 220
activación del cuerpo mental 221
Acuario 361
Adán 48, 70
Adnachiel 363
afirmaciones 28-9
    negativas 28
    positivas 28, 29, *29*
Agar 180
agua 63, 73, 362
aguamarina 332-3, *332*
Agustín, San 180
ahumar 283
Ain 74, 75
Ain Soph 74, 75
Ain Soph Aur 74, 75
aire 64, *65*, 73, 362
alas 8-9, 21
    meditación de las alas de ángel 156-7
    serafines 54
    tronos 55
alfabeto hebreo 72, 73, *73*, 94
alma
    perdida 57
    protegida por los poderes 56
    rescate 276-7
    tres partes del alma 82-3
altar angélico 22
amatista 227, 312-313, *312*
Ambriel 363
ambrosía 20
Ambrosio, San 181
amor, ángeles de 34
amor 20
Amón-Ra 192
Anael 363, 366, 367
ángel de la cocina 35
ángel del espacio para aparcar 35
ángeles
    primera esfera 54-5
    segunda esfera 56-7
    tercera esfera 59
ángeles akáshicos 260-261

ángeles budistas 182, 183
ángeles caídos 8, 48-9, 51, 66, 67
ángeles cantores 51
ángeles de los exámenes 35
ángeles de los rayos 102-3
ángeles de Mons 204, *205*
ángeles del Zodíaco 48, 360-61
ángeles guardianes 13, 14, *16*, 42, 43, 53, 58, 60-61, 180-81, 183, 272, 273
ángeles guías 61, *61*
ángeles mensajeros 14, 24
ángeles pastores 378
ángeles planetarios, *véase* astrología
ángeles viajeros 35
angelita 152, 281, 292-3, *292*
angelología 10, 48
Anhael 49
Antiguo Testamento 10, 48, 52, 54, 55, 59, 90
    ángeles 174
Anubis 192
aplaudir 18-19
apócrifos 10
Aquino, Santo Tomás 53
    Summa Theologica 13, 53
árbol de la vida 41, 48, 54, 71, *71*, 74, 76-7, *76*, 78, 79, 80, 84, 88, *89*, 90, 94, 95, 178, *179*, 188
árbol del conocimiento 48
árboles *143*
arcángel Metatrón 54, 67, *67*, 92, 120, *121*, 133, 134, 160, 253, 260, *261*, 262, *262*, 263, 350, 378
arcángel Miguel 10, 35, 51, 54, 58, 66, 106, 110, 112, *113*, 160, 162-3, *163*, 176, 185, 211, 250, 251, 257, 265-9, *265*, 352, 353, 359, 361, 362, 365-8, 376, 378

arcángeles (ángeles regentes) 40, 58-9, *59*, 181, 257
arco iris *118*, 136, 243
Aries 361
Aristóteles 52
arte prehistórico australiano 178
artículos del hogar, perfumar 344-5
Asariel 359, 361
asentarse 150
asirios 13, 48, 54, *175*
Asmodel 363
astrología 195, 356-69
    ángeles de las estaciones 14, 48, 60, 63, 358-9
    ángeles zodiacales 360-61
aura 9, 38, 99, 145, 230-31, *231*, 281
Auriel, arcángel 138, 140, 141, 160, 168
ayuda, ángeles de 370-79
ayunar 25
azeztulita 294-5, *294*
Azrael 359, 361, 378

Babilonios 13, 48, 54, 176
bañarse 25, *25*, 152, 341, *341*
Barbiel 363
Barchiel 363
Biblia, la 10, 12, 66, 176, 180
binah (entendimiento) 77, 78, 80, 83, 84, 85, 86, 87, 95
Blake, William 203
Blavatsky, Helena 195
Boaz (pilar de la Severidad) 80
bodhisattvas 13, 40, 182, 188
Brahmán 73, 182, *183*
brisa angélica 21
Buda 182, 183
budismo 182, 183, 195, 364

Cábala 13, 68-99
  ángeles de la 178-9
  arcángeles y los diez sephiroth 76-7
  caduceo 88-9
  cuatro mundos 92-3
  Daath 86-7
  el Absoluto 74-5
  escalera de luz 90, *91*
  historia de la 70-71, *71*
  ritual cruz de luz 96-7
  ritual menor de la desaparición del pentagrama 98-9
  trabajar las rutas con los ángeles 94-5
  tres partes del alma 82-3
  tres pilares 80-81
  tres tríadas 78-9
caduceo (vara de Hermes) 88, *89*
Caín 56
caldeos 13, 48, 54
Camael, arcángel 57, 140, 141, 359, 361, 365
camino espiritual 40-41
campanas 18, 283
canales meridianos 153
canalización 42-3, *42*, 195
Cáncer 361
candelabros, con siete ramas 59
Capricornio 361
cartas de ángeles 32-3, *33*
cascabeles 18
Cassiel, arcángel 51, 56, 359, 361, 365, 366, 367, 378
celestita 23, 152, 281, 282, 290-91, *290*
Cerviel 58
chakra alma estrella 120, 158, *158*, 159
chakra angélico (quinto ojo) 126

chakra corazón (principales referencias) *102*, 103
chakra corona (principales referencias) *102*, 103
chakra del cuarto ojo 140, 141
chakra garganta (principales referencias) *102*, 103
chakra plexo solar (principales referencias) *102*, 103
chakra raíz (principales referencias) *102*, 103
chakra sacro (principales referencias) *102*, 103
chakra tercer ojo (principales referencias) *102*, 103
chakra tierra estrella 95, 134, 136, 137
chakra timo (corazón superior) 124
chakras 95, 102-3, *102*, 128, 129
  equilibrar 228-9
  limpieza 226-7
  sentir los 222-3
chakras de la palma 221, *221*, 229, 233, 237, 238, 243
chamanismo 135, 191
Chamuel, arcángel 34, 57, 122, *123*, 146, 147, 160, 244-7, 275, 349, 354, 355, 373, 375, 376
chayyah 83
chesed (misericordia) 77, 78, 80-81, 84, 85, 86, 88, 95
Chokmah (sabiduría) 77, 78, 80, 84-8, 95
cielo 8
címbalos tibetanos 18, 283
cinco sentidos 14, 18
círculo, sagrado angélico *256*, 257
citrino 320-21, *320*
«ciudad de Cristo» 51

coincidencias 21
colores angélicos 100-147
colores del entorno natural 134-5
conciencia angélica 25
conciencia cósmica 41
conciencia crística 123, *123*
conciencia de Dios 17, 88, 92
Corán 9, 185
coros celestiales 51, *53*
cortar vínculos 266-7
córtex cerebral 17
creación 73
crecimiento espiritual, 216-7, 254-5
cristales 23, 152, 278-88
cristales de cuarzo claro 23, 64, 98, 99, *99*,
 151, *220*, *221*, 224-7, *224*, *226*, 229, 234,
 234, 235, 282, 284
cristiandad 184, 270
 adaptación de la séptuple presencia 59
 ángeles cristianos 180-81
 fuentes de tradición angélica 10
 siete cielos 48
cromoterapia (terapia con colores) 103
cuarzo ángel aura 152, 286-7, *286*
cuarzo rosa *146*, 316-17, *316*
cuarzo rutilado 308-9, *308*
cuatro direcciones, ángeles de las 368-9
cuatro mundos 92-3
cuatro portadores del trono de Alá 185
cuencos musicales tibetanos 18, *19*, 283
cuerpo astral, *véase* aura
«cuerpo de luz» 253
cueva de Qumram 1, *12*

Daath (conocimiento) 77, 81, 84-7, *86*, 95
daimon 52
Dalquiel 49, 51

danburita 23, 324-5, *324*
Daniel 180, 198, *198*
demonios 56
desprogramación 28, 29
devas 63, 64-5, 183
dharma 124, 183, 260
dharmapalas 183
día del juicio 48
diamante 304-5, *304*
diario angélico 36-7, *36*
días de la semana, ángeles de los 365
difusores 342-3
Dionisio, el Pseudoareopaguita 13,
 52
Jerarquía celestial 52, *53*
Corpus areopagiticum 13
Dios
 amor místico de 17
 creó el mundo 71
 energía de 55
 luz de 59
 morada de 51
 perfección de 24
 unidad con 17
 voluntad de 59
 y tu luz interna 16
divino, lo 74, 75, 78, 80, 134
dominaciones 56
dones angélicos 23
dones espirituales, aceptar y desarrollar los
 274-5

educación 35, 375, *375*
Egipto, antiguo 10, 73, 192-3, *280*, 281
elementales 62-5
elfos 63
Elías 199, *199*

emanación 84
emociones, equilibrar las 244-5
emociones negativas 26-7
energía pránica 136
enfermedades, causas de las 214-15
Enoch 58, 66-7, *67*, 199, *199*
   1 Enoch (Libro de Enoch) 9, 12, 58, 66, 67
   2 Enoch (Testamento de Leví) 9, 12, 66, 179
   3 Enoch 12, 66
era de Acuario 16, 88, 124, 193, *193*
era de Piscis 16
Ertosi 57
escalera de Jacob, véase escalera de luz
escalera de luz (escalera de Jacob) 41, 90, *91*, *93*
Escorpio 361
escribir a tus ángeles 26-7, *27*
Esculapio 88
esencias de gemas 283, 291
esmeralda 318-19, *318*
espiritualismo 195
espíritus
   de la naturaleza
   de las plantas 63
   de los árboles *62*
   del agua 63
   del fuego 63, *64*
   liberación de 264-5
estaciones 63
   ángeles de las 362-3
estados de conciencia 17
estrella de David 257
eternidad 253
Eva 48, 56, 70
Ezequiel 54, 200, *200*

fallecimiento 379
fariseos 52
Fátima, Portugal 40
fénix 192
«fin de los días» 14
flor de loto 21, 146
flores 22-3, 152
fortalecimiento angélico 268-9
frecuencia vibratoria 16-17, 18
fuego 63-4, 73, 362
fulgurita 330-31, *330*

Gabriel, arcángel (Jibril) 9, *9*, 10, 48, 55, 56, 58, *59*, 106, *107*, 110, 160, 168, 180, 185, 254, 255, 257, 348, 359, 361, 362, 363, 365, 366, 367, 369, 376, 377, *377*, 378
gandharvas 182-3
Geburah (Severidad) 77, 78, 80, 84, 85, 88, 95
Gedeón 180
gematría 73
Géminis 361
gnosis (iluminación) 158
gnomos 63
gnosis hermética 88
goblins 63
gongs 18
Grecia, antigua
   ángeles 193, *193*
   templos 41
Gregorio I, papa, San, 52, 180
guía 272-3

hadas 63
Hagiel, arcángel 359, 361, 365
Hamaliel 363
Handel, George Frederick: *El Mesías* 39

Haniel, arcángel 58, 124, *125*, 160, *276*, 277, 348
Hashmal 56
hatha yoga 166
Haydn, Joseph: *La Creación* 39
hiddenita 298-9, *298*
Hildegarda de Bingen 202
hinduismo 195
Hod (Gloria, Majestad) 77, 79, 80, 84, 85, 88, 95
horas del día y de la noche, ángeles de las 366-7
Horus 192, *192*

Iglesia
    católica romana 13
    ortodoxa oriental 179
iluminación/inspiración 248-9
incienso 152, 378, 379, *379*
India 10
indios hopi 73, 178
infierno 49
infusión de camomila 25
infusiones de hierbas 24, 25
inhalación de vapores 341
inspiración divina 57
invocar a los ángeles 24-5
iolita 310-311, *310*
ira, purgar la 27
Isaac 116
Isaías, pergamino de *12*
Isaías 51, 54
Isis *192*
islam 13, 48
Israel (Jacob) 179, 180
Israfil 185
Izrail 185

Jachin (pilar de la Misericordia) 80-81
Jagniel 49, 51
jardín del Edén 70
Jehoel 54
jerarquía de Dionisio 54
jerarquía espiritual 40
jerarquías angélicas 46-67
    ángeles de Enoch 66-7
    reino elemental 62-5
    ángeles guardianes 60-61
    nueve rangos de seres angélicos 52-3
    los siete cielos 48-51
    esfera uno 54-5
    esfera dos 56-7
    esfera tres 58-9
Jesucristo 13, 56, 106, 180, 181
Jibril, *véase* Gabriel, 185
Jophiel, arcángel 35, 55, 108, *109*, 160, 221, 248, 249, 350, 352, 353, 355, 375
Juan, San 59, 66, 72-3, 201
Juan el Bautista, San 49, 180
Juana de Arco 202, *202*
judaísmo 48, 52, 176, 184
Judas, San 181
Júpiter 359

Kadmon, Adán 90, 92
Kafziel 378
karma 51
    limpieza del 270-71
Kether (corona) 54, 74, 77, 78, 81, 84, 85, 86, 88, 92, 95
Krishna, 182, *183*
kundalini, energía 85
kunzita 282, 298-9, *298*

Lailah, ángel 378

Lamy, Pere Jean 203
lapislázuli 322-3, *322*
Leo 361
ley cósmica 17, 20
leyendas de las primeras naciones de Norteamérica 190-91
Libra 361
libre albedrío 8, 24, 60
libro de gratitud angélica 38
Libro de los muertos 192
Libro de Mormón 186
limpiar 18, 19, 25, 152, 283
llama violeta de transformación 144-5, 258-9, 271
Lot 180
Lucifer 54
lugares sagrados, ángeles de los 62
Luna *140*, 254, *254*, 255, 359, 364, *364*
   ángeles de la 168, 169, 362, 363
   fases de la 63
Luria, rabino Isaac 90
   Rotura de las vasijas 90
Luxor, Egipto 40

Machidiel 363
madre Tierra 139, 150, 167, 281
maestros ascendidos 40
magia con cristales 280-81
   dedicación de tu cristal 284, 285
   selección, cuidado y limpieza 282-3
   templo dévico 64-5
   véase también nombres de cristales individuales
Maha Maya, reina 183
Mahoma 9, 106, 185
malaquita *280*, 281

Malkuth (reino) 77, 79, 82, 84, 85, 88, 92, 95
mareas 63, *140*
María, Virgen 55, 106
   anunciación de *9, 59*
   retratada como reina de los ángeles *15*
Marte 359
masaje 340-41, *340*
Mathers, S. L.: *Greater Keys of Solomon* 134
matrimonio 376
maya 73
meditación 21, *21*, 25, *25*, 30, *31*, 37, 84, 85, 96, 274
   véase también en colores angélicos; meditaciones angélicas
meditación de los rayos transmutadores de la cuarta dimensión 128-9
meditación de los rayos transmutadores de la quinta dimensión 132-3
meditación para fijar los rayos chakra cuadridimensionales 130-31
meditación sobre el uso del color por parte de la naturaleza 146-7
meditación sobre la armonía entre el Sol y la Luna 140-41
meditación sobre la creatividad y la armonía del alma 142-3
meditación sobre la llama rosa estrella-corazón 146-7
meditación sobre la llama violeta de transformación 144-5
meditaciones con los ángeles de los siete rayos 118-9
meditaciones de ángeles 148-71
   alineamiento angélico 154-5
   ángeles de la meditación matinal 166-7
   ángeles de la meditación nocturna 168-9

descubre tu camino de vida con la meditación del arcángel Uriel 164-5
espacio de meditación 151
meditación de la espada del arcángel Miguel 162-3
meditación de las alas de ángel 156-7
meditación del alineamiento estelar 170-71
meditación del halo angélico 158-9
meditación del templo angélico 160-61
postura de meditación 150, *150*
preparación 152-3, *153*
Melquisedec, arcángel 70, 128-31, *128*, 160, 178
menorah 59
mente de Dios 74, *75*
Mercurio 359
Merkabah, cuerpo de luz 128, 129
Merkabah, textos 67
Merkabah (carro del trono de Dios) 55
meses, ángeles que gobiernan los 363
Meshabber 378
Mesopotamia 48
miasmas kármicas 144, 170-71
Moisés 120, 176, *177*
moldavita 296-7, *296*
mormón 186
mormones 186, *187*
Moroni 186, *187*
movimiento Nueva Era 13, 126, 188, 194-5, *194*
Muriel, arcángel 56, 160, 363
música 19, 20, 146, 147, 152

nacimiento 376-7, *377*
naturaleza de Buda 61

nefesh 82, *82*
Neptuno 358, 359
neshamah 82, 83
Netzach (Victoria) 77, 79, 81, 84, 85, 88, 95
Nike 193, *193*
niveles aúricos 230-31
equilibramiento 234-5
sentir 232-3, *232*
Noé 66
nominalización 28, 29
nubes 22, *22*
nueva era dorada 14
nueve rangos de seres angélicos 52-3
esfera uno
querubines 52, 54-5
serafines 52, 54, *55*
tronos 52, 55
esfera dos
dominaciones 52, 56
poderes 52, 56-7
virtudes 52, 56
esfera tres
ángeles 52, 59
arcángeles 52. 58-9, *59*
principados 52, 58
Nuevo Testamento 12, 52, 58, 59, 72, 106
ángeles 174-5
Nut 192-3

objetos perdidos, ángel de los 35
ondinas 63
ópalo 300-301, *300*
Ophaniel 55
ordenadores *285*
ordenar 18, 19
Oriphiel 55
Osiris 192, *192*

Pablo, San 13, 51, 52, 120, 181
paganismo 195
pájaro de trueno 190-91, *190, 191*
pájaros 64, *65*
palabras
    signos angélicos 23
    poder de 29
palabras clave 32, 33
paraíso 41, 70
Pedro, San 11
péndulo 224, *224,* 225, 226, *226,* 227, 229, 234, *234,* 235
pensamientos negativos 38
pensamientos positivos 38
pentagrama 98-9
percepción angélica 204, 207
perdón 27
pergaminos del mar Muerto 12, *12*
Persia 10
piedra de luna 255, 328-9, *328*
Piscis 361
Plotino 52
plumas 23, *23*
Plutón 358, 359
poderes 56-7
polaridad masculino/femenino 239, 252-3
Popul Vah 73
presencia séptuple 58-9
primer rayo de poder y voluntad divinos 268, 269
principados 58
protección 250-51, 376
puerta estelar (noveno chakra) 158
puertas estelares 170, *171*
puritanismo protestante 358

qi (chi), acumulación de 220, 221, 240

Querubiel 55
querubines 51, 52, 54-5, 66, 181, 185

Raaya Meheima 83
Rafael, arcángel 10, 34-5, 35, 49, 55, 58, 87, 110, *111*, 160, 211, 222, 223, 229, 235-8, 240, 241, 243, 257, 347, 361, 362, 365-8, 372-3, 373
Raguel 58
rayo amarillo 108-9, *109*, 221
rayo azul 112-13, *113*, 268
rayo blanco 120-21, *121*, 122, 131
rayo blanco dorado 131
rayo cobre 139
rayo dorado 138-9, 140
rayo índigo 114-15, *115*, 131
rayo lila 126-7, *127*
rayo naranja 106-7, *107*
rayo platino 139
rayo rosa 122-3, *123*, 131, 244
rayo rubí 104-5, *105*, 122, 131
rayo plateado 138, *138*, 140
rayo turquesa 124-5, *125, 276,* 277
rayo verde 110-111, *111*
rayo violeta 116-17, *117*, 131
Raziel, arcángel 55, 70, 114, *115*, 160, 348, 349
registros akáshicos 51, 56, 260, *261*, 262, *262*
reiki 274, 284
relaciones 28-9
    armonización 246-7
Requel 58
Rikhiel 55
ritmo vibratorio 16-19, 72, 153
ritual cruz de luz 96-7, *96*, 98-9, *99*
Rochel 35

rociadores de ángeles 152, *153*
romance 375
ropa 19, 152-3
ruach 82-3
ruach ha kodesh (Espíritu Santo) 83, 87
rubí 326-7, *326*

Sachiel 366, 367
Sagitario 361
salamandras 63
Salmos 49, 51
Samael 57, 366, 367
sanación
    a distancia 240-41
    a los demás 238-9
    ángeles de 34-5
    ángeles sanadores 21, 34-5
    autosanación 236-7
    emocional 373
    espiritual 374
    física 372-3
    planetaria 242-3
    preparación para la sesión de curación angélica 218-19
sanctasanctórum 51, 87
Sandalphon, arcángel 51, 134, *135*, 136, 137, 160, 242, 243, 378, *378*
Sansón 180
santos 24-5, 40, 56
Sarim 51
Saturno 51, 359
sensación del gusto 20
sentir la presencia de los ángeles 20-21
señores del karma 56
Sepher Raziel (el *Libro de Raziel*) 70
Sepher Yetzirah (el *Libro de Formación*) 13, 70, 178

sephiroth 76-7, 78, 84, 85, 92, 94, 95, *95*
serafines 51, *52*, 54, *55*, 181
serafinita 23, 152, 288-9, *288*
Seraphiel, arcángel (el «príncipe de la Paz») 54, 160
Seraqael, arcángel 58
serifos, cuarzo verde 152, 302-3, *302*
sexo de un niño 378
Shekinah 178, 179
Shiva 182
siete cielos
    cuarto cielo 51
    primer cielo 48
    quinto cielo 51
    segundo cielo 48-9
    séptimo cielo 51
    sexto cielo 51
    tercer cielo 49, 51
signos angélicos 22-3
sílfides 64
sirenas 63
Smith, José 186, *187*
Sociedad Teosófica 195
Sócrates 52
Sol 359
soltar el pasado 256-7
sonido 72, 73
Stonehenge *137*
Sumeria 10, 48
Suriel 378
Swedenborg, Emanuel 13

talentos angélicos 39, *39*
tambores 18, *18*
tanzanita 306-7
Tauro 361
templanza *365*

templo de Hatshepsut, Egipto *41*
templos de luz 40-41, *41*
terapia con luz 103
terapia hidrocromática (tinturas de color) 103
tetragrámaton 77
Thoth 73, 88
Tierra 8, 62, 63, 96, 97, 136, 137, 242, *242*, 362
Tiphareth (Belleza) 77, 78, 79, 81, 82, 84, 85, 87, 88, 95
Tobit (Tobías), Libro de 10
topacio azul 314-15, *314*
Torah 176
tradición angélica, fuentes de 10-13
tradición celta 178
    ángeles celtas (Anamchara) 188-9, *189*
tradición judía 176
tradiciones gnósticas 195
transformación 258-9
transición 378-9
Trisagion (himno de alabanza a Dios) 54
tronos 51, 52, 54, 55
Tzaphkiel, arcángel 55, 126-7, *127*, 160, 247

Urano 358, 359
Uriel, arcángel 56, 58, 104, *105*, 143, 160, 164, *164*, 165, *165*, 257, 353, 354, 359, 361, 362, 369

vampirismo energético 266
Vedas 73, 182
velas 25, *26*, 31, 59, *86*, 87, *145*, 146, 147, 152, *153*, 378, *378*
Venus 359
Verchiel 57, 363

verde esmeralda 131
vidas pasadas, viaje hacia 262-3
Virgo 361
virtud cósmica 41
virtudes 56
Vishnú 182
visión celestial 208
visiones angélicas 196-211
visiones de infancia *206*, 207-8

wica 195, 364

Yahariel 56
Yahudiah, ángel 378, 379
«YAM» (*bija* mantra) 146, 147
yang 138, 252, *252*
yehidah 83
Yesod (fundamento) 77, 79, 81, 84, 85, 88, 89
YHVH (Yahweh) 77, 92, 99, 260
yin 95, 138, 252, *252*
yoga 274
Young, Bingham 186

Zacarías 180
Zachariel 49
Zachiel 51
Zadkiel, arcángel 55, 56, 116, *117*, 144, 145, 160, 258, 259, 271, 347, 351, 359, 361, 365, 374
Zaratustra 174
Zeus 88
Zohar (el *Libro del Esplendor*) 13, 70, 82, 83, 90, 178, 379
Zohar (pilar del Equilibrio) 81
Zophiel 55
zoroastrimo 13, 174

Agradecimientos

AGRADECIMIENTOS DEL AUTOR

Me gustaría dar las gracias al reino angélico por toda su ayuda y guía cuando estaba investigando y escribiendo este libro y los demás libros sobre ángeles. Me gustaría dar las gracias a todos mis amigos angélicos, en especial a Glennyce Eckersley y Diana Cooper. Un gracias especial a los miles de personas que han asistido a mis cursos a lo largo de los últimos dieciséis años y han compartido libremente sus experiencias, historias y formas de ver los ángeles. Finalmente, me gustaría dar las gracias a mi familia por su amor y apoyo incondicionales.

Editor ejecutivo Sandra Rigby
Editor Jessica Cowie
Editor artístico Sally Bond
Diseñador Annika Skoog para Cobalt Ltd.
Ilustradores Kuo Kang Chen, Stephen Angel
Buscador de imágenes Jennifer Veall
Controlador de producción Simone Nauerth

CRÉDITOS DE LAS IMÁGENES

Andrew Alden, geology.about.com 330. AKG, Londres/Biblioteca británica 68. Alamy/Eddie Geral 83, 377. BananaStock 217. Bridgeman Art Library/British Library, Londres, UK 175, 198; /Collegiale Saint-Bonnet-le-Chateau, Francia, 356; /The De Morgan Centre, Londres, 100; /The Detroit Institute of Arts, USA, Bequest of Eleanor Clay 148; /Galleria degli Ufizzi, Florencia, Italia, Alinari 196; /Galleria dell' Accademia, Venecia, Italia 370; /Louvre, París, Francia, Peter Welli 15, 193; /MAK, Viena, Austria 71; /Musee des Beaux Arts Rennes, Francia, Giraudon 61; /Musee du Petit Palais, Avignon, Francia, 91; /Museo del Castelvecchio, Verona, Italia 59; /Art Gallery of New South Wales, Sydney, Australia 11; /Padua Baptistery, Padua, Italia, Alinari 181; /Palazzo Ducale, Urbino, Italia 177; /Private Collection, por cortesía de Julian Hartnoll 212; /Private Collection, Dinodia 183; /San Marco, Venecia, Italia, Cameraphoto Arte Venezia 55; Santuary of Santa Maria delle Grazie, Saronno, Italia 53; /Sanctuary of the Blessed Virgin of Miracles, Saronno, Italia

334; Trustees of the Royal Watercolour Society, Londres, UK 57. **Corbis UK Ltd.** 352 abajo derecha, 355 arriba, /Archivo Iconografico S.A. 199; /The Dead Sea Scrolls Foundation, Inc. 12; /Digital Vision 362 abajo centro izquierda; /Emely 214; /LWA-Stephen Welstead 42; /Ron Watts 191. **Getty Images** 202; /Amanda Hall 82; /Gavin Hellier 41; /Jasper James 96; /La Coppola-Meier 345; /LWA 375; /Manchan 268; /Ralph Mercer 156; /Sasha 189; /Jean-Marc Scialom 211; /Elisabeth Simpson 103; /Siri Stafford 247; /Peter Teller 206; /Vega 161; /Simon Watson 39; Toyohiro Yamada 162; /Mel Yates 248. **Image Source** 21, 94, 215, 264, 379. **Octopus Publishing Group Limited** 18, 144, 146, 220, 281 arriba derecha, 286, 288, 290, 292, 294, 296, 298, arriba, 298 abajo, 300 arriba, 300 abajo, 304 arriba, 304 abajo, 306 arriba, 306 abajo, 308, 310, 312, 314, 316 arriba, 316 abajo, 318 arriba, 318 abajo, 320, 322 arriba, 322 abajo, 324 arriba, 324 abajo, 326 arriba, 326 abajo, 328, 332 arriba, 332 abajo, 342, 347 arriba izquierda, 348 arriba izquierda, 348 arriba derecha, 349 centro, 350, 350 centro, 351 abajo izquierda, 353 arriba izquierda, 353 arriba derecha; /Frazer Cunningham 27, 31, 221, 228, 231, 285; /W.F. Davidson 352 abajo izquierda; /Walter Gardiner Photography 241; /Janeanne Gilchrist 270; /Marcus Harpur 354 abao izquierda; /Mike Hemsley 368; /Ruth Jenkinson 340, 347 arriba derecha; /Andy Komorowski 255, 302; /Andrew Lawson 349 abajo; /William Lingwood 355 abajo; David Loftus 147; /John Miller 179;/Peter Myers 232, 237, 238; /Sean Myers 351 abajo derecha; /Ian Parsons 378; /Mike Prior 234, 256, 336, 339; /Peter Pugh-Cook 38; /William Reavell 337; Russell Sadur 16-17, 24, 25, 28, 29, 33, 34, 36, 99, 153, 194, 258, 266, 272, 341; /Gareth Smabrigde 86, 354 abajo derecha; Unit Photographic 19, 224, 283, 365; /Ian Wallace 35, 145, 343, 346; /Mark Winwood 26, 246 Lo Scarabeo 261. Photolibrary Group/Botanica 23; /Francois de Heel 373; /Meyer Richard 254; /Bibikow Walter 165. PhotoDisc 9, 22, 49, 50, 62, 64, 118, 136, 140, 141, 155, 158, 164, 168, 170, 242, 358, 359, 374. The Picture Desk Ltd./The Art Archive/Dagli Orti 46; Turkish and Islamic Art Museum Istanbul/Harper Collins Publishers 184; Turkish and Islamic Art Museum, Istanbul/Dagli Orti 172; /Eileen Tweedy 200. Scala Art Resource/Smithsonian American Art Museum, Washington DC, USA 278. Werner Forman Archive 280. **Lo Scarabeo** 261. **Photolibrary Group**/Botanica 23; /Francois De Heel 373; /Meyer Richard 254; /Bibikow Walter 165. **PhotoDisc** 9, 22, 49, 50, 62, 64, 118, 136, 140, 141, 155, 158, 164, 168, 170, 242, 358, 359, 374. **The Picture Desk Ltd./The Art Archive**/Dagli Orti 46; /Turkish and Islamic Art Museum Istanbul/Harper Collins Publishers 184; /Turkish and Islamic Art Museum, Istanbul/Dagli Orti 172; /Eileen Tweedy 200. **Scala Art Resource**/Smithsonian American Art Museum, Washington DC, USA 278. **Werner Forman Archive** 280